Die Auswirkungen der Neufassung der §§ 17 bis 17b GVG auf das gerichtliche Verfahren einschließlich hierzu ergangener Rechtsprechung

Europäische Hochschulschriften
Publications Universitaires Européennes
European University Studies

Reihe II
Rechtswissenschaft

Série II Series II
Droit
Law

Bd./Vol. 3491

PETER LANG
Frankfurt am Main · Berlin · Bern · Bruxelles · New York · Oxford · Wien

Markus Häfele

Die Auswirkungen der Neufassung der §§ 17 bis 17b GVG auf das gerichtliche Verfahren einschließlich hierzu ergangener Rechtsprechung

PETER LANG
Europäischer Verlag der Wissenschaften

Die Deutsche Bibliothek - CIP-Einheitsaufnahme

Häfele, Markus:

Die Auswirkungen der Neufassung der §§ 17 bis 17b GVG auf das gerichtliche Verfahren einschließlich hierzu ergangener Rechtsprechung / Markus Häfele. - Frankfurt am Main ; Berlin ; Bern ; Bruxelles ; New York ; Oxford ; Wien : Lang, 2002
(Europäische Hochschulschriften : Reihe 2, Rechtswissenschaft ; Bd. 3491)
Zugl.: Regensburg, Univ., Diss., 2002
ISBN 3-631-39859-X

D 355
ISSN 0531-7312
ISBN 3-631-39859-X

www.peterlang.de

Meinen Eltern

Vorwort

Vor der Neufassung der §§ 17 bis 17 b des Gerichtsverfassungsgesetzes war die Rechtswegverweisung ein äußerst förmliches und nicht einfach zu handhabendes Institut. Die Novellierung der §§ 17 ff. GVG hat die Rechtswegverweisung wesentlich vereinfacht und die Gleichwertigkeit der Rechtswege durch eine rechtwegübergreifende Entscheidungskompetenz hervorgehoben. Die Arbeit, die sich insgesamt auf dem Stand von Ende 2001 befindet, untersucht, im Abstand von einigen Jahren, wie Rechtsprechung und Lehre die Vereinfachungsansätze des Gesetzgebers in die Praxis umzusetzen versuchten.

Meinem verehrten Doktorvater, Herrn Prof. Dr. Dr. h. c. *Ekkehard Schumann*, gilt mein besonderer Dank für die Betreuung der Arbeit und für seine wohlwollende Förderung.

Herr Prof. Dr. *Peter Gottwald* hat die Erstattung des Zweitgutachtens übernommen; auch ihm sei dafür an dieser Stelle herzlich gedankt.

Herrn Vors. Richter am Verwaltungsgericht Regensburg *Bernhard Ettner* bin ich für seine fachlichen Anregungen auf dem Gebiet des Verwaltungsrechts sehr verbunden. Danken möchte ich auch meiner Ehefrau *Birgit* für die gewissenhafte und geduldige Durchsicht der Arbeit.

Stuttgart, im Mai 2002 *Markus Häfele*

Inhaltsübersicht

Inhaltsverzeichnis

Abkürzungsverzeichnis

Abs.	Absatz
a.F.	alte Fassung
AG	Amtsgericht
a.M.	anderer Meinung
ArbG	Arbeitsgericht
ArbGG	Arbeitsgerichtsgesetz
BAG	Bundesarbeitsgericht
BAGE	Entscheidungen des Bundesarbeitsgerichts
Bay	Bayerisch(es)
BayObLG	Bayerisches Oberstes Landesgericht
BB	Der Betriebsberater
BFH	Bundesfinanzhof
BGB	Bürgerliches Gesetzbuch
BGBl.	Bundesgesetzblatt der Bundesrepublik Deutschland
BGH	Bundesgerichtshof
BGHZ	Entscheidungen des Bundesgerichtshofes in Zivilsachen
BNotO	Bundesnotarordnung
BRAGO	Bundesrechtsanwaltsgebührenordnung
BR-Drucks	Drucksache des Deutschen Bundesrats
BSG	Bundessozialgericht
BSGE	Entscheidungen des Bundessozialgerichts
BT-Drucks	Drucksache des Deutschen Bundestages
BVerfG	Bundesverfassungsgericht
BVerfGE	Entscheidungen des Bundesverfassungsgerichts
BVerfGG	Bundesverfassungsgerichtsgesetz
BVerwG	Bundesverwaltungsgericht
BVerwGE	Entscheidungen des Bundesverwaltungsgerichts
DAR	Deutsches Autorecht
DB	Der Betrieb
DDR	Deutsche Demokratische Republik
DNotZ	Deutsche Notarzeitschrift
DÖV	Die öffentliche Verwaltung

DStR	Deutsches Steuerrecht
DVBl	Deutsches Verwaltungsblatt
EuGVÜ	Europäisches Übereinkommen über die gerichtliche Zuständigkeit und die Vollstreckung gerichtlicher Entscheidungen in Zivil- und Handelssachen
EGGVG	Einführungsgesetz zum Gerichtsverfassungsgesetz
f., ff.	folgende
FamRZ	Zeitschrift für das gesamte Familienrecht (Ehe und Familie)
FGG	Gesetz betr. die Angelegenheiten der freiwilligen Gerichtsbarkeit
FGO	Finanzgerichtsordnung
Fn.	Fußnote
GG	Grundgesetz für die Bundesrepublik Deutschland
GKG	Gerichtskostengesetz
GVG	Gerichtsverfassungsgesetz
GWB	Gesetz gegen Wettbewerbsbeschränkungen
JA	Juristische Arbeitsblätter
JR	Juristische Rundschau
JZ	Juristenzeitung
KG	Kammergericht
LAG	Landesarbeitsgericht
LG	Landgericht
LwVG	Verfahrensgesetz zum Landwirtschaftsanpassungsgesetz
MDR	Monatsschrift für Deutsches Recht
n.F.	neue Fassung
NJW	Neue Juristische Wochenschrift
NJW-RR	NJW-Rechtsprechungs-Report
Nr.	Nummer
NZA	Neue Zeitschrift für Arbeitsrecht
NZA-RR	NZA-Rechtsprechungs-Report
OLG	Oberlandesgericht

OLGZ	Entscheidungen der Oberlandesgerichte in Zivilsachen einschließlich der freiwilligen Gerichtsbarkeit
OVG	Oberverwaltungsgericht
PatG	Patentgesetz
R	Recht
Rdnr.	Randnummer
Rpfleger	Der Deutsche Rechtspfleger
S.	Seite
SGb	Die Sozialgerichtsbarkeit
SGG	Sozialgerichtsgesetz
StVollzG	Strafvollzugsgesetz
VermG	Gesetz zur Regelung offener Vermögensfragen i. d. F. vom 21. Dezember 1998
VG	Verwaltungsgericht
VGH	Verwaltungsgerichtshof
VIZ	Zeitschrift für Vermögens- und Immobilienrecht
VwGO	Verwaltungsgerichtsordnung
WEG	Wohnungseigentumsgesetz
WM	Wertpapiermitteilungen
z. B.	zum Beispiel
ZPO	Zivilprozessordnung
ZZP	Zeitschrift für Zivilprozessrecht

Weitere Abkürzungen folgen dem Abkürzungsverzeichnis der Rechtssprache von *Hildebert Kirchner*, 4. Auflage, Berlin-New York 1993.

Literaturverzeichnis

Baumbach, Adolf/Lauterbach, Wolfgang/Albers, Jan/Hartmann, Peter: Zivilprozessordnung mit Gerichtsverfassungsgesetz und anderen Nebengesetzen, 59. Auflage, München 2001 (zitiert als *Baumbach/Lauterbach/Bearbeiter*).

Boin, Kai T.: Die Prüfung der Rechtswegfrage i. S. des § 17 a GVG durch das Rechtsmittelgericht, NJW 1998, S. 3747 - 3750.

Deckers, Stefan: Zur Verfahrensgestaltung im Fall kumulativer Rechtswegzuständigkeiten, ZZP 110. Band 1997, S. 341 - 351.

Drygala, Tim: Auswirkungen der Neuregelung der §§ 17, 17 a GVG auf die Prozessaufrechnung im Arbeitsrecht, NZA 1992, S. 294 - 298.

Festschrift für Kissel: Arbeitsrecht in der Bewährung, Festschrift für Otto Rudolf Kissel zum 65. Geburtstag, hrsg. von Meinhard Heinze und Alfred Söllner, München 1994.

Germelmann, Claas-Hinrich/Matthes, Hans-Christoph/Prütting, Hanns: Arbeitsgerichtsgesetz, 3. Auflage, München 1999.

Grunsky, Wolfgang: Arbeitsgerichtsgesetz, 3. Auflage, München 1980, 7. Auflage, München 1995.

Hoffmann, Uwe: Der Rechtsweg zu den Arbeitsgerichten, Arbeit und Arbeitsrecht 1997, S. 265 - 266.

Holzheuser Johannes: Die Rechtswegverweisung in den verwaltungsgerichtlichen Eilverfahren, DÖV 1994, S. 807 - 813.

Jauernig, Othmar: Zivilprozessrecht, 26. Auflage, München 2000.

Kissel, Otto Rudolf: Gerichtsverfassungsgesetz, 3. Auflage, München 2000.

Kissel, Otto Rudolf: Neues zur Gerichtsverfassung, NJW 1991, S. 945 - 952.

Kissel, Otto Rudolf: Die neuen §§ 17 bis 17 b GVG in der Arbeitsgerichtsbarkeit, NZA 1995, S. 345 - 356.

Kluth, Thomas: Die „sic-non"-Rechtsprechung des BAG – Der Anfang vom Ende der Beweiserheblichkeitstheorie, NJW 1999, S. 342 - 344.

Kopp, Ferdinand O.: Verwaltungsgerichtsordnung, 10. Auflage, München 1994.

Kopp, Ferdinand O./Schenke, Wolf-Rüdiger: Verwaltungsgerichtsordnung, 11. Auflage, München 1998.

Kopp, Ferdinand O.: Anmerkung zum Beschluss des 3. Senats des *Bundessozialgerichts* vom 29. 9. 1994 - 3 BS 2/93, SGb 1995, S. 397 - 398.

Mes, Peter: Patentgesetz - Gebrauchsmustergesetz, München 1997.

Münchener Kommentar: Münchener Kommentar zur Zivilprozessordnung mit Gerichtsverfassungsgesetz und Nebengesetzen, hrsg. von Gerhard Lücke und Peter Wax, Bd. 1 und 2 2. Auflage, München 2000, Bd. 3 2. Auflage, München 2001 (zitiert als Münchener Kommentar ZPO-*Bearbeiter*).

Leipold, Dieter: Rechtsweg und Rechtsgrundlagen bei der Prüfung von Vermögen in der ehemaligen DDR, JZ 1993, S. 703 - 711.

Otte, Karsten: Umfassende Streitentscheidung durch Beachtung von Sachzusammenhängen, Tübingen 1998.

Palandt, Otto: Bürgerliches Gesetzbuch, 60. Auflage, München 2001 (zitiert als Palandt/*Bearbeiter*).

Piekenbrock, Andreas: Abkehr des BGH von der „perpetuation fori" bei gesetzlicher Änderung der Zuständigkeit?, NJW 2000, S. 3476 - 3477.

Rupp, Hans Heinrich: Zur Aufrechnung mit rechtswegfremden Forderungen im Prozess, NJW 1992, S. 3274 - 3275.

Schaub, Günter: Die Rechtswegzuständigkeit und die Verweisung des Rechtsstreits, BB 1993, S. 1666 - 1669.

Schenke, Wolf-Rüdiger/Ruthig Josef: Die Aufrechnung mit rechtswegfremden Forderungen im Prozess, NJW 1992, S. 2505 - 2514.

Schenke, Wolf-Rüdiger: Rechtsprechungsübersicht zum Verwaltungsprozess - Teil 1, JZ 1996, S. 998 - 1012.

Schoch, Friedrich/Schmidt-Aßmann, Eberhard/Pietzner, Rainer: Verwaltungsgerichtsordnung, Loseblattkommentar Stand: Februar 1998, München (zitiert als *Schoch/ Schmidt-Aßmann/Pietzner/Bearbeiter*).

Schwab, Norbert: Neuerungen im arbeitsgerichtlichen Verfahren, NZA 1991, S. 657 - 664.

Stein, Friedrich/Jonas, Martin: Kommentar zur Zivilprozessordnung, 21. Auflage, Tübingen 1993 ff. (zitiert als *Stein/Jonas/Bearbeiter*).

Thomas, Heinz/Putzo, Hans: Zivilprozessordnung mit Gerichtsverfassungsgesetz und den Einführungsgesetzen, 23. Auflage, München 2001.

Tropf, Karl-Friedrich: Die Rechtsprechung des Bundesgerichtshofs zur Grundstückszwangsveräußerung bei der Ausreise aus der DDR, WM 1994, S. 89 - 96.

Wieczorek, Berhard/Schütze, Rolf: Zivilprozessordnung und Nebengesetze, 3. Auflage, Berlin 1995 (zitiert als *Wieczorek/Schütze/Bearbeiter*).

Windel, Peter: Die Bedeutung der §§ 17 Abs. 2, 17 a GVG für den Umfang der richterlichen Kognition und die Rechtswegzuständigkeit, ZZP 111. Band 1998, S. 3 - 33.

Zöller, Richard: Zivilprozessordnung mit Gerichtsverfassungsgesetz und den Einführungsgesetzen, 16. Auflage, Köln 1990, 22. Auflage, Köln 2001 (zitiert als *Zöller/Bearbeiter*).

Zweite Erlanger Festschrift für Karl Heinz Schwab: Zum 80. Geburtstag am 22. Februar 2000, hrsg. von Wolfram Waldner und Reinhard Künzl, Pressath 2000.

§ 1. Einleitung

I. Ziel und Anlass der Neuregelung

Im Zuge des 4. VwGO-Änderungsgesetzes vom 17. Dezember 1990[1], in Kraft getreten zum 1. Januar 1991, erfolgte nicht nur eine Änderung des Verwaltungsprozessrechts, sondern auch eine Neuregelung der Verweisung von Rechtsstreitigkeiten im Gerichtsverfassungsgesetz, vgl. §§ 17, 17a und 17 b GVG. Hauptziel des Regelungskomplexes ist es, schon in der ersten Instanz verbindlich zu klären, welcher Rechtsweg zulässig ist, um auf diese Weise eine Belastung des Verfahrensfortganges mit der Gefahr eines später erkannten Mangels des gewählten Rechtsweges auszuschließen. Die Neuregelung sollte sowohl dem Gedanken der Gleichwertigkeit aller Rechtswege als auch den praktischen Bedürfnissen der heutigen Rechtspflege Rechnung tragen. Insbesondere sollte sie der Verfahrensbeschleunigung und -vereinfachung dienen[2]. Der Gesetzgeber hat diesen Zielen Vorrang vor einem Anspruch des Einzelnen auf sachnäheren Richter, das heißt auf unbedingte rechtswegentsprechende Zuweisung, eingeräumt: Der Allgemeinheit und der Rechtsordnung ist es im Einzelfall zuzumuten, unrichtige Rechtswegentscheidungen hinzunehmen.

Vor der Neufassung der §§ 17 bis 17 b GVG erfolgte in jeder Instanz des Rechtszuges eine Überprüfung des eingeschlagenen Rechtsweges von Amts wegen. Betrachtete ein Gericht den Rechtsweg als nicht gegeben, konnte es entweder die Klage auf Antrag des Klägers verweisen oder musste, falls kein Verweisungsantrag des Klägers vorlag, die Klage (durch Prozessurteil) als unzulässig abweisen[3]. Dies galt selbst dann, wenn das Verfahren bereits in die Revisionsinstanz gelangt war. Der Kläger konnte dann zwar vor einem Gericht eines anderen Rechtsweges den Prozess wieder neu beginnen und durch alle Instanzen führen. Die Gerichte des nunmehr zweiten Gerichtszweiges waren jedoch ihrerseits nicht gehindert, auch diesen Rechtsweg zu verneinen und das Verfahren an das Gericht eines dritten Rechtsweges weiterzuverweisen. Lediglich eine Rückverweisung an das erste Gericht war ausgeschlossen, da die erste Verweisung zwar abdrängen-

1 BGBl. I, 2809.
2 BT-Drucks 11/7030 Seite 36 rechte Spalte.
3 *Zöller/Gummer* § 17 GVG Rdnr. 4.

de, nicht aber aufdrängende Wirkung hatte[4]. Alle nacheinander angerufenen Gerichtszweige konnten somit aufgrund dieser Regelung den Rechtsweg im Hinblick auf denselben Streitgegenstand ablehnen. Erst dem Gericht des zuletzt angerufenen Rechtsweges war die Weiterverweisung versagt[5].

II. Verfassungsrechtlicher Hintergrund

Für die Regelung der Rechtswegfragen im Gerichtsverfassungsgesetz bildet Art. 95 Absatz 1 GG den verfassungsrechtlichen Rahmen. Nach Art. 95 Absatz 1 GG sind für die Gebiete der ordentlichen, der Verwaltungs-, der Finanz-, der Arbeits- und der Sozialgerichtsbarkeit jeweils eigenständige Gerichtszweige einzurichten[6]. Auch die Regelungen in Art. 14 Absatz 3 Satz 4 GG, Art. 15 Satz 2 GG, Art 19 Absatz 4 GG und Art. 34 Satz 3 GG gehen von einer Auffächerung der Rechtswege aus. Trotz der fachbezogenen Gliederung in Art. 95 Absatz 1 GG betont der Gesetzgeber eine einheitliche Staatsgewalt „Rechtsprechung“, auf deren Einheitlichkeit gemäß Art. 95 Absatz 3 GG besonderer Wert zu legen ist, vgl. Art. 20 Absatz 2 GG und Art. 92 GG. Einer weiteren Aufsplitterung der Rechtswege ist das *Bundesverfassungsgericht*[7] unter Hinweis auf Art. 19 Absatz 4 GG und das Rechtsstaatsprinzip entgegengetreten. Gegenüber der bisherigen Aufspaltung der Rechtswege bestehen nach Auffassung des Gerichts im Hinblick auf das Rechtsstaatsprinzip keinerlei Bedenken: Zwar könne die Bestimmung des Rechtsweges im Einzelfall sehr schwierig sein, jedoch genüge die Klarheit und Bestimmtheit von Rechtswegvorschriften im Rahmen dessen, was bei generell abstrakter Regelung praktisch möglich sei, einer rechtsstaatlichen Ordnung.

III. Der Geltungsbereich der §§ 17 ff. GVG

Der Regelungskomplex der §§ 17 ff. GVG gilt sowohl im Rahmen der ordentlichen Gerichtsbarkeit als auch in allen anderen Gerichtsordnungen, wie die entsprechenden Regelungen in § 173 VwGO, § 48 ArbGG, § 155 FGO und § 202 SGG zeigen. Im Verhältnis zur Verfassungsgerichtsbarkeit gelten die Ver-

---

4 *BGH* NJW 1967, 781 (782); *BGHZ* 38, 289 (291).
5 BT-Drucks 11/7030 Seite 36 rechte Spalte.
6 *Windel* ZZP 111, S. 3 (5).
7 *BVerfGE* 57, 9 (21 f.).

weisungsvorschriften dagegen nicht, da die Verfassungsgerichte über und nicht neben den Gerichte der genannten Rechtswege stehen[8].

Die §§ 17 bis 17 b GVG finden jedoch nicht nur für die Rechtswegzuweisung Anwendung; in einzelnen Gerichtsordnungen sind die Regelungen auch zu der Bestimmung der sachlichen und örtlichen Zuständigkeit heranzuziehen, so nach § 83 Satz 2 VwGO, § 48 Absatz 1 Nr. 1 ArbGG, § 70 Satz 2 FGO und § 98 Satz 2 SGG. Es erfolgt in diesen Fällen hinsichtlich der sachlichen bzw. örtlichen Zuständigkeit eine Verweisung von Amts wegen an das zuständige Gericht. Eine Abweisung der Klage durch Prozessurteil kommt insoweit nicht mehr in Betracht[9].

Innerhalb der ordentlichen Gerichtsbarkeit erfolgte keine entsprechende Regelung. § 281 ZPO, der die Verweisung bei örtlicher oder sachlicher Unzuständigkeit regelt, ist insoweit unberührt geblieben. Allerdings diskutiert die Literatur eine Ausweitung der umfassenden Entscheidungskompetenz, wie sie in § 17 Absatz 2 GVG normiert ist, über den Bereich des Rechtsweges hinaus mit der Tendenz zu einer uneingeschränkten Prüfungskompetenz auch bei originär örtlich unzuständigem Gericht[10]. In die Rechtsprechung, die im Mittelpunkt der Untersuchung stehen soll, hat diese Problematik bislang keinen Eingang gefunden: Seit der Novellierung des Gerichtsverfassungsgesetzes betrafen die von den ordentlichen Gerichten entschiedenen Fälle kaum eine örtliche Zuständigkeitsspaltungen und deren eventuell mögliches Überwinden durch § 17 Absatz 2 GVG[11]. Die Entscheidungen beschäftigten sich überwiegend mit der Frage nach der rechtswegübergreifenden Sachkompetenz. Ausgehend vom Wortlaut des § 17 Absatz 2 GVG und des § 281 ZPO liegt es allerdings nahe, die umfassende Entscheidungskompetenz der ordentlichen Gerichte auf Rechtswegüberschreitungen zu begrenzen. Ein weiteres Argument gegen eine Ausdehnung auf den Bereich der örtlichen (Un-)Zuständigkeit ist das der fehlenden Notwendigkeit: Die Zivilprozessordnung legt im Einzelnen fest, welches ordentliche Gericht örtlich zuständig ist; eine planwidrige Regelungslücke besteht in diesem Bereich nicht. Der Gesetzgeber hat durch die Normen der Zivilprozessordnung somit keinen Raum für eine Analogie gelassen. Darüber hinaus hat der Gesetzgeber die Zivilprozessordnung im Gegensatz zu den anderen Verfahrensordnungen (in denen §§ 17 ff. GVG für die örtliche Zuständigkeit entsprechend gilt) nicht an die Novellierung

---

8 *Kopp/Schenke* vor § 41 Rdnr. 2.

9 *Stein/Jonas/Leipold* § 281 Rdnr. 80; *Schoch/Schmidt-Aßmann/Pietzner/Ehlers* § 41 Vorb § 17 GVG Rdnr. 5.

10 Einen umfassenden Überblick über den Meinungs- und Streitstand gibt *Otte*, Umfassende Streitentscheidung, S. 534 ff.

11 Einzige Ausnahme stellt eine Entscheidung des *Oberlandesgerichts Frankfurt am Main* (NJW RR 1996, 1341) dar, vgl. § 3 XI. A. 1. S. 86.

des Gerichtsverfassungsgesetzes angepasst und eine unter Umständen gespaltene örtliche Zuständigkeit weiterhin in Kauf genommen. Im Bereich der ordentlichen Gerichte kann deshalb die umfassende Entscheidungskompetenz nur hinsichtlich verschiedener Rechtswege Platz greifen; die örtliche Unzuständigkeit dagegen ist durch die umfassende Entscheidungskompetenz, wie sie § 17 Absatz 2 GVG normiert, nicht überwindbar.

IV. Die Regelung der §§ 17 ff. GVG nach deren Neufassung im Überblick

A. Die Zulässigkeit des Rechtsweges - § 17 GVG

Ausgangspunkt ist § 17 Absatz 1 Satz 1 GVG: „Die Zulässigkeit des beschrittenen Rechtsweges wird durch eine nach Rechtshängigkeit eintretende Veränderung der sie begründenden Umstände nicht berührt." Dies stellt eine perpetuatio fori des Rechtsweges dar und entspricht der Regelung des § 261 Absatz 3 Nr. 2 ZPO, der die perpetuatio fori für die sachliche und örtliche Zuständigkeit innerhalb des Zivilrechtsweges regelt. Der Grundsatz der perpetuatio fori wirkt rechtswegerhaltend: War das Klagebegehren bei Rechtshängigkeit im zulässigen Rechtsweg erhoben und ändern sich Umstände tatsächlicher oder rechtlicher Art, ist dies für die Zulässigkeit des beschrittenen Rechtsweges unbeachtlich[12]. Andererseits ist es ausreichend, wenn die zulässigkeitsbegründenden Umstände zwar noch nicht bei Rechtshängigkeit vorliegen, sondern erst später eintreten. Der beschrittene Rechtsweg muss bis zum Schluss der mündlichen Verhandlung einmal zulässig gewesen sein. Es genügt auch, wenn sich die Zulässigkeit des Rechtsweges erst im Beschwerdeverfahren gegen eine den Rechtsweg betreffende Entscheidung ergibt. Die Grenze der Rechtswegerhaltung ist erreicht, wenn eine Änderung der Klageanträge, die grundsätzlich unschädlich ist, zu einer Änderung des Rechtsweges bezüglich des neuen Streitgegenstandes führt[13]. Insoweit gilt der Kontinuitätsgrundsatz nicht: Es muss für den neuen Streitgegenstand eine erneute Rechtswegprüfung erfolgen[14]. Ergibt die Rechtswegprüfung eine Unzulässigkeit des eingeschlagenen Rechtsweges, müsste das Gericht den Rechtsstreit an das zuständige Gericht des zulässigen Rechtsweges verweisen. Allerdings stellt sich dann die Frage, ob eine derartige Klageänderung überhaupt als sachdienlich anzusehen ist[15].

12 *Wieczorek/Schütze/Schreiber* § 17 GVG Rdnr. 3.

13 Münchener Kommentar ZPO-*Wolf* § 17 GVG Rdnr. 7.

14 *Stein/Jonas/Schumann* § 261 Rdnr. 83; § 264 Rdnr. 40.

15 *Oberverwaltungsgericht Münster* in NVwZ 1993, 588 (591), das die Sachdienlichkeit wegen nachfolgender örtlicher Unzuständigkeit ablehnt.

1. Das Verbot anderweitiger Rechtshängigkeit - § 17 Absatz 1 Satz 2 GVG

§ 17 Absatz 1 Satz 2 GVG spricht das Verbot doppelter Rechtshängigkeit aus. Keine Partei darf den Streitgegenstand während der Rechtshängigkeit anderweitig anhängig machen. Die Norm soll Parteien ebenso wie Gerichte vor doppelten Prozessen in derselben Sache und der damit verbundenen Gefahr widersprüchlicher Entscheidungen bewahren. § 17 Absatz 1 Satz 2 GVG dient dadurch der Rechtssicherheit.

2. Die umfassende Entscheidungskompetenz - § 17 Absatz 2 GVG

§ 17 Absatz 2 GVG ordnet eine Entscheidung des Gerichts des zulässigen Rechtweges unter allen in Betracht kommenden Gesichtspunkten an. In § 17 Absatz 2 GVG kommt der Grundgedanke der Neuregelung - die Gleichwertigkeit der Gerichte - besonders deutlich zum Ausdruck. Die entsprechenden Rechtswege sind untereinander gleichwertig. Im Gegensatz zu der früheren Rechtslage, bei der die Gerichte den durch die Rechtswegzuweisung gezogenen Kompetenzbereich auch bei der Entscheidung in der Sache nicht überschreiten durften, eröffnet ihnen die Neuregelung des § 17 Absatz 2 GVG nunmehr eine rechtswegübergreifende Entscheidungsbefugnis. Deshalb gilt eine einheitliche Zuständigkeit in den Fällen, in denen der Kläger das Begehren auf mehrere Anspruchsgrundlagen, die verschiedenen Rechtswegen angehören, stützt[16]. Dies gilt sowohl bei einer alternativen als auch bei einer kumulativen Geltendmachung mehrerer Anspruchsgrundlagen. Ausnahmen von der umfassenden Entscheidungskompetenz bilden die in § 17 Absatz 2 Satz 2 GVG geregelten Vorbehalte bezüglich der Enteignungsentschädigung und der Amtshaftung. Diese sind im Grundgesetz in Art. 14 Absatz 3 Satz 4 GG und in Art. 34 Absatz 3 GG ausdrücklich den ordentlichen Gerichten zur Entscheidung vorbehalten. Der Gesetzgeber konnte sich über diese Sonderzuweisung bei der Neuregelung der §§ 17 ff. GVG nicht ohne Änderung der Verfassung hinwegsetzen; eine solche Änderung unterblieb jedoch bisher.

B. Die Entscheidung über den Rechtsweg - § 17 a GVG

§ 17 a GVG regelt in seiner Neufassung das Verfahren, nach dem die Gerichte die Zulässigkeit des Rechtsweges zu prüfen und gegebenenfalls zu entscheiden haben. Der Grundsatz der Priorität gemäß § 17 a Absatz 1 GVG sowie der

---

16 Münchener Kommentar ZPO-*Wolf* § 17 GVG Rdnr. 12; *Windel* ZZP 111, S. 3 (12).

Grundsatz der Kompetenzautonomie beherrschen die Entscheidung über den Rechtsweg.

1. Die Bindungswirkung positiver Rechtswegentscheidungen - § 17 a Absatz 1 GVG

§ 17 a Absatz 1 GVG ordnet die Bindungswirkung positiver Rechtswegentscheidungen an. Ist eine positive Rechtswegentscheidung ergangen, darf sich ein Gericht eines anderen Rechtsweges mit der Sache nicht weiter befassen. Zusammen mit § 17 Absatz 1 Satz 2 GVG soll die Regelung dem Grundsatz der Priorität Rechnung tragen und widersprechende Rechtswegentscheidungen vermeiden helfen. Die Bindungswirkung tritt mit formeller Rechtskraft einer positiven Rechtswegentscheidung ein. Die positive Entscheidung, die zu dieser Sperrwirkung führt, kann sowohl in einem vorab gefassten Beschluss als auch in einer im Rahmen der Hauptsache ergehenden Endentscheidung liegen.

2. Die Unzulässigkeit des Rechtsweges - § 17 a Absatz 2 GVG

a) Das gerichtliche Verfahren bei einer Verweisung

§ 17 a Absatz 2 Satz 1 GVG regelt das Verfahren für den Fall der Unzulässigkeit des beschrittenen Rechtsweges. Stellt das Gericht die Unzulässigkeit des Rechtsweges fest, hat es den Parteien Gelegenheit zur Äußerung zu geben. Eine schriftliche Äußerungsmöglichkeit genügt, da die Entscheidung über die Zulässigkeit des Rechtsweges gemäß § 17 a Absatz 4 Satz 1 GVG auch ohne mündliche Verhandlung ergehen kann. Die Entscheidung selbst ergeht von Amts wegen - also auch ohne entsprechenden Antrag einer Partei - und in Form eines Beschlusses[17]. Das Gericht weist die Klage nicht als unzulässig ab, sondern verweist sie von Amts wegen[18]. Die Eröffnung des Rechtsweges stellt eine von Amts wegen zu prüfende Prozessvoraussetzung dar[19].

Der Tenor eines derartigen Beschlusses könnte folgendermaßen lauten:

„I. Der beschrittene Rechtsweg ist unzulässig.

II. Der Rechtsstreit wird an das Verwaltungsgericht ... (Ort) verwiesen."

Der Beschluss, der die Verweisung ausspricht, stellt also zunächst fest, dass der eingeschlagene Rechtsweg unzulässig ist. Diese nur abdrängende Wirkung

---

17 Vgl. z. B. *OVG Münster* NVwZ 1996, 812.

18 *Stein/Jonas/Leipold* § 281 Rdnr. 80; *Schoch/Schmidt-Aßmann/Pietzner/Ehlers* § 41 Vorb. § 17 GVG Rdnr. 5.

19 *Kopp/Schenke* vor § 40 Rdnr. 18.

genügt jedoch für einen ordnungsgemäßen Beschluss nicht. Um auch eine aufdrängende Wirkung herbeizuführen, muss das verweisende Gericht in einem zweiten Schritt den zulässigen Rechtsweg festlegen und das in diesem Rechtsweg zuständige Gericht bestimmen. Die Bindungswirkung der Verweisung tritt aber nur hinsichtlich des Rechtsweges, in den verwiesen wurde, ein; eine weitergehende Bindung des empfangenden Gerichts, etwa hinsichtlich der örtlichen bzw. sachlichen Zuständigkeit, besteht nicht[20]. Eine Kostenentscheidung erfolgt wegen der Regelung in § 17 b Absatz 2 GVG nicht, ebenso unterbleibt eine Streitwertfestsetzung. Der Beschluss ist gemäß § 17 a Absatz 4 Satz 2 GVG zu begründen. Eine Verkündung erfolgt nach den Regeln des jeweiligen Rechtsweges, vor den ordentlichen Gerichten z. B. nach § 329 Absatz 1 Satz 1 ZPO. Da gegen den Beschluss Rechtsmittel möglich sind, erfolgt vor den ordentlichen Gerichten eine Zustellung nach § 329 Absatz 2 Satz 2 , Absatz 3 ZPO.

Für die Hauptsacheentscheidung des empfangenden Gerichts gilt § 17 b Absatz 1 Satz 1 GVG. Das Adressatgericht kann eine Entscheidung zur Hauptsache erst nach Eintritt der formellen Rechtskraft des Verweisungsbeschlusses treffen: § 17 b Absatz 1 Satz 1 GVG verlegt den Eintritt der Anhängigkeit des Verfahrens auf den Zeitpunkt, in dem der Verweisungsbeschluss Rechtskraft erlangt. Ohne diese Regelung könnte das aufnehmende Gericht eine Hauptsacheentscheidung treffen, während die Rechtsmittelgerichte im Rechtsmittelverfahren gegen die Verweisung den ursprünglich eingeschlagenen Rechtsweg für gegeben erachten.

b) Die Zuständigkeit mehrerer Gerichte

§ 17 a Absatz 2 Satz 2 GVG regelt das Bestimmungsverfahren bei mehreren zuständigen Gerichten eines anderen Rechtsweges. Die Regelung entspricht der des § 35 ZPO und gibt zunächst dem Kläger und subsidiär dem Gericht ein Wahlrecht, wohin die Verweisung erfolgen soll. Das Gericht hat den Kläger - unter Umständen nach den Belehrungspflichten der jeweiligen Prozessordnung (z. B. gemäß § 139 ZPO) - über sein Wahlrecht aufzuklären[21].

c) Die Bindungswirkung einer Verweisung

§ 17 a Absatz 2 Satz 3 GVG ordnet eine Bindungswirkung des Verweisungsbeschlusses hinsichtlich des Rechtsweges an. Im Gegensatz zum früheren Recht besitzt ein solcher Beschluss nicht nur abdrängende Wirkung (das heißt weg von

---

20 *Germelmann/Matthes/Prütting* § 48 Rdnr. 53.
21 *Wieczoreck/Schütze/Schreiber* § 17 a GVG Rdnr. 11.

dem zunächst angerufenen Gericht), sondern auch aufdrängende Wirkung hin zu dem aufnehmenden Gericht. Diesem ist dadurch die Möglichkeit genommen, in einen dritten Rechtsweg weiterzuverweisen.

3. Die Vorabentscheidung bei zulässigem Rechtsweg - § 17 a Absatz 3 GVG

§ 17 a Absatz 3 GVG regelt das Verfahren bei Zulässigkeit des beschrittenen Rechtsweges. Dabei ist zwischen zwei Fällen zu unterscheiden:

a) Die Vorabentscheidung bei zulässigem Rechtsweg und fehlender Parteirüge

Ist die Zulässigkeit des Rechtsweges weder von einer Partei gerügt, noch nach Auffassung des angerufenen Gerichts zweifelhaft, ergeht eine Entscheidung in der Hauptsache. Dabei kann das Gericht die Zulässigkeit des Rechtsweges nach richterlichem Ermessen entweder vorab durch Beschluss oder konkludent in der Endentscheidung bejahen.

Erfolgt zwar keine Rüge einer Partei, sieht aber das angerufene Gericht den Rechtsweg als problematisch an, räumt ihm die Regelung des § 17 a Absatz 3 GVG ein Ermessen ein, ob es die Zulässigkeit des Rechtsweges im Rahmen einer Vorabentscheidung oder erst in der Entscheidung zum Streitgegenstand bejaht. In der Literatur ist jedoch umstritten, ob und wann das Gericht bei eigenen Zweifeln eine Pflicht zur Vorabentscheidung trifft[22]. Eine Lösung sieht vor, das dem Gericht nach dem Gesetzeswortlaut („kann") zustehende Ermessen nicht einzuschränken. Bei Zweifeln am Rechtsweg ist eine Vorabentscheidung demgemäß zwar zweckmäßig, das Gericht aber nicht dazu verpflichtet[23]. Etwas weiter geht ein anderer Teil der Kommentarliteratur, der annimmt, ein Gericht „sollte"[24] bei unklarer Sachlage bzw. sollte „in der Regel"[25] eine Vorabentscheidung treffen. Nach *Boin*[26] schließlich hat das Gericht bei Zweifeln am Rechtsweg vorab zu entscheiden. Zur Begründung verweist *Boin* auf die dadurch erzielbare möglichst effektive Verwirklichung des Willens des Gesetzgebers, mittels Vorabentscheidungen eine frühzeitige Klärung der Rechtswegfrage anzustreben. *Boin* hält deshalb das Absehen von einer Vorabentscheidung für einen Verfah-

---

22 Eine Rechtsprechungspraxis, die sich mit dieser Frage beschäftigt, existiert bislang nicht. Deshalb ist eine Erörterung der - noch - theoretischen Frage bereits an dieser Stelle angezeigt.

23 *Baumbach/Lauterbach/Albers* § 17 a GVG Rdnr. 11, *Germelmann/Matthes/Prütting* § 48 Rdnr. 44.

24 *Thomas/Putzo* § 17 a GVG Rdnr. 16.

25 Münchener Kommentar ZPO-*Wolf* § 17 a GVG Rdnr. 12.

26 *Boin* NJW 1998, 3747 (3748).

rensfehler des Gerichts, der das Rechtsmittelgericht entgegen § 17 a Absatz 5 GVG zu einer Prüfung der Rechtswegfrage berechtigt. Um die Frage nach einem richterlichen Ermessensspielraum einer sachgerechten Lösung zuzuführen, sind zwei Dinge festzuhalten, die unbestritten sind. Hält das am Rechtsweg zweifelnde Gericht, erstens, nach Abschluss seiner Überlegungen den eingeschlagenen Rechtsweg für unrichtig, hat es den Rechtsstreit durch eine Vorabentscheidung zu verweisen. Ein Ermessen des Gerichts besteht insoweit nicht. Das Ermessen und die Frage, wie das Gericht das Ermessen auszuüben hat, sind, zweitens, nur in den Fällen relevant, in denen das Gericht bei der Beseitigung der Zweifel zu dem Schluss gelangt, der eingeschlagene Rechtsweg sei zutreffend. Das Gericht hat sich also bei Zweifeln über den richtigen Rechtsweg nach dem Willen des Gesetzgebers immer eine Meinung zu bilden. Lediglich für die Art der Kundgabe sieht die Neufassung - je nachdem zu welchem Ergebnis die Überlegungen führen - unterschiedliche Möglichkeiten vor. Auf dieser Grundlage vermag eine Reduktion des Ermessens auf Null, wie sie *Boin* vertritt, nicht zu überzeugen. Zum einen spricht gegen die Annahme einer Pflicht zur Vorabentscheidung der klare Wortlaut in § 17 a Absatz 3 Satz 1 GVG, der dem Gericht durch die Wortwahl „kann" ein Ermessen einräumt. Zum anderen ist die Berufung auf den Willen des Gesetzgebers nicht stichhaltig. Der Vergleich mit der Regelung in § 17 a Absatz 2 Satz 1 GVG zeigt, dass der Gesetzgeber, hätte er eine Pflicht zur positiven Vorabentscheidung anordnen wollen, dies auch durch entsprechende Wortwahl deutlich gemacht hätte. Bei unzulässigem Rechtsweg gemäß § 17 a Absatz 2 GVG sowie im Fall einer Parteirüge gemäß § 17 a Absatz 3 Satz 2 GVG ist nämlich eine derartige Pflicht normiert. Eine Übertragung auf den ähnlichen Fall der positiven Vorabentscheidung ohne Parteirüge erfolgte jedoch nicht. Weiterhin ist auch das Argument *Boins* der möglichst frühzeitigen Klärung der Rechtswegfrage nicht zutreffend. *Boin* befürwortet vor allem deshalb eine Pflicht zur Beschlussfassung bei zutreffendem Rechtsweg, weil das Rechtsmittelgericht im Fall des Unterlassens einer Vorabentscheidung entgegen § 17 a Absatz 5 GVG berechtigt sein soll, die Rechtswegfrage erneut aufzugreifen. Den Schutz der Parteien kann man als Begründung für diese Sichtweise nicht heranziehen, da die Parteien durch das Unterlassen einer Rechtswegrüge zu erkennen gegeben haben, mit dem Rechtsweg einverstanden zu sein. Ein Verfahrensfehler des Ausgangsgerichts, der die Parteien bezüglich der Rechtswegrüge rechtlos stellen würde und der deshalb die Prüfungssperre des § 17 a Absatz 5 GVG aufheben würde, ist genauso wenig begründbar, da die Parteien durch das rügelose Einlassen auf den eingeschlagenen Rechtsweg deutlich gemacht haben, den Rechtsweg ebenfalls für zutreffend zu erachten. Eine Pflicht des Gerichts zu einer positiven Vorabentscheidung besteht deshalb entgegen der Meinung *Boins* nicht. Ebenso wenig überzeugen kann die Ansicht, die das „kann" im Wortlaut des

§ 17 a Absatz 3 Satz 1 GVG wie ein „soll" oder „in der Regel" lesen will. Diese Auslegung macht aus einer Ermessensentscheidung eine gebundene Entscheidung mit Ausnahmemöglichkeit[27]. Eine derartige Einschränkung des Ermessens ist aber nicht geboten. Weder der Schutz der Parteien noch die Vermeidung eines „Weiterschleppens" der Rechtswegfrage gebieten aus den bereits genannten Gründen eine restriktive Auslegung der Norm. Sind die Parteien nicht an einer Rechtswegentscheidung interessiert, besteht auch keine Notwendigkeit, eine solche zu treffen. Durch den richterlichen Ermessensspielraum ist gemäß § 17 a Absatz 3 Satz 1 GVG ein sachgerechtes Verfahren gewährleistet.

b) Das Vorliegen einer Parteirüge

Rügt eine Partei den Rechtsweg, hat das Gericht, wenn es den Rechtsweg für gegeben erachtet, im Weg der Vorabentscheidung die Zulässigkeit des Rechtsweges gemäß § 17 a Absatz 3 Satz 1 GVG auszusprechen. Hier ordnet § 17 a Absatz 3 Satz 1 GVG explizit eine Pflicht zur Vorabentscheidung an („hat")[28].

Die positive Vorabentscheidung ergeht in Form eines Beschlusses und ersetzt das nach früherer Regelung notwendige Zwischenurteil (z. B. gemäß § 280 ZPO). Das Verfahren, das dem Beschluss vorausgeht, verläuft entsprechend dem eines Verweisungsbeschlusses nach § 17 a Absatz 2 Satz 1 GVG. Die Ausführungen zur Anhörung der Parteien, Verkündung und Zustellung gelten sinngemäß auch hier[29].

Der Tenor lautet in diesem Fall:

„Der Rechtsweg zu den ordentlichen Gerichten ist zulässig."

Eine Kostenentscheidung oder eine Streitwertfestsetzung erfolgen ebenso wenig wie bei einer Verweisung.

c) Hauptsacheentscheidung und positiver Vorabbeschluss

Die Entscheidung zur Hauptsache kann bei positiver Vorabentscheidung erst nach Eintritt der formellen Rechtskraft der Rechtswegentscheidung ergehen. Das Gericht muss den Eintritt der Rechtskraft des Beschlusses abwarten. Allerdings fehlt im Regelungskomplex der §§ 17 bis 17 b GVG eine gesetzliche Regelung, die dem Gericht, das den positiven Vorabbeschluss erlassen hat, eine Aussetzung des Verfahrens oder ein Abwarten bis zur Rechtskraft des Beschlusses über die Zulässigkeit des Rechtsweges vorschreibt. Ohne das Abwarten könnte im Be-

---

27 *Kopp* § 40 Rdnr. 17.
28 Vgl. z. B. *VG Sigmaringen* NJW 2000, 91.
29 Vgl. § 1. IV. B. 2., Seite 30.

schwerdeverfahren gegen die positive Vorabentscheidung bei Feststellung der Unzulässigkeit des Rechtsweges ein Widerspruch zur Hauptsacheentscheidung auftreten[30].

4. Die Rechtsmittel gegen Rechtswegentscheidungen - § 17 a Absatz 4 GVG

§ 17 a Absatz 4 GVG enthält in den Sätzen 3 bis 6 Vorschriften über die Rechtsmittel gegen die Beschlüsse nach § 17 a Absatz 2 GVG und § 17 a Absatz 3 GVG. Diese Entscheidungen unterliegen gemäß § 17 a Absatz 4 Satz 3 GVG der sofortigen Beschwerde nach den jeweiligen Regelungen der einzelnen Verfahrensordnungen. So ist z. B. im Zivilprozess die Regelung des § 577 ZPO einschlägig. Kennt die einschlägige Verfahrensordnung keine (sofortige) Beschwerde, gelten die Vorschriften über die in der Verfahrensordnung geregelten Rechtsmittel entsprechend[31]. Die Verwaltungsgerichtsordnung etwa kennt keine sofortige Beschwerde. Die Regelung in § 17 a Absatz 4 Satz 3 GVG bezieht sich somit auf § 146 VwGO, der eine Beschwerde als statthaftes Rechtsmittel vorsieht.

Zu beachten ist allerdings eine Einschränkung der Beschwerdemöglichkeit hinsichtlich der sachlichen und örtlichen Zuständigkeit. Der Gesetzgeber hat die Beschwerdemöglichkeit in den Verfahrensordnungen, in denen die §§ 17 ff GVG auch für die sachliche und örtliche Zuständigkeit gelten, gemäß § 83 Satz 2 VwGO, § 48 Absatz 1 Nr. 1 ArbGG, § 70 Satz 2 FGO und § 98 Satz 2 SGG ausgeschlossen. Die Unanfechtbarkeit erstreckt sich jedoch nicht auf Beschlüsse, die den Rechtsweg betreffen. Für diese gilt weiterhin die Regelung des § 17 a Absatz 4 GVG unmittelbar[32].

Für das zivilprozessuale Verfahren ergibt sich folgendes Bild: Zuständiges Beschwerdegericht für die Ausgangsbeschlüsse des Amtsgerichts bzw. des Landgerichts ist gemäß § 568 ZPO das nächsthöhere Gericht, also in der Regel das örtlich zuständige Landgericht bzw. Oberlandesgericht; für das Amtsgericht, in den Fällen, in denen es in seiner Funktion als Familiengericht entschieden hat, ist Beschwerdegericht stets das Oberlandesgericht, vgl. § 119 Absatz 1 GVG. Hat ein Bundesland von der Ermächtigung in § 119 Absatz 3 GVG Gebrauch gemacht und das Oberlandesgericht als das zuständige Gericht für alle Berufungen und Beschwerden gegen Entscheidungen eines Amtsgerichts bestimmt, ist das Oberlandesgericht auch dann für die Rechtsmittel nach § 17 a Absatz 4 GVG ge-

30 Vgl. § 3. XIV., Seite 114.
31 *Schoch/Schmidt-Aßmann/Pietzner/Ehlers* § 41 § 17 a GVG Rdnr. 33.
32 Klargestellt durch den *Verwaltungsgerichtshof München* in BayVBl 1993, 309 (310).

gen Rechtswegentscheidungen der Amtsgerichte zuständig, wenn das Amtsgericht nicht in seiner Funktion als Familiengericht entschieden hat. In § 17 a Absatz 4 Satz 4 bis Satz 6 GVG hat der Gesetzgeber in der Neufassung des § 17 a GVG eine besondere Regelung zur weiteren Beschwerde, die auf die sofortige Beschwerde folgt, getroffen. Eine weitere Beschwerde ist nur dann eröffnet, wenn eine sofortige Beschwerde zum örtlich zuständigen Oberlandesgericht gemäß § 17 a Absatz 4 GVG, § 568 ZPO erfolgt. Gegen die Entscheidung des Oberlandesgerichts ist die weitere Beschwerde als Zulassungsbeschwerde ausgestaltet. Die Zulassungsgründe sind denen der Revision in § 546 ZPO nachgebildet. Ein neuer selbständiger Beschwerdegrund ist für die weitere Beschwerde dagegen nicht nötig[33]. Einen solchen neuen selbständigen Beschwerdegrund zu fordern ist auch nicht notwendig, da die weitere Beschwerde schon von der Zulassung abhängt, die für das Gericht der weiteren Beschwerde nach § 17 a Absatz 4 Satz 6 GVG bindend ist. Über die weitere Beschwerde entscheidet bei Zulassung der *Bundesgerichtshof*. Eine weitere Beschwerde ist dagegen nach der Neuregelung nicht mehr möglich, wenn den Ausgangsbeschluss nach § 17 a Absatz 2 GVG oder § 17 a Absatz 3 GVG ein Amtsgericht gefasst hat und ein Landgericht als Rechtsmittelgericht über die sofortige Beschwerde zu entscheiden hatte. In diesem Fall endet der Beschwerdeweg beim Landgericht nach § 568 Absatz 1 ZPO mit der sofortigen Beschwerde, weil hier kein „oberes Landesgericht" entschieden hat, wie es § 568 Absatz 2 ZPO in Verbindung mit § 17 a Absatz 4 Satz 4 GVG verlangt.

5. *Die Prüfungssperre - § 17 a Absatz 5 GVG*

In § 17 a Absatz 5 GVG hat der Gesetzgeber eine Regelung bezüglich der Prüfung des Rechtsweges durch die Rechtsmittelgerichte im Hauptsacheverfahren getroffen. Danach erfolgt keine Prüfung der Zulässigkeit des Rechtweges im allgemeinen Rechtsmittelverfahren gegen eine Hauptsacheentscheidung. Eine derartige Entscheidung liegt vor, wenn das Gericht (nach einer Entscheidung über den Rechtsweg) eine Entscheidung in einer weiteren Sachfrage getroffen hat. Dies gilt insbesondere auch dann, wenn das Gericht die Klage als unzulässig abweist, weil etwaige Prozessvoraussetzungen fehlen[34].

Es handelt sich bei dieser Regelung um das Kernstück der Reform der Rechtswegvorschriften. Sinn des § 17 a Absatz 5 GVG ist es, die Rechtsmittel gegen die Hauptsacheentscheidung von der Frage des Rechtsweges zu befreien. Die Klärung des Rechtsweges soll allein Sache der ersten Instanz und des sich

33 *BGHZ* 120, 198 (200); *BGH* NJW 1997, 744.
34 *BGHZ* 119, 247 (248); vgl. § 3. XVI. B. 1., Seite 126.

unter Umständen anschließenden Beschwerdeverfahrens nach § 17 a Absatz 4 Satz 3 bis Satz 6 GVG sein. Die Regelung der besonderen Anfechtbarkeit der Beschlüsse über den Rechtsweg stellt einen Ausgleich zu der Einschränkung der Rechtswegprüfung im Rechtsmittelverfahren gegen die Hauptsacheentscheidung dar. Durch die sofortige Beschwerde besteht eine ausreichende Überprüfungsmöglichkeit durch die Obergerichte. Folglich ist auch nach der Neuregelung der §§ 17 ff. GVG (zumindest bei korrektem Verfahrensablauf) genügender Rechtsschutz für den Einzelnen gewährleistet.

Die Prüfungssperre des § 17 a Absatz 5 GVG gilt ihrem Wortlaut nach nur für die Rechtswegfrage, nicht jedoch für die örtliche und sachliche Zuständigkeit[35]. Zwar geht der Bundesrat[36] in seiner Stellungnahme von einer generellen Anwendbarkeit des § 17 a Absatz 5 GVG auch auf die sachliche und örtliche Zuständigkeit aus, diese Auslegung ist jedoch nicht vom Wortlaut des Gesetzes gedeckt und findet auch keine Erwähnung in der Stellungnahme des Bundestages. Für die Beschränkung der Prüfung hinsichtlich der sachlichen und örtlichen Zuständigkeit im Rechtsmittelverfahren der Hauptsache ist nicht § 17 a Absatz 5 GVG maßgeblich, sondern die Regelungen in den jeweiligen Verfahrensordnungen[37].

C. Die Rechtsfolgen des Verweisungsbeschlusses - § 17 b GVG

I. Die Anhängigkeit beim empfangenden Gericht - § 17 b Absatz 1 Satz 1 GVG

§ 17 b Absatz 1 Satz 1 GVG ergänzt die Verfahrensregelung des § 17 a Absatz 2 Satz 1 GVG bei einem Verweisungsbeschluss, indem der Gesetzgeber den Eintritt der Anhängigkeit der Hauptsache bei dem Adressatgericht erst nach Rechtskraft des Verweisungsbeschlusses anordnet. Die Anhängigkeit im Sinn von § 17 b Absatz 1 Satz 1 GVG bedeutet kein Eintreten einer neuen Rechtshängigkeit. Es erfolgt nur eine formelle prozessuale Zuordnung des Verfahrens zu dem empfangenden Gericht[38].

---

35 Sollen die Verweisungsregelungen auch für die sachliche und örtliche Zuständigkeit gelten, muss dies der Gesetzgeber in den jeweiligen Verfahrensordnungen anordnen, vgl. § 83 VwGO, § 48 ArbGG, § 70 FGO und § 98 SGG, vgl. § 1. III., Seite 26.

36 BR-Drucks 135/90 Seite 118.

37 Vgl. z. B. § 10 ZPO, § 512 a ZPO, § 124 Absatz 2 VwGO.

38 BT-Drucks 11/7030 Seite 38 rechte Spalte.

2. Das Fortwirken der Rechtshängigkeit - § 17 b Absatz 1 Satz 2 GVG

§ 17 b Absatz 1 Satz 2 GVG lässt in der Phase zwischen Ergehen des Verweisungsbeschlusses und dessen Rechtskraft die Wirkungen der Rechtshängigkeit fortbestehen. Entscheidend für den Eintritt der Rechtshängigkeit ist also das Vorliegen der Voraussetzungen, die im zunächst beschrittenen Rechtsweg jeweils notwendig sind. Eine vor dem Verwaltungsgericht erhobene Klage ist bei einer Verweisung in den Zivilrechtsweg auch ohne Zustellung der Klageschrift an den Beklagten rechtshängig, weil in der Verwaltungsgerichtsordnung die Rechtshängigkeit bereits mit Einreichung der Klageschrift bei Gericht eintritt, vgl. §§ 90 Absatz 1, 81 Absatz 1 VwGO. Die Wirkungen der Rechtshängigkeit gelten sowohl in prozessualer als auch in materieller Hinsicht fort. § 17 b Absatz 1 Satz 2 GVG entspricht der Regelung des § 261 Absatz 3 ZPO in Verbindung mit § 262 ZPO. Soweit also die Klageerhebung einen Fristablauf verhindern sollte, bleiben die Wirkungen der Rechtshängigkeit erhalten. Dies gilt auch in Bezug auf § 270 Absatz 3 ZPO[39].

3. Die Kosten des Verfahrens - § 17 b Absatz 2 GVG

§ 17 b Absatz 2 GVG regelt die Kosten einer Verweisung. Es gilt der Grundsatz der Kosteneinheit; die Norm entspricht § 281 Absatz 3 ZPO. Aufgrund der Regelung des § 17 b Absatz 2 GVG enthält ein Verweisungsbeschluss ebenso wenig wie eine positive Vorabentscheidung eine Kostenentscheidung oder Streitwertfestsetzung. Der Unterlegene trägt deshalb die Kosten des einheitlichen Verfahrens, inklusive der Kosten, die vor dem verweisenden Gericht entstanden sind, gemäß § 17 b Absatz 2 GVG.

Eine Ausnahme von diesem Grundsatz ordnet jedoch § 17 b Absatz 2 Satz 2 GVG an und trifft eine Mehrkostenregelung. Danach trägt der Kläger diejenigen Kosten, die über die Kosten hinausgehen, die auch bei anfänglicher Klageerhebung im zulässigen Rechtsweg entstanden wären[40]. Im Hintergrund steht dabei folgende Überlegung: Der Kläger als „Initiator“ der Klage hat die Wahl des Rechtsweges und er ist insoweit für die Wahl des falschen Rechtsweges verantwortlich. Die Rechtswegwahl ist dem Beklagten auch im Fall des Unterliegens nicht anzulasten.

Nicht unter den Geltungsbereich des § 17 b Absatz 2 Satz 2 GVG fallen indes die Kosten eines Beschwerdeverfahrens nach § 17 a Absatz 4 GVG. Über diese

---

39 *Baumbach/Lauterbach/Albers* § 17 b GVG Rdnr. 3.
40 *Stein/Jonas/Leipold* § 281 Rdnr. 40.

hat das jeweilige Beschwerdegericht nach den Kostenregelungen der für das Gericht anwendbaren Verfahrensordnung zu entscheiden[41].

41 Münchener Kommentar ZPO-*Wolf* § 17 b GVG Rdnr. 10, vgl. dazu näher § 3. XVIII. C. 2., Seite 153.

§ 2. Der Maßstab bei der Rechtswegprüfung

I. Die Eingrenzung der Problematik

Im Zusammenhang mit der Einordnung des klägerischen Begehrens in einen Rechtsweg stellt sich die Frage, wie bei der Prüfung zu verfahren ist. Es stehen zwei Möglichkeiten zur Auswahl:

Das Gericht kann zum einen vom Tatsachenvortrag des Klägers ausgehen und auf dieser Grundlage eine rechtliche Würdigung hinsichtlich des Rechtsweges vornehmen. Zum anderen ist auch denkbar, über den Tatsachenvortrag Beweis zu erheben und auf dieser Tatsachengrundlage eine Entscheidung zu treffen. Ausgeschlossen ist dagegen eine Vorgehensweise, bei der die rechtliche Qualifizierung des Anspruchs durch den Kläger selbst für den Rechtsweg maßgeblich ist, denn die rechtliche Würdigung mit der sich hieraus ergebenden Qualifizierung des Rechtweges soll Sache des Gerichts bleiben und darf nicht im Belieben des Klägers stehen[42].

II. Die Argumentation der ordentlichen Gerichtsbarkeit

Der *Bundesgerichtshof*[43] geht in ständiger Rechtsprechung bei der Entscheidung über den Rechtsweg von dem Tatsachenvortrag des Klägers aus[44]. Anhand dieses Vortrags ist nach Ansicht des *Bundesgerichtshofes* für die Bestimmung des Rechtsweges die wirkliche rechtliche Natur des Rechtsverhältnisses entscheidend[45]. Aus dem Tatsachenvortrag muss sich ergeben, dass ein Sachverhalt vorliegt, für den die Ziviljustiz kompetent ist. Diese Rechtsprechung erstreckt sich auch auf die Fälle, in denen die vorgetragenen Tatsachen doppelrelevant, also zuständigkeits- und anspruchsbegründend, sind. Der *Bundesgerichtshof*[46] erteilt in diesem Zusammenhang einer nur vorläufigen oder summarischen Prüfung des

---

42 *Windel* ZZP 111, S. 3 (5, 16).

43 *BGHZ* 14, 222, (225); 102, 280 (284); 133, 240 (243); *BGH* NJW 1993, 1788 (1789); NJW 1999, 1786; NJW 2000, 872.

44 Dieser Ansicht folgt auch die Kommentarliteratur, *Stein/Jonas/Schumann* § 1 Rdnr. 175.

45 *BGH* NJW 1998, 546 (547); *Stein/Jonas/Schumann* § 1 Rdnr. 17.

46 *BGHZ* 133, 240 (243).

Rechtsweges bei doppelrelevanten Tatsachen eine Absage: Auch hier müsse sich der Rechtsweg schlüssig aus dem Klagevorbringen herleiten lassen. Einzig eine Beweiserhebung scheide aus[47].

Nach der Rechtsprechung des *Bundesgerichtshofes* ist die Rechtswegfrage nicht mit einer unter Umständen sehr aufwendigen und kostenintensiven Beweiserhebung zu verbinden. Die Beweiserhebung hinsichtlich der auch für die Rechtswegfrage erheblichen Tatsachen bleibt der Begründetheit der Klage vorbehalten. Dadurch ist zwar ein Eingriff in fremde Rechtswegzuständigkeiten möglich: Ergibt die Begründetheitsprüfung ein Nichtvorliegen derjenigen Anspruchsgrundlagen, die dem eingeschlagenen Rechtsweg zuzuordnen sind, ist das Gericht in der weiteren Begründetheitsprüfung gehalten, auf Anspruchsgrundlagen zurückzugreifen, die einem anderen Rechtsweg angehören. Dies ist jedoch sachlich nicht zu beanstanden und gemäß § 17 Absatz 2 Satz 1 GVG auch vom Gesetzgeber so vorgesehen, da insoweit eine umfassende Prüfungs- und Entscheidungskompetenz unabhängig vom zulässigen Rechtsweg besteht.

III. Die Differenzierung des Bundesarbeitsgerichts

Unterschiedliche Ansichten bestehen bei der Abgrenzung zwischen ordentlicher Gerichtsbarkeit und Arbeitsgerichtsbarkeit.

A. Die frühere Rechtsprechung des Bundesarbeitsgerichts

Der 2. Senat des *Bundesarbeitsgerichts*[48], der früher für Rechtswegfragen zuständig war, schließt eine Beweiserhebung nicht aus. Der Senat begründet dies mit der gesetzlichen Zuständigkeitsverteilung und der Respektierung der Nachbargerichtsbarkeit. Beide Gesichtspunkte erfordern nach Ansicht der Richter eine Prüfung durch das zunächst angerufene Arbeitsgericht, ob wirklich ein Arbeitsverhältnis vorliegt und der Rechtsweg zu ihm eröffnet ist. Folgt man der Ansicht des zweiten Senats, genügt in diesem Zusammenhang weder die Rechtsansicht des Klägers noch ein entsprechender Tatsachenvortrag, jedenfalls wenn er von der Gegenseite bestritten ist. Der Kläger hat bei doppelrelevanten Tatsachen die

---

47 Auch die Verwaltungsgerichtsbarkeit folgt dieser Lösung, vgl. *BVerwGE* 7, 257 (258); 75, 109 (112); *BVerwG* NJW 1994, 2909. Für die Zuordnung einer Streitigkeit sei die Natur des Rechtsverhältnisses maßgeblich. Diese sei auf der Grundlage des Klagebegehrens und des zur Begründung vorgetragenen Sachverhalts zu bestimmen.

48 *BAG* NZA 1994, 141 (142); NZA 1994, 234 (236).

Arbeitnehmereigenschaft zu beweisen. Daraus ergibt sich dann die Rechtswegeröffnung[49]. Anderenfalls könnte sich eine Partei gegen den Willen der anderen Partei eine tatsächlich nicht bestehende Zuständigkeit verschaffen[50].

Diese Judikatur ist durch die Neuregelung der §§ 17 bis 17 b GVG überholt. Die Abgrenzung der ordentlichen von der Arbeitsgerichtsbarkeit soll - so das *Oberlandesgericht Köln*[51] - nach den gleichen Grundsätzen erfolgen, die für die Unterscheidung der zivilrechtlichen und öffentlich-rechtlichen Streitigkeiten gelten. Da nunmehr auch die Zuständigkeit von ordentlichen Gerichten und Arbeitsgerichten eine Frage des Rechtsweges ist, besteht kein Grund, diese Unterscheidung nach anderen Kriterien vorzunehmen.

B. Der aktuelle Lösungsansatz des Bundesarbeitsgerichts

Dagegen vertritt der nun für Rechtswegfragen im Zusammenhang mit der Arbeitnehmereigenschaft zuständige 5. Senat des *Bundesarbeitsgerichts*[52] eine je nach Fallgestaltung differenzierte Auffassung. Diese konnte der 5. Senat des *Bundesarbeitsgerichts* vertreten, ohne sich in Widerspruch zu der Rechtsprechung des Gemeinsamen Senats der obersten Gerichtshöfe des Bundes[53] zu setzen, da die Entscheidungen unterschiedliche Sachverhalte betrafen. Die Entscheidung des Gemeinsamen Senats der obersten Gerichtshöfe des Bundes bezog sich auf die Abgrenzung zwischen bürgerlich-rechtlichen und öffentlich-rechtlichen Streitigkeiten, während sich die Entscheidung des 5. Senats des *Bundesarbeitsgerichts* mit dem Verhältnis der ordentlichen Gerichtsbarkeit zu der Arbeitsgerichtsbarkeit befasst.

1. Die „sic-non"-Fälle

Im Mittelpunkt stehen zunächst diejenigen Fälle, in denen die vor dem Arbeitsgericht erhobene Klage nur dann Erfolg haben kann, wenn die Voraussetzungen einer rein arbeitsrechtlichen Anspruchsgrundlage vorliegen. Diese bezeichnet die Rechtsprechung als sic-non-Fälle. Sie sind durch die Doppelrelevanz der Tatsachenbehauptungen des Klägers gekennzeichnet, da der Klägervortrag sowohl für die Rechtswegzuweisung als auch für die Begründetheit der Klage entscheidend ist. Dem 5. Senat erscheint eine Verweisung des Rechtsstreits in einen anderen

49 So auch *Hager*, Festschrift für Kissel 1994, 327 (337, 340).
50 *BAG* NZA 1994, 141 (142).
51 *OLG Köln* OLGZ 1994, 475 (476).
52 *BAG* NJW 1996, 2948; NZA 1997, 175 (176).
53 *BGHZ* 102, 280 (284).

Gerichtszweig sinnlos, wenn der Klageanspruch mit dem Vorliegen eines Arbeitsverhältnisses „steht und fällt"[54].

Innerhalb der sic-non-Problematik unterscheidet der 5. Senat des *Bundesarbeitsgerichts* zwischen mehreren Konstellationen, die jedoch im Ergebnis gleich zu behandeln sind:

a) Schlüssiger Tatsachenvortrag des Klägers

Bei der ersten Fallgruppe trägt der Kläger schlüssig Tatsachen vor, die es dem Gericht erlauben, den Rechtsweg zu bejahen. Zur Begründung der arbeitsgerichtlichen Zuständigkeit reicht hier - so das Gericht - die bloße Rechtsbehauptung des Klägers, er sei Arbeitnehmer, aus[55]. Erweist sich im Rahmen der Begründetheitsprüfung, gegebenenfalls nach Beweiserhebung, der Tatsachenvortrag als nicht haltbar, erfolgt eine Klageabweisung als unbegründet. Eine Verweisung des Rechtsstreits an ein Gericht eines anderen Rechtsweges kommt nicht in Betracht, da der Kläger insoweit nicht schutzwürdig ist; er erhält eine Sachentscheidung des Gerichts, vor dem er geklagt hat. Mehr könne der Kläger nicht verlangen. In so gelagerten Fällen erfordere weder die gesetzlich geregelte Zuständigkeitsverteilung noch der Gedanke der Respektierung der Nachbargerichtsbarkeit[56] eine Verweisung des Rechtsstreits.

b) Unschlüssiger Tatsachenvortrag des Klägers

Erweisen sich die Tatsachenbehauptungen des Klägers hinsichtlich des Rechtsweges als unschlüssig, rechtfertigt auch dies nach Ansicht des 5. Senats des *Bundesarbeitsgerichts*[57] keine unterschiedliche Behandlung. Der Senat geht von einer gleichbleibenden Interessenlage aus: Ein berechtigtes Interesse des Klägers, seinen Vortrag nach einer Verweisung vor einem von ihm nicht angerufenen Gericht ergänzen zu können, sei nicht gegeben[58].

Die Rechtsprechung des 5. Senats zum unschlüssigen Tatsachenvortrag des Klägers bei sic-non-Fällen ist in der Literatur auf Kritik gestoßen. *Hoffmann*[59] hält die Argumentation des *Bundesarbeitsgerichts* für nicht stichhaltig und fordert in den sic-non-Fällen ein schlüssiges Klägervorbringen. Im Fall eines un-

---

54 *BAG* NZA 1997, 674 (676); NJW 1998, 260 (261); NJW 2000, 2690 (2691 f.).

55 *BAG* MDR 1997, 578 (579) = NJW 1997, 1722 (1723); *BAG* NJW 1998, 260 (261).

56 So aber der 2. Senat des *Bundesarbeitsgerichts* in NZA 1994, 141 (142).

57 *BAG* NJW 1996, 2948 (2950).

58 So auch das *LAG Köln* in NZA 1996, 1344 für die nicht hinreichend substantiierte Behauptung der Arbeitnehmereigenschaft.

59 *Hoffmann* Arbeit und Arbeitsrecht 1997, 265 (266).

schlüssigen Tatsachenvortrags plädiert er für eine Verweisung wegen der Unzulässigkeit des Rechtsweges. *Hoffmann* bleibt allerdings die Antwort schuldig, wohin das Gericht verweisen soll, wenn der geltend gemachte Anspruch mit der Arbeitnehmereigenschaft steht und fällt und somit ausschließlich dem Rechtsweg der Arbeitsgerichtsbarkeit zugehört. In diesem Fall erscheint es sachgerechter, auch einen unschlüssigen Tatsachenvortrag des Klägers gelten zu lassen. *Windel* hingegen möchte in diesem Fall die Klage als unzulässig abweisen und nimmt für den Kläger eine Last zur schlüssigen Darlegung der Rechtswegvoraussetzungen an[60]. Beide Ansichten überzeugen indes nicht: Eine Abweisung der Klage durch Prozessurteil wegen der Unzulässigkeit des Rechtsweges ist ebenso wenig möglich wie eine Verweisung in einen anderen Rechtsweg. Durch ein Sachurteil ist dagegen eine endgültige Erledigung des Rechtsstreits zu erreichen[61].

c) Rechtswegbestimmung bei Organvertretern

Lange Zeit offen gelassen hat der 5. Senat des *Bundesarbeitsgerichts*, ob die Grundsätze für die Rechtswegbestimmung in den sic-non-Fällen auch auf Verfahren mit Organvertretern anwendbar sein sollen. Erst im Jahr 1999 hat der Senat diese Frage richtigerweise ausdrücklich verneint. Der Festlegung liegt folgender Sachverhalt zugrunde: Bei Vertretern juristischer Personen unterscheidet das Gericht zwischen der Organstellung und dem ihr zugrunde liegenden Anstellungsverhältnis. Die Bestellung bzw. die Abberufung des Vertretungsorgans betrifft nur die körperschaftliche Ebene und lässt den Anstellungsvertrag unberührt. Dieser ist in der Regel als freies Dienstverhältnis ausgestaltet und nur ausnahmsweise als Arbeitsverhältnis. Weder für Streitigkeiten im Zusammenhang mit der Organstellung noch für solche, die aus dem Anstellungsverhältnis resultieren, ist jedoch der Rechtsweg zu den Arbeitsgerichten eröffnet. § 5 Absatz 1 Satz 3 ArbGG weist die Klärung dieser Streitigkeiten den ordentlichen Gerichten zu. Die ordentlichen Gerichte haben demnach auch Arbeitsrecht anzuwenden, falls der Anstellungsvertrag ausnahmsweise dem Arbeitsrecht unterfällt, vgl. § 17 Absatz 2 GVG. Die Rechtsansicht des Klägers, er sei Arbeitnehmer - mag sie auch objektiv richtig sein - kann also keine Zuständigkeit eines Arbeitsgerichts begründen. Da die Arbeitsgerichte hier unter keinem in Betracht kommenden Umstand zuständig sein können, ist auch eine Anwendung der sic-non-Rechtsprechung nicht sinnvoll. Die Fiktion des § 5 ArbGG verweist die Parteien an die ordentlichen Gerichte, unabhängig davon, ob ein Anspruch mit dem Vorliegen

---

60 *Windel* ZZP 111, S. 3 (20).

61 In diese Richtung argumentiert auch *Klutz* in NJW 1999, 342 (343 f.), der bei unschlüssigem Klägervortrag eine sofortige Klageabweisung als unbegründet vertritt.

eines Arbeitsverhältnisses steht und fällt. Die gesetzliche Rechtswegzuweisung geht dem Klägervorbringen vor und ist vom angerufenen Arbeitsgericht bei der Rechtswegprüfung zu beachten.

Eine geringfügige Änderung in dem zugrunde liegenden Sachverhalt führt allerdings zu einer wesentlich anderen Beurteilung. Bezieht sich der Rechtsstreit nicht auf das Organverhältnis und das dahinterstehende Anstellungsverhältnis, sondern betrifft eine weitere Rechtsbeziehung, weil der Organvertreter Rechte aus einem schon vor dem Anstellungsvertrag begründeten und nach seiner Behauptung auch noch weiterhin bestehenden Arbeitsverhältnis herleitet, steht die Fiktion des § 5 Absatz 1 Satz 3 ArbGG nicht mehr in Rede. Nunmehr sind die allgemeinen Grundsätze zur Rechtswegbestimmung, mithin auch die zu einem sic-non-Fall entwickelten, anzuwenden[62].

2. *Die „aut-aut"- und „et-et"-Fälle*

Von den sic-non-Fällen sind diejenigen Klagebegehren abzugrenzen, bei denen der Kläger seinen Anspruch entweder auf eine arbeitsrechtliche oder eine bürgerlichrechtliche Anspruchgrundlage stützen kann. Schließen sich die Anspruchsgrundlagen aus, liegt ein sogenannter aut-aut-Fall vor. Dieser Konstellation sehr ähnlich sind die sogenannten et-et-Fälle, bei denen sich der Anspruch sowohl auf eine arbeitsrechtliche als auch auf eine bürgerlichrechtliche Anspruchsgrundlage stützen lässt.

Hinsichtlich beider Fallgruppen hat der 5. Senat des *Bundesarbeitsgerichts*, der nunmehr für Rechtswegfragen im Zusammenhang mit der Arbeitnehmereigenschaft allein zuständig ist, noch keine endgültige Festlegung getroffen[63]. Als unzureichend sieht der Senat jedenfalls die bloße Rechtsansicht des Klägers, er sei Arbeitnehmer, an[64]. Die Behauptung des Klägers könne den Rechtsweg zu den Arbeitsgerichten nicht eröffnen, da dann der Rechtsweg weitgehend zur Disposition des Klägers stünde. Ausdrücklich offen gelassen haben die Richter, ob in diesem Zusammenhang der schlüssige Tatsachenvortrag des Klägers als genügend anzusehen ist oder über diesen Beweis zu erheben ist. Das *Oberlandesgericht Köln*[65] lehnt für diese Situation sowohl eine zwingende Beweisaufnahme als auch die Zugrundelegung der bloßen Rechtsansicht des Klägers ab, ohne sich

---

62 *BAG* NJW 1999, 3069 (3070).

63 *BAG* NZA 1997, 674 (676) = MDR 1997, 579.

64 *BAG* NZA 1997, 674 (676) = MDR 1997, 579.

65 *OLG Köln* NJW 1997, 470; das *Sächsische Landesarbeitsgericht* lässt dagegen in LAGE § 2 ArbGG 1979 Nr. 25 für die sogenannten et-et-Fälle die bloße Behauptung des Klägers zur Rechtswegbestimmung ausreichen.

jedoch positiv festzulegen, welcher Prüfungsmaßstab zur Rechtswegermittlung heranzuziehen ist.

Eine Zuständigkeitsbegründung durch eine einfache Behauptung des Klägers würde zu einer Nichtbeachtung der Kompetenzregelung hinsichtlich des Rechtsweges führen. Ein Kläger könnte sich durch entsprechende Ausführungen jeden beliebigen Rechtsweg eröffnen[66]. Um diese Situation zu vermeiden, muss die rechtliche Qualifizierung der streitentscheidenden Normen und die Einordnung des Klagebegehrens in einen Rechtsweg Sache des angerufenen Gerichts bleiben. Eine zwingende Beweiserhebung[67] hat zwar den Vorteil einer vollständigen Klärung der Rechtswegfrage für sich, ist aber nicht immer geboten. Ergibt sich das Vorliegen des Rechtsweges bereits aus dem schlüssigen Vortrag des Klägers, ist in den et-et- und aut-aut-Fällen keine Beweisaufnahme erforderlich[68]. Erweist sich bei der Begründetheitsprüfung indes das Nichtvorliegen des Anspruchs, ist das Gericht nicht gehindert, die übrigen rechtswegfremden Anspruchsgrundlagen zu prüfen und gemäß § 17 Absatz 2 Satz 1 GVG auch dazu verpflichtet. Würde man im Fall des schlüssigen Klägervorbringens eine Beweisaufnahme durchführen, käme es bei der Klärung der Rechtswegfrage zu einer Vorwegnahme der Begründetheitsprüfung[69]: Für den Rechtsweg ist die wahre Natur des Rechtsverhältnisses maßgebend. Mit anderen Worten, die streitentscheidende Norm muss dem eingeschlagenen Rechtsweg entstammen. Um diese zu ermitteln, wäre das angerufene Gericht letztlich gezwungen, die Begründetheitsprüfung vorzuziehen. Die Rechtswegfrage ist dadurch immer auch mit der Begründetheit der Klage verknüpft. Lediglich bei unschlüssigem Klägervortrag ist das Gericht in den et-et- und aut-aut-Fällen gehalten, eine Beweisaufnahme durchzuführen, um Rechtswegerschleichungen zu vermeiden.

---

66 *Stein/Jonas/Schumann* § 1 Rdnr. 20 1 für die Begründung der sachlichen bzw. örtlichen Zuständigkeit.

67 *Kissel* § 17 Rdnr. 19.

68 *Künzl,* Zweite Erlanger Festschrift für Karl Heinz Schwab 2000, S. 35 (53 f.).

69 *Windel* ZZP 111, S. 3 (21).

§ 3. Die Rechtsprechung zur Neufassung der §§ 17 ff. GVG

I. Die Geltungsdauer der §§ 17 ff. GVG

Schon kurz nach der Neufassung der §§ 17 bis 17 b GVG war die Rechtsprechung mit der Neuregelung dieser Paragraphen befasst. Die ersten Entscheidungen betrafen vor allem deren Anwendung auf Verfahren, bei denen bei Inkrafttreten der §§ 17 ff. GVG am 1. Januar 1991 bereits das erstinstanzliche Verfahren beendet war.

In einem vom *Bundesgerichtshof*[70] schon im Jahr 1991 entschiedenen Fall hatte der Kläger vor dem Landgericht Klage auf Entrichtung einer Abwasserabgabe erhoben. Das Landgericht gab der Klage statt. Das Berufungsgericht hat die Klage als unzulässig abgewiesen, da es für den Anspruch auf Zahlung der Abgabe die Zulässigkeit des Rechtsweges zu den ordentlichen Gerichten verneinte. Die dagegen gerichtete Revision des Klägers blieb ohne Erfolg. Der *Bundesgerichtshof* sah sich aber in seiner Entscheidung über den Rechtsweg nicht durch § 17 a Absatz 5 GVG gehindert. Diese Regelung findet nach Ansicht des *Bundesgerichtshofes* auf den Streitfall keine Anwendung; maßgebend ist also das bisherige Recht: Zwar sei die Anwendbarkeit neuer Prozessgesetze auf anhängige Rechtsstreitigkeiten in erster Linie nach dem vom Gesetzgeber in Gestalt von Überleitungsvorschriften getroffenen positiven Regelungen zu beurteilen. Soweit diese fehlten, würden Änderungen des Prozessrechts im allgemeinen auch schwebende Verfahren erfassen. Diese seien daher mit dem Inkrafttreten des Änderungsgesetzes nach neuem Recht zu beurteilen[71]. Eine Abweichung könne sich jedoch aus dem Sinn und Zweck der betreffenden Vorschrift oder aus dem Zusammenhang mit anderen Grundsätzen des Prozessrechts ergeben[72]. Eine Überleitungsvorschrift fehlte bei der Neufassung, wie auch der *Bundesgerichtshof* feststellte. Das 4. VwGO-Änderungsgesetz ist am 1. Januar 1991, nach Erlass des Berufungsurteils (26. Januar 1990) und während des laufenden Revisionsverfahrens, in Kraft getreten. Die Überleitungsvorschrift Art. 21 des 4. VwGO-

---

70 *BGHZ* 114, 1 (4) = NJW 1991, 1686; *BGH* NJW 1997, 388.

71 *BVerfGE* 39, 156 (167); *BGHZ* 114, 1 (3); *Stein/Jonas/Schlosser* § 1 EGGVG Rdnr. 3 f.

72 *BGH* NJW 1978, 427.

Änderungsgesetzes regelt nur die Zulässigkeit von Rechtsbehelfen gegen Verwaltungsakte und gerichtliche Entscheidungen.

Eine Anwendung des § 17 a Absatz 5 GVG in der neuen Fassung auf diese Fälle widerspricht Sinn und Zweck der Neuregelung: Hinter der Beschränkung der Prüfungskompetenz der Rechtsmittelgerichte steht die gesetzgeberische Absicht, die Rechtswegfrage bereits im erstinstanzlichen Verfahren durch eine Vorabentscheidung abschließend zu klären. Eine Absicht des Gesetzgebers anzunehmen, die Rechtswegfrage in der Übergangszeit gänzlich ungeprüft zu lassen, findet keinen Anhaltspunkt in den Gesetzesmaterialien. Aus diesem Grund ist es nach Ansicht des *Bundesgerichtshofes* ausgeschlossen, § 17 a Absatz 5 GVG n. F. in den Fällen anzuwenden, in denen bei Abschluss des ersten Rechtszuges die Neuregelung noch nicht in Kraft getreten war. Für diese Auslegung spricht der Zweck der Übergangsregelung in Art. 21 des 4. VwGO-Änderungsgesetzes, die der unterlegenen Partei den nach bisherigem Recht eröffneten Zugang zur Rechtsmittelinstanz nicht nehmen wollte. Ist dem Revisionsgericht im Streitfall aber die Prüfung der Zulässigkeit des Rechtsweges verwehrt, liefe es im Ergebnis darauf hinaus, eine Nachprüfung des wegen des Rechtsweges angefochtenen Urteils für die Fälle auszuschließen, in denen das erstinstanzliche Verfahren bei Inkrafttreten der Prüfungssperre im Rechtsmittelverfahren bereits abgeschlossen war. Die zeitlich begrenzte Anwendung der Prüfungsbeschränkung gemäß § 17 Absatz 5 GVG ist in der Übergangszeit sinnvoll, da der Gesetzgeber zwar keine ausdrückliche Übergangsregelung geschaffen hat, aber andererseits den Rechtsschutz der Parteien hinsichtlich des Rechtsweges für bereits anhängige Verfahren nicht verändern oder verkürzen wollte; der Gesetzgeber wollte diese Frage nur für künftige (und nicht für bereits laufende) Verfahren auf ein Vorabverfahren verlagern.

Auch das *Bundesverwaltungsgericht*[73] und das *Bundessozialgericht*[74] haben sich mit dieser Problematik beschäftigt. In Entscheidungen aus dem Jahr 1993 haben sich die Gerichte der Meinung des *Bundesgerichtshofes* angeschlossen[75].

---

73 *BVerwG* NJW 1994, 3027 (3028).

74 *BSGE* 72, 148 (150).

75 Unter Hinweis auf *BVerwG* NVwZ 1992, 661 (662); bereits im Januar 1992 hat sich das *Bundesarbeitsgericht* in *BAGE* 69, 204 (206) unter Bezugnahme auf die Rechtsprechung des *Bundesgerichtshofes* dieser Auslegung des § 17 a Absatz 5 GVG angeschlossen.

II. Die perpetuatio fori des Rechtsweges

Nach § 17 Absatz 1 Satz 1 GVG führt eine nach Rechtshängigkeit eintretende Veränderung der den Rechtsweg begründenden Umstände nicht zur Unzulässigkeit des beschrittenen Rechtsweges. Anders als bei anderen Sachurteilsvoraussetzungen, die im Zeitpunkt des Schlusses der letzten mündlichen Verhandlung vorliegen müssen, genügt es, wenn der eingeschlagene Rechtsweg nur einmal in dem Zeitraum von Klageerhebung und bis zu dem Schluss der letzten mündlichen Verhandlung zulässig gewesen ist. Dies gilt selbst dann, wenn der Gesetzgeber während des Verfahrens eine andere Rechtswegzuständigkeit begründet, indem er den Rechtsstreit Gerichten eines anderen Rechtsweges zur Streitentscheidung zuweist. Will der Gesetzgeber die perpetuatio fori des Rechtsweges bei laufenden Verfahren verhindern, bedarf es dazu seiner ausdrücklichen Bestimmung. Der *Bundesgerichtshof* [76] hat diese Sichtweise in einem Beschluss aus dem Jahr 2000 jedoch nicht geteilt: In dem Verfahren begehrte der klagende, in Hamburg ansässige Hörakustiker gegenüber der beklagten AOK Bayern die Klärung der Frage, ob die Beklagte die gültigen Festpreise zu zahlen hat, wenn der Kläger die bei der Beklagten versicherten Patienten versorgt, obwohl sich die Zulassung des Klägers nur auf Hamburg beschränkt. Das Landgericht und auch das Oberlandesgericht haben den Rechtsweg zu den ordentlichen Gerichten verneint und den Rechtsweg zu den Sozialgerichten für zutreffend erachtet. Der *Bundesgerichtshof* deutete in seiner Entscheidung zwar an, den Zivilrechtsweg für zulässig zu halten, da der Schwerpunkt des Verfahrens im Kartellrecht liege. Das Gericht beließ es aber bei der Verweisung an das *Sozialgericht Hamburg*. Während der weiteren sofortigen Beschwerde hatte der Gesetzgeber die Rechtswegzuweisung in § 87 GWB neu gefasst. Nach dieser Neuregelung waren die Sozialgerichte zur Entscheidung berufen, während nach § 87 GWB a. F. die ordentlichen Gerichte damit befasst waren. Diese Neuzuordnung zur Sozialgerichtsbarkeit ist - so der *Bundesgerichtshof* - auch noch im Beschwerdeverfahren zu beachten und führt zur Begründung eine Fundstelle aus der Kommentarliteratur[77] an. Die Argumentation des Gerichts überzeugt indes nicht. Zum einen bezieht sich der Wortlaut der zitierten Kommentarstelle nicht auf Sachurteilsvoraussetzungen, sondern betrifft den entscheidungserheblichen Zeitpunkt hinsichtlich der Begründetheitsprüfung. Zum anderen ist die Auffassung des Gerichts nicht mit der Regelung in § 17 Absatz 1 Satz 1 GVG in Einklang zu bringen[78]. Der *Bundesgerichtshof* hätte als zuständiges Beschwerdegericht prüfen müssen, ob für die Klage vor der Neu-

---

76 *BGH* NJW 2000, 2749.

77 Der *Bundesgerichtshof* zitiert *Zöller/Vollkommer* ZPO § 300 Rdnr. 3.

78 So auch *Piekenbrock* NJW 2000, 3476.

fassung des § 87 GWB nach § 87 GWB a. F. der Rechtsweg zu den ordentlichen Gerichten eröffnet war. Bejaht das Gericht dies, hat es den Verweisungsbeschluss aufzuheben. Da sich ein gesetzlich angeordneter Ausschluss der perpetuatio fori in § 87 GWB n. F. nicht findet, genügt es für die Zulässigkeit des Rechtsweges, wenn der Rechtsweg einmal während der Dauer des Verfahrens eröffnet war. Es besteht keine Notwendigkeit, von dieser sinnvollen gesetzlichen Regelung durch eine richterrechtliche, einengende Auslegung abzuweichen. Es bleibt abzuwarten, ob der *Bundesgerichtshof* seine Rechtsprechung weiterführt oder der Beschluss eine vereinzelte Entscheidung darstellt.

III. Die Abgrenzung der ordentlichen Gerichtsbarkeit zur Arbeitsgerichtsbarkeit

Vor der Neufassung der §§ 17 bis 17 b GVG stellte die Ausgestaltung des Rechtsweges der Zivilgerichtsbarkeit im Verhältnis zu der Arbeitsgerichtsbarkeit einen Sonderfall dar. In § 48 Absatz 1 ArbGG a. F. bestimmte der Gesetzgeber die entsprechende Anwendung des § 11 ZPO, der die Wirkung einer rechtskräftigen Entscheidung über die sachliche Zuständigkeit für andere Gerichte regelte, und des § 281 ZPO, der die Verweisung eines Rechtsstreits an ein sachlich oder örtlich zuständiges Gericht behandelt, für die Beziehung der Arbeitsgerichtsbarkeit zu den ordentlichen Gerichten. Dagegen regelte § 48 a ArbGG das Verhältnis der Arbeitsgerichtsbarkeit zu den sonstigen Gerichtsbarkeiten. Aufgrund dieser unterschiedlichen Behandlung des Verhältnisses zu den ordentlichen Gerichten einerseits und zu den Gerichten der übrigen Gerichtszweige andererseits vertrat die Rechtsprechung[79] die Auffassung, der Gesetzgeber habe den Rechtsweg zu den Arbeitsgerichten in Relation zur ordentlichen Gerichtsbarkeit als einen Streit über die sachliche Zuständigkeit einer Gerichtsbarkeit angesehen.

Dieser Ansicht war nach der Neuregelung der §§ 17 ff. GVG der Boden entzogen. Im 4. VwGO-Änderungsgesetz erfolgte eine Aufhebung der alten Fassung des § 48 Absatz 1 ArbGG. Statt dessen regelte § 48 Absatz 1 ArbGG in der Neufassung die entsprechende Geltung der §§ 17 bis 17 b GVG auch für die Abgrenzung der Arbeitsgerichtsbarkeit zu der ordentlichen Gerichtsbarkeit. Darüber hinaus erfolgte eine Aufhebung von § 48 a ArbGG a. F. Dieser war nicht mehr notwendig, weil künftig § 48 Absatz 1 ArbGG in Verbindung mit § 17 a GVG das Verhältnis zu allen Gerichtsbarkeiten einheitlich regelt. Schließlich entfiel in den Überschriften zu den §§ 2, 2 a ArbGG jeweils den Begriff „sachliche Zu-

---

79 *BAG* AP § 48 ArbGG 1953 Nr. 1; a. M. schon damals *Grunsky* ArbGG, 3. Auflage, § 1 Rdnr. 2, der einen gesonderten Rechtsweg der Arbeitsgerichtsbarkeit annahm.

ständigkeit". § 48 ArbGG n. F. erhielt die Überschrift „Rechtsweg und Zuständigkeit". Damit hat der Gesetzgeber eindeutig die bisherige Differenzierung des Verhältnisses der Arbeitsgerichtsbarkeit zu der ordentlichen Gerichtsbarkeit einerseits und den übrigen Gerichtsbarkeiten andererseits aufgegeben. Aus der Erwähnung der sachlichen Zuständigkeit neben der Zulässigkeit des Rechtsweges in § 48 Absatz 1 ArbGG ist - so das *Bundesarbeitsgericht* [80] - nichts Gegenteiliges zu folgern: Nachdem der Gesetzgeber § 48 Absatz 1 ArbGG a. F. und § 48 a ArbGG a. F., deren Regelungsinhalt allein die Grundlage für die Differenzierung bildete, aufgehoben und durch § 48 Absatz 1 ArbGG n. F. ersetzt hat, ist auch die Arbeitsgerichtsbarkeit als eigenständiger Rechtsweg ausgestaltet. Die formale Erwähnung der sachlichen Zuständigkeit in § 48 Absatz 1 ArbGG n. F. ist als ein bloßes redaktionelles Versehen des Gesetzgebers einzustufen.

Die Judikatur hat jedoch nicht nur Zustimmung erfahren. *Schwab*[81] meint bereits im Jahr 1991, aus der amtlichen Begründung zu § 48 ArbGG, die die Anwendung der §§ 17 ff GVG auf das Verhältnis der Arbeitsgerichtsbarkeit zu der ordentlichen Gerichtsbarkeit festschreibe, ergebe sich nicht zwingend ein eigenständiger Rechtsweg zu den Arbeitsgerichten. Ein Zuständigkeitsverhältnis zwischen Arbeitsgerichtsbarkeit und ordentlicher Gerichtsbarkeit ist danach durch die Neuregelung nicht ausgeschlossen, weil die §§ 17 bis 17 b GVG dann auch für die sachliche Zuständigkeit gelten. Es liegt daher nach der Meinung des Autors nahe, die Erwähnung der sachlichen Zuständigkeit in § 48 Absatz 1 ArbGG als auf die ordentliche Gerichtsbarkeit bezogen auszulegen. Die sachliche Zuständigkeit ist weiterhin in § 48 Absatz 1 Satz 1 ArbGG ausdrücklich erwähnt, deshalb müsse es bei dem bisherigen Stand bleiben. Die Arbeitsgerichtsbarkeit bildet für *Schwab* also im Verhältnis zur ordentlichen Gerichtsbarkeit keinen eigenen Rechtsweg. Schließlich verweist *Schwab* auf die Zivilprozessordnung: Hier sei keine Angleichung der Terminologie erfolgt. Nach wie vor sprächen § 529 Absatz 2 ZPO sowie § 549 Absatz 2 ZPO von der „Zuständigkeit der Arbeitsgerichte"[82].

Das *Landesarbeitsgericht Niedersachsen*[83] ist der Sichtweise *Schwabs* noch im Jahr 1995 gefolgt. Es weist auf § 48 Absatz 1 Satz 1 ArbGG hin, wonach die §§ 17 ff. GVG nur entsprechend zur Anwendung kommen. Das Verhältnis zwischen den Arbeitsgerichten und den Zivilgerichten sei somit keine Frage des Rechtsweges, sondern der sachlichen Zuständigkeit.

---

80 *BAG* NZA 1992, 954 (955).
81 *Schwab* NZA 1991, 657 (663).
82 *Vollkommer*, Festschrift für Kissel 1994, 1183 (1190), der sich aber auf Seite 1191 f. für einen eigenen Rechtsweg zu den Arbeitsgerichten ausspricht.
83 *LAG Niedersachsen* LAGE § 48 ArbGG 1979 Nr. 10.

Vorzugswürdig erscheint die Ansicht des *Bundesarbeitsgerichts* sowie der herrschenden Literatur[84]. Aus der Amtlichen Begründung[85] ist die Absicht des Gesetzgebers, die Arbeitsgerichte weiterhin zu der ordentlichen Gerichtsbarkeit zu zählen, nicht ersichtlich. Die Regelung über die entsprechende Anwendbarkeit in § 48 Absatz 1 Satz 1 ArbGG war im Gegenteil zwingend notwendig, da das Gerichtsverfassungsgesetz nur für die Gerichtsbarkeit der ordentlichen Gerichte gilt. Sollen Teile des Gerichtsverfassungsgesetzes auch für andere Gerichtszweige gelten, müssen deren Verfahrensordnungen diese Regelungen für entsprechend anwendbar erklären (vgl. die gleichlautenden Regelungen in § 173 VwGO; § 155 FGO; § 202 SGG). Bei den genannten Regelungen handelt es sich unstreitig um Verfahrensordnungen mit eigener Rechtswegzuweisung. Es drängt sich daher der Schluss auf, von § 48 ArbGG eine Parallele zu diesen Normen zu ziehen. Daneben ist noch auf Art. 95 Absatz 1 GG hinzuweisen, der die Arbeitsgerichtsbarkeit als eigenen Gerichtszweig aufzählt.

IV. Die Anwendung innerhalb der ordentlichen Gerichtsbarkeit

Das *Bayerische Oberste Landesgericht*[86] befasste sich im Jahr 1991 mit der Problematik des Verhältnisses von Prozessgericht und Wohnungseigentumsgericht; dabei stand die Frage nach der Anwendung der Verweisungsregelungen bei der Abgrenzung der streitigen von der freiwilligen Gerichtsbarkeit im Vordergrund. Das Gericht beleuchtet auch die bisherige Rechtslage: Vor der Neuregelung der Verweisungsnormen hatte das zur Entscheidung angerufene Wohnungseigentumsgericht in jeder Lage des Verfahrens und in jedem Rechtszug, also auch in der Rechtsbeschwerdeinstanz, von Amts wegen zu prüfen, ob eine Zuständigkeit der Wohnungseigentumsgerichte gemäß § 43 Absatz 1 WEG gegeben ist. War dies nicht der Fall, war das Verfahren nach der neueren Rechtsprechung des *Bundesgerichtshofes*[87] in entsprechender Anwendung des § 46 Absatz 1 WEG von Amts wegen an das ordentliche streitige Gericht abzugeben. Nach der früheren Rechtsprechung des 2. Senats des *Bayerischen Obersten Landesgerichts*[88] war in diesem Fall in entsprechender Anwendung des § 17 GVG a. F. das Verfahren auf Antrag an das Prozessgericht zu verweisen. Wie zu verfahren ist, wenn Zweifel an der Zulässigkeit des beschrittenen Rechtsweges beste-

84 *Stein/Jonas/Schumann* § 1 Rdnr. 140; Münchener Kommentar ZPO-*Lappe* § 1 Rdnr. 2; *Germelmann/Matthes/Prütting* Einleitung Rdnr. 42.
85 BT-Drucks 11/7030 Seite 39 linke Spalte.
86 *BayObLGZ* 1991, 186 (188 f.).
87 *BGHZ* 106, 34 (40).
88 *BayObLG* NJW-RR 1987, 1099.

hen, hat der Gesetzgeber durch die Neufassung der §§ 17 ff. GVG neu geregelt. Zwar kann die Regelung auf das Verhältnis zwischen streitiger und freiwilliger Gerichtsbarkeit, das Gegenstand der Regelung des § 46 WEG sei, nicht unmittelbar Anwendung finden, weil es sich dabei nicht um den Rechtsweg zu Gerichten verschiedener Gerichtsbarkeiten handelt; gehören doch streitige und freiwillige Gerichtsbarkeit beide zur ordentlichen Gerichtsbarkeit. Deshalb will das *Bayerische Oberste Landesgericht* die Regelung entsprechend anwenden. Dies begründet das Gericht mit einer zutreffenden Überlegung: Die für die Neuregelung von Streitigkeiten über den zulässigen Rechtsweg maßgebenden Beweggründe müssten in gleicher Weise für das Verhältnis von streitiger und freiwilliger Gerichtsbarkeit gelten, weil auch hier das Rechtsbeschwerdegericht nach zwei Sachentscheidungen der Vorinstanzen zu der Überzeugung gelangen könnte, die Zuständigkeit der Wohnungseigentumsgerichte sei nicht gegeben. Durch eine analoge Anwendung der §§ 17 bis 17 b GVG wäre diese missliche Situation vermeidbar[89]. Vor allem die Anwendung der Prüfungssperre in § 17 a Absatz 5 GVG, der es dem Rechtsbeschwerdegericht verwehrt, die Zuständigkeit der Wohnungseigentumsgerichte in Frage zu stellen, wenn diese die Zuständigkeit ausdrücklich oder stillschweigend bejaht haben, gewährleistet die Vermeidung dieses unbefriedigenden Ergebnisses. Diese Rechtsprechung hat das *Bayerische Oberste Landesgericht*[90] weitergeführt. Auch der *Bundesgerichtshof*[91] teilt diese Meinung und argumentiert dabei sehr ähnlich. Die Unterschiede zwischen den Verfahren der freiwilligen und der streitigen Gerichtsbarkeit würden es rechtfertigen, eine Zuständigkeitsfrage wie eine Rechtswegfrage zu behandeln. Deshalb seien die der Vereinfachung und Beschleunigung dienenden Vorschriften der §§ 17 ff. GVG ergänzend heranzuziehen. Die Normen stellten auch keine der analogen Anwendung unzugänglichen Spezialbestimmungen dar. Aus dem Fehlen einer Verweisung in § 46 WEG ist nicht auf eine Unanwendbarkeit der §§ 17 bis 17 b GVG zu schließen. Der Gesetzgeber hätte, wenn er sich bei einer Interessenabwägung von den gleichen Grundsätzen hätte leiten lassen wie bei dem Erlass der §§ 17 ff. GVG, auch für die Zuständigkeitsprüfung nach § 46 WEG eine entsprechende Regelung getroffen. Beide Gerichte geben der Praktikabilität im Prozessalltag den Vorrang vor einer wörtlichen Auslegung und Anwendung der

89 So auch das *Kammergericht* in OLGZ 1993, 457 (459); *OLG Hamburg* VersR 1996, 393 (394).

90 Vgl. zuletzt *BayObLG* NJW-RR 1993, 280 (281).

91 *BGHZ* 130, 159 (162 f.) = NJW 1995, 2851 (2852); ebenso *BGH* NJW 1998, 231 und *BGH* NJW 2001, 2181; der *BGH* wendet in MDR 1996, 1290 wendet die §§ 17 ff. GVG auch bei der Abgrenzung zwischen Prozessgericht und Landwirtschaftsgericht in nichtstreitigen Landwirtschaftssachen an, da die Regelung des § 17 a GVG der älteren Vorschrift des § 23 Absatz 2 LwVG vorgehen müsse.

Verweisungsregelungen und tragen dadurch dem Interesse der Parteien an einer schnellen Erledigung des Rechtsstreits Rechung. Dieses berechtigte Interesse wiegt schwerer als eine allzu sehr am Wortlaut orientierte Handhabung der §§ 17 bis 17 b GVG.

Eine andere Ansicht vertritt zu dieser Frage das *Kammergericht*[92]. Zwar geht es wie die übrigen Gerichte von einer entsprechenden Anwendbarkeit der Regelungen des § 17 a GVG bei der Abgrenzung der streitigen von der freiwilligen Gerichtsbarkeit aus, verneint aber eine Anwendbarkeit des § 17 a Absatz 5 GVG im Rahmen des § 46 WEG. Für die Anwendung des § 17 a Absatz 5 GVG sei kein Raum, da das Wohnungseigentumsgesetz hinsichtlich der Ausgestaltung der Verfahren erheblich von der Regelung der §§ 17 ff. GVG abweiche. Es erfolge nach § 46 WEG eine Abgabe, während § 17 a Absatz 2 GVG eine Verweisung vorsehe. Auch die Rechtsmittelmöglichkeiten seien unterschiedlich ausgestaltet. In § 17 a Absatz 4 GVG sei eine sofortige Beschwerde vorgesehen, während im Wohnungseigentumsgesetz allenfalls eine einfache Beschwerde statthaft sei. Aus diesen unterschiedlichen Ausgestaltungen folgert das *Kammergericht* eine Notwendigkeit einer ausdrücklichen gesetzlichen Regelung in § 46 WEG, wenn § 17 a Absatz 5 GVG zur Anwendung kommen sollte. Da aber § 46 WEG im Zuge der Neufassung von (Rechtsweg-) Verweisungsvorschriften unverändert geblieben ist, kann - so das Gericht - das Verfahren durch die Neuregelung des § 17 a Absatz 5 GVG nicht berührt sein. Eine Abgabe des Verfahrens kann nach dieser Rechtsprechung auch noch in der Rechtsmittelinstanz erfolgen, wenn das Rechtsmittelgericht zu dem Ergebnis kommt, die funktionelle Zuständigkeit innerhalb der ordentlichen Gerichtsbarkeit ist nicht gewahrt.

Die Rechtsansicht des *Kammergerichts* erscheint widersprüchlich, da das Gericht einerseits die entsprechende Anwendbarkeit der §§ 17 bis 17 b GVG im Rahmen der freiwilligen Gerichtsbarkeit zulässt, andererseits aber das Kernstück der Neuregelung, § 17 a Absatz 5 GVG, nicht für anwendbar hält. In diesem Zusammenhang ist es nicht folgerichtig, zunächst § 17 a Absatz 2 Satz 1 GVG, der von einer Verweisung spricht, auf die Abgabe nach § 46 WEG analog anzuwenden, dann aber die Anwendung des § 17 a Absatz 5 GVG mit dem Argument, der Wortlaut im Wohnungseigentumsgesetz spreche von einer „Abgabe“ und nicht von einer „Verweisung“, abzulehnen. Im Gegensatz zu dieser Judikatur erweisen sich die Auffassungen des *Bundesgerichtshofes* und des *Bayerischen Obersten Landesgerichts* als sachgerecht und in der Anwendung des § 17 a Absatz 5 GVG konsequent. Dies gilt jedenfalls für die echten Streitsachen und die Antragsverfahren der freiwilligen Gerichtsbarkeit, da sich hier die Abgrenzung zur streitigen ordentlichen Gerichtsbarkeit für den Kläger ähnlich darstellt wie das Verfahren

---

92 *Kammergericht* OLGZ 1993, 457 (459).

zu den übrigen Rechtswegen. Lediglich in Amtsverfahren der freiwilligen Gerichtsbarkeit erscheint eine Verweisung unzweckmäßig. Diese Verfahren soll das einleitende Gericht keinem anderen Gericht aufdrängen können.

Das *Oberlandesgericht Dresden*[93] behandelt eine weitere Fragestellung aus dem Zuständigkeitsbereich der ordentlichen Gerichte. In dem Beschluss stand die Abgrenzung von Klagen gegen Justizverwaltungsakte gemäß §§ 23 ff. EGGVG von Verfahren nach § 111 BNotO im Mittelpunkt. Die bei den Oberlandesgerichten eingerichteten Senate für Notarverwaltungssachen zählen zur ordentlichen Gerichtsbarkeit. Die ordentlichen Gerichte sind auch für Entscheidungen über Justizverwaltungsakte und ähnliche in § 23 EGGVG genannte Maßnahmen zuständig. Da unterschiedliche Rechtswege nicht vorliegen, ist eine direkte Anwendung der §§ 17 ff. GVG nicht möglich, wenn eine Abgabe eines Verfahrens an den Senat für Notarverwaltungssachen oder umgekehrt an den für Justizverwaltungsakte zuständigen Senat erfolgen soll. Das *Oberlandesgericht Dresden* hat sich in dem genannten Beschluss für eine entsprechende Anwendung der §§ 17 bis 17 b GVG ausgesprochen. Zur Begründung verweist das Gericht auf die vom Gesetzgeber gänzlich unterschiedlich ausgestalteten Verfahren. Die weitreichenden Unterschiede führen nach Meinung des Gerichts dazu, dass es um wesentlich mehr geht als bei einer Verweisung wegen bloßer sachlicher Unzuständigkeit. Das Oberlandesgericht befindet sich mit dieser Argumentation nicht allein. Auch der *Bundesgerichtshof*[94] zog die fundamentalen Verfahrensunterschiede heran; dabei ging es um eine Anwendung der § 17 ff. GVG im Verhältnis von ordentlicher streitiger Gerichtsbarkeit und dem Verfahren nach § 111 BNotO. In beiden Fällen berufen sich die Gerichte auf Besonderheiten, die der Gesetzgeber in der BNotO festgelegt hat, um eine Anwendung der Verweisungsnormen zu rechtfertigen. Dieses Argument kann für sich alleine betrachtet nicht vollständig überzeugen. Die Anwendung der spezifischen Verfahrensregeln der BNotO könnten die Gerichte auch durch eine formlose Abgabe an den zuständigen Senat erreichen. Allerdings hat die bloße Abgabe zwei wesentliche Nachteile: Erstens kann sie nicht die Bindungswirkung bei dem Adressatgericht auslösen. Diese bringt nur eine Verweisung mit sich, vgl. § 17 a Absatz 2 Satz 3 GVG. Zweitens stünden den Beteiligten nicht die in § 17 a Absatz 4 GVG vorgesehenen Rechtsmittel zu Gebote. Berücksichtigt man zusätzlich diese beiden Vorteile, die aus einer entsprechenden Anwendung der Verweisungsregelungen resultieren, ist eine Ausweitung des Anwendungsbereichs der §§ 17 bis 17 b GVG sachgerecht. Sie führt zu einer für die Parteien zufriedenstellenden Lösung und klärt Zuständigkeitsunsicherheiten effektiv.

---

93 *OLG Dresden* NJW 2000, 1505.
94 *BGHZ* 115, 275 (284 f.).

V. Die Abgrenzung der Strafvollstreckungskammer zum Zivilgericht

In einem durch das *Oberlandesgericht Saarbrücken*[95] entschiedenen Fall hat der Kläger Zahlung von Schadensersatz wegen Handlungen Bediensteter der Justizvollzugsanstalt vor der Strafvollstreckungskammer geltend gemacht. Die Strafvollstreckungskammer wies sein Begehren wegen fehlender Zuständigkeit als unzulässig ab. In der daraufhin erhobenen Rechtsbeschwerde gemäß § 116 Absatz 1 StVollzG kam das Oberlandesgericht zu dem Ergebnis, die Strafvollstreckungskammer hätte den Rechtsstreit von Amts wegen an das zuständige Zivilgericht verweisen müssen. Zwar liege der Fall des § 17 a GVG nicht vor, da diese Vorschrift nur die Verweisung von einem Rechtsweg in einen anderen betreffe, die Strafvollstreckungskammer aber wie das zuständige Zivilgericht zur ordentlichen Gerichtsbarkeit gehöre. § 17 a GVG sei jedoch auf diesen Fall analog anzuwenden. Im Bereich der ordentlichen Gerichtsbarkeit bestehe bezüglich der Verweisung innerhalb dieses Rechtsweges eine Regelungslücke. Aus der Amtlichen Begründung[96] zur Neuregelung der §§ 17 ff. GVG ergebe sich kein Ausschluss einer analogen Anwendung der Regelung auf diese Fälle. Es sei in dem hier vorliegenden Fall eine ähnliche Interessenlage gegeben, da der Kläger auch hier vor der Schwierigkeit stünde, das richtige Gericht innerhalb des Rechtsweges anzurufen. Ihm sei durch eine Verweisung von Amts wegen angesichts der Vielfalt der Zuständigkeiten am besten zu helfen. Dem stehe auch § 281 ZPO, der die Verweisung im Zivilprozess regelt, nicht entgegen. Dieser beschränke seinen Geltungsbereich auf die Zivilgerichtsbarkeit und könne sich nicht auf die Strafgerichtsbarkeit erstrecken. Schließlich erfolge innerhalb der Strafgerichtsbarkeit im Verhältnis der Verfahren nach §§ 23 ff. EGGVG zu den Verfahren nach §§ 109 ff. StVollzG nach ständiger Rechtsprechung eine Verweisung von Amts wegen.

Das *Oberlandesgericht Hamburg*[97] hält dem entgegen, eine Verweisung innerhalb der ordentlichen Gerichtsbarkeit durch eine analoge Anwendung des § 17 a Absatz 2 GVG sei nicht von dem Ziel der Neufassung der §§ 17 ff. GVG erfasst. Der Gesetzgeber wolle durch die Neuregelung nur die Verweisung wegen „spartenmäßiger“ Unzuständigkeit regeln und strebe nur in diesem Bereich eine Beschleunigung und Vereinfachung des Verfahrens an. Hingegen ist es nach Ansicht des Gerichts nicht legislatives Anliegen gewesen, eine bindende Verweisung auch innerhalb eines Gerichtszweiges zu erreichen. Die Formulierungen in § 17 a Absatz 2 Satz 1 GVG setzten deshalb weiterhin eine Unterscheidung zwi-

---

95 *OLG Saarbrücken* NJW 1994, 1423 (1424).
96 BT-Drucks 11/7030 Seite 36 ff.
97 *OLG Hamburg* MDR 1995, 626.

schen mehreren Gerichtszweigen einerseits und der sachlichen Zuständigkeit innerhalb eines Rechtsweges andererseits voraus.

Das *Oberlandesgericht Hamburg* kann sich zwar bei seiner Argumentation auf den insoweit eindeutigen Wortlaut des § 17 a Absatz 2 Satz 1 GVG stützen. Es trägt jedoch durch diese strikte Orientierung am Wortlaut den Belangen des Rechtssuchenden kaum Rechnung. Überzeugender wirkt die Lösung des *Oberlandesgerichts Saarbrücken*, die angemessene Korrekturmöglichkeiten für Irrtümer des Klägers bei der Rechtswegbestimmung aufzeigt.

VI. Die Anwendung der §§ 17 ff. GVG im Rahmen der Geschäftsverteilung

Der *Bundesgerichtshof*[98] hat in einem Beschluss, in dem er eine Abgrenzung zwischen allgemeinem Prozessgericht und Familiengericht vornahm, der Anwendung der §§ 17 bis 17 b GVG in diesem Bereich - sei es direkt oder analog - eine Absage erteilt: Eine Verweisung nach diesen Regelungen komme nicht in Frage, weil der familiengerichtliche Rechtszug genau wie die allgemeine Prozessgerichtsbarkeit zur ordentlichen Gerichtsbarkeit gehöre. Die §§ 17 ff. GVG seien dagegen nur anwendbar, wenn es um eine Verweisung der Klage in einen anderen Rechtsweg ginge, nicht jedoch bei einer Abgabe innerhalb einer Gerichtsbarkeit. Anders als bei der Abgrenzung der freiwilligen von der streitigen ordentlichen Gerichtsbarkeit verneint die Rechtsprechung also in diesem Fall die analoge Anwendbarkeit der §§ 17 bis 17 b GVG und betont eine enge Auslegung des Anwendungsbereichs der §§ 17 ff. GVG. Eine restriktive Handhabung erscheint für das Amtsgericht als Familiengericht im Verhältnis zur ordentlichen streitigen Gerichtsbarkeit sinnvoll. Im Verhältnis zum Amtsgericht stellt das Familiengericht kein anderes Gericht dar. Die Abgrenzung Familiengericht-Amtsgericht ist also keine Frage der sachlichen oder funktionellen Zuständigkeit, sondern eine Frage der gesetzlich geregelten Geschäftsverteilung[99].

VII. Die Anwendung der §§ 17 ff. GVG beim vorläufigen Rechtsschutz

Uneinheitlich zeigt sich die Rechtsprechung in der Frage, ob die §§ 17 bis 17 b GVG für alle Verfahrensarten des jeweiligen Rechtszuges Anwendung finden. Insbesondere bestehen unterschiedliche Ansichten, ob und in welchem Um-

---

98 *BGH* NJW 1991, 231 (232).
99 *BGHZ* 72, 182 (197 f.); *Stein/Jonas/Schumann* § 1 Rdnr. 61.

fang die Verweisungsvorschriften in den jeweiligen Regelungen des vorläufigen Rechtsschutzes Geltung beanspruchen können.

A. Die ablehnende Judikatur

Das *Oberverwaltungsgericht Koblenz*[100] hatte im Jahr 1992 zu entscheiden, ob eine Verweisung des Verwaltungsgerichts von Amts wegen an das Landgericht gemäß § 17 a Absatz 2 Satz 1 GVG im Rahmen einer einstweiligen Anordnung zu Recht erfolgte. Das *Oberverwaltungsgericht Koblenz* hat dies verneint und der Beschwerde des Antragstellers stattgegeben: Das Verwaltungsgericht hätte den Rechtsstreit nicht verweisen dürfen, sondern den Antrag als unzulässig abweisen müssen, wenn es den Rechtsweg als nicht gegeben erachtet. Eine Durchführung eines Vorabentscheidungsverfahrens, wie es § 17 a Absatz 2, Absatz 3, Absatz 4 GVG vorsieht, wäre für das verwaltungsgerichtliche Eilverfahren nicht sachgerecht. Zum einen stünde dem die besondere Eilbedürftigkeit im vorläufigen Rechtsschutz entgegen; zum anderen würde die Anwendung des Vorabentscheidungsverfahrens im vorläufigen Rechtsschutz bei einer Ausschöpfung aller in § 17 a Absatz 4 Satz 4 GVG vorgesehenen Instanzen zu einer weitergehenden Beschwerdemöglichkeit als im vorläufigen Rechtsschutz gemäß § 152 VwGO vorgesehen führen. In § 17 a Absatz 4 Satz 4 GVG ist dem Beschwerdeführer unter Umständen der Weg zum *Bundesverwaltungsgericht* eröffnet, während dies im eigentlichen Eilverfahren gemäß § 152 VwGO nicht zulässig ist und der Instanzenzug gemäß § 146 Absatz 1 VwGO beim Oberverwaltungsgericht bzw. Verwaltungsgerichtshof endet. Gegen eine Anwendung würde auch die fehlende Bindungswirkung für das Hauptsacheverfahren sprechen. Dieser Argumentation hat sich mittlerweile der 11. Senat des *Verwaltungsgerichtshofes Kassel*[101] angeschlossen, da § 17 a GVG „ersichtlich nur für das Hauptsacheverfahren konzipiert ist".

Das *Oberverwaltungsgericht Koblenz* hat trotz des seiner Auffassung nach fehlerhaften Verweisungsbeschlusses des Verwaltungsgerichts im obigen Rechtsstreit nicht nur die Beschwerde nach § 17 a Absatz 4 Satz 4 GVG, sondern alternativ die Beschwerde im verwaltungsgerichtlichen Eilverfahren nach §§ 123, 146 VwGO zugelassen. Es wendet den prozessualen Grundsatz der Meistbegünstigung an, um dem Betroffenen ausreichend Rechtsschutz zu bieten.

---

100 *OVG Koblenz* NVwZ 1993, 381 (382).

101 *VGH Kassel* 11. Senat NJW 1994, 145; zuletzt in NJW 1995, 1170 (1171).

B. Die befürwortende Judikatur

Das *Oberverwaltungsgericht Berlin*[102] tritt der Ansicht des 11. Senats des *Oberverwaltungsgerichts Koblenz* entgegen. Die Anwendung der §§ 17 ff. GVG stünde dem Charakter eines verwaltungsgerichtlichen Eilverfahrens nicht entgegen. Der in § 17 a Absatz 5 GVG genannte Begriff „Entscheidung in der Hauptsache" sei im Sinn von „Sachentscheidung" zu verstehen, nachdem das Gericht den Rechtsweg bejaht habe. Weder aus dem Wortlaut der Vorschriften noch aus ihrem Sinn und Zweck ergebe sich ein Ausschluss der Anwendbarkeit auf verwaltungsgerichtliche Eilverfahren. Soweit der 11. Senat des *Oberverwaltungsgerichts Koblenz* argumentiere, die Eilbedürftigkeit der Verfahrensart stünde dem Erlass einer Vorabentscheidung entgegen, sei diese Argumentation nicht überzeugend. Es obliege dem Antragsteller, das zuständige Gericht für seinen Verfahrensgegenstand zu bestimmen. Geschehe das nicht, habe er die unter Umständen eintretende Verzögerung, die durch das Vorabverfahren eintreten könne, hinzunehmen[103]. Eine - behauptete - Eilbedürftigkeit eines Begehrens könne das angerufene Gericht nicht zwingen, ohne die vom Gesetz geforderte Rechtswegprüfung in der Sache zu entscheiden und dadurch möglicherweise in die Kompetenzen anderer Gerichtsbarkeiten einzugreifen.

Das *Oberverwaltungsgericht Schleswig*[104] argumentiert in die gleiche Richtung und betont die Anwendbarkeit der Regelungen der §§ 17 bis 17 b GVG auch für selbständige Antragsverfahren wie z. B. eine Anordnung gemäß § 123 VwGO, da das Gesetz insoweit keine Unterschiede mache. Der 3. und 6. Senat des *Verwaltungsgerichtshofes Kassel*[105] vertreten ebenfalls diese Ansicht und weisen auf die Bezeichnung der Verfahrensbeteiligten in § 17 a Absatz 2 Satz 2 GVG als Kläger oder Antragsteller hin. Aus dieser Wortwahl des Gesetzgebers sei die Anwendung der Regelungen nicht nur für Klageverfahren, sondern auch für Beschlussverfahren zu folgern. Schließlich ermögliche der Ausschluss einer Verweisungsmöglichkeit im Eilverfahren die Entstehung eines negativen Kompetenzkonflikts, der den Antragsteller letztlich rechtsschutzlos stellen könne.

Dieser Auffassung folgen auch der *Bundesfinanzhof*[106], der *Verwaltungsgerichtshof München*[107], der *Verwaltungsgerichthof Mannheim*[108], das *Oberver-*

---

102 *OVG Berlin* NVwZ 1992, 685 (686).
103 *VGH München* NVwZ-RR 1993, 668.
104 *OVG Schleswig* NVwZ-RR 1993, 670.
105 *VGH Kassel* 3. Senat NJW 1996, 474 (475); *VGH Kassel* 6. Senat NJW 1997, 211.
106 *BFH* NJW 2001, 2573 (2574).
107 *VGH München* NVwZ-RR 1993, 668.
108 *VGH Mannheim* NJW 1994, 1362.

waltungsgericht Münster[109] sowie das *Verwaltungsgericht Darmstadt*[110], das sich in einem Beschluss aus dem Jahr 1997 ausdrücklich den Argumenten des *Verwaltungsgerichts Kassel* (3. und 6. Senat) anschließt und deren Wortlaut in die eigene Entscheidung aufnimmt.

C. *Vermittelnde Stimmen innerhalb der Rechtsprechung*

Das *Oberlandesgericht Hamburg*[111] beschreitet in einer dritten Variante einen Mittelweg. Wie das *Oberverwaltungsgericht Berlin*[112] bejaht das *Oberlandesgericht Hamburg* die Anwendbarkeit der §§ 17 ff. GVG im vorläufigen Rechtsschutz. Von der grundsätzlichen Anwendbarkeit macht jedoch das Gericht hinsichtlich der Rechtsmittel nach § 17 a Absatz 4 GVG eine Ausnahme: Das von dem Gericht zu entscheidende Verfügungsverfahren ende gemäß § 935 ZPO beim Oberlandesgericht. Eine Zulassung einer weiteren Beschwerde in diesem Verfahren komme nicht in Betracht, da der Struktur der §§ 17 bis 17 b GVG durch das Wesen der verschiedenen Verfahrensarten immanente Grenzen gesetzt seien. Der Beschwerdeweg der §§ 17 ff. GVG könne nicht weiter reichen als der des Hauptsacheverfahrens. Darüber hinaus würde eine Zulassung der weiteren Beschwerde zu Verzögerungen führen, die in einem unauflöslichen Widerspruch zum Sinn des vorläufigen Rechtsschutzes stünden. Diesen Weg geht auch der *Verwaltungsgerichtshof München*[113]: Einer Zulassung der weiteren Beschwerde stünde die Systematik der Verwaltungsgerichtsordnung entgegen. Schon aus den früheren Regelungen der Beschwerdemöglichkeiten ergibt sich - so das Gericht - eine gesetzgeberische Absicht, eine Anrufung des *Bundesverwaltungsgerichts* in

109 *OVG Münster* NJW 1998, 1579 (1580); das Gericht hat diese Problematik in einem Beschluss aus dem Jahr 2000 zwar offen gelassen, dies aber ohne sich von seiner früheren Rechtsprechung zu distanzieren, und hat lediglich auf die fehlende Entscheidungsrelevanz der Problematik hingewiesen, vgl. *OVG Münster* NJW 2001, 698; in einem weiteren Beschluss aus dem gleichen Jahr wendet das Gericht die §§ 17 ff. GVG zwar an, lässt aber keine weitere Beschwerde zu, weil es sich um ein Verfahren des vorläufigen Rechtsschutzes handelt - eine ausdrückliche Abkehr von der früheren Rechtsprechung erfolgt auch in dieser Entscheidung nicht, vgl. *OVG Münster* NJW 2001, 3803.

110 *VG Darmstadt* NJW 1998, 771 (772).

111 *OLG Hamburg* OLGZ 1994, 366 (367); *OVG Münster* NJW 2001, 3803.

112 *OVG Berlin* NVwZ 1992, 685 (686).

113 *VGH München* BayVBl 1993, 309 (310); dieser Ansicht folgt nun wohl auch das *Oberverwaltungsgericht Münster*, ohne sich von seiner früheren Rechtsprechung, die eine Anwendung der §§ 17 ff. GVG im Rahmen des vorläufigen Rechtsschutzes gänzlich verneinte, ausdrücklich zu distanzieren, vgl. *OVG Münster* NJW 2001, 3803.

Fragen des vorläufigen Rechtsschutzes nicht zuzulassen. Dieser Grundgedanke müsse trotz der unbestimmten Fassung des § 17 a Absatz 4 Satz 4 GVG weiterhin gelten.

Diese Argumentation vermag indes nicht zu überzeugen. Die Beschränkung der Rechtsmittel steht im Widerspruch zu dem klaren Wortlaut der Regelung in § 17 a Absatz 4 GVG; eine solche teleologische Reduktion ist sachlich nicht geboten: Zwar kann es zu Situationen kommen, in denen die Beschwerdemöglichkeit im vorläufigen Rechtsschutz weiter reicht als im Hauptsacheverfahren. Aber es gibt andererseits auch keinen allgemeingültigen Grundsatz, wonach eine Parallelität von Beschwerdeverfahren und Hauptsacherechtszug bestehen soll. Dementsprechend hat auch der *Bundesgerichtshof*[114] dieser einschränkenden Auslegung von § 17 a Absatz 4 GVG eine Absage erteilt. Die Richter verweisen dabei auf die ähnliche Regelung in § 567 Absatz 3 Satz 2 ZPO, wonach eine Kontrolle der getroffenen Entscheidung Vorrang vor dem gemeinsamen Instanzenabschluss von Hauptsache und ihr vorangehender Entscheidung hat. Zudem betont das Gericht das Interesse an einer einheitlichen Rechtsprechung in Rechtswegfragen. Dieses Interesse hat den Gesetzgeber dazu veranlasst, die weitere Beschwerde unabhängig von der Frage, ob das Hauptverfahren weiteren Rechtsmitteln zugänglich ist, auszugestalten und nur von der Zulassung abhängig zu machen. Für eine Einschränkung der Beschwerdemöglichkeit sieht auch das *Bundesarbeitsgericht*[115] keinen Anlass. Das Gericht hat keine Bedenken, im Rahmen eines Antrags auf vorläufigen Rechtsschutz eine weitere sofortige Beschwerde zuzulassen, auch wenn gegen die Entscheidung im Eilverfahren selbst eine solche Beschwerde unstatthaft ist.

D. Die Stimmen der Literatur

Im Schrifttum vertritt eine Mehrheit[116] eine Anwendbarkeit der Vorschriften auch auf die Eilverfahren. Ausgangspunkt ist dabei die Überlegung, die Zulässigkeit des Rechtsweges sei auch in den Eilverfahren Prozessvoraussetzung. Für die Anwendung spreche die Zielsetzung der Neuregelung, insbesondere die beabsichtigte Beschleunigung und Vereinfachung der Gerichtsverfahren, die erst recht

---

114 *BGH* NJW 1999, 3785.

115 *BAG* NJW 2000, 2524.

116 Münchener Kommentar ZPO-*Wolf* § 17 GVG Rdnr. 3; *Stein/Jonas/Grunsky* vor § 916 Rdnr. 28; *Zöller/Gummer* vor § 17 GVG Rdnr. 12; *Wieczorek/Schütze/Schreiber* § 17 a GVG Rdnr. 7; *Baumbach/Lauterbach/Albers* § 17 a GVG Rdnr. 5; *Thomas/Putzo* § 17 GVG Rdnr. 2; *Kopp* 10. Aufl. § 41 Rdnr. 2 a; *Kissel*, NZA 1995, 345 (352); a. M. *Kopp/Schenke* § 41 Rdnr. 2 a.

für Eilverfahren von Bedeutung sei. Eine Verzögerung, die durch Rechtsmittel gegen eine Verweisung eintreten könne, sei geringer zu bewerten als der Vorteil einer frühen Klärung der Rechtswegfrage. Allerdings räumen die Vertreter dieser Ansicht eine Beschränkung der bindenden Wirkung der Rechtswegentscheidung nur für das Eilverfahren selbst ein. Die Bindung gelte nicht für das spätere Hauptsacheverfahren[117].

Dem hält *Schenke*[118] mehrere Argumente, die gegen eine Anwendung der Regelungen im vorläufigen Rechtsschutz sprechen, entgegen. Zum einen ergebe eine systematische Auslegung die Unanwendbarkeit der Verweisungsregelungen: § 17 a Absatz 4 GVG sehe eine zweifache Beschwerdemöglichkeit vor, die Verfahren des vorläufigen Rechtsschutzes fremd sei. Zum anderen stünden teleologische Gründe einer Verweisung entgegen. Im Eilverfahren könne die Rechtswegprüfung nicht mit der gleichen Sorgfalt wie im Hauptsacheverfahren erfolgen, da es ein summarisches Verfahren darstellt. Dessen ungeachtet trete jedoch die aufdrängende Wirkung gemäß § 17 a Absatz 1 GVG ein und trüge der summarischen Prüfung nicht Rechnung. Zudem könne es bei einer Verweisung zu einer Divergenz des Rechtsweges im Eilverfahren und im Hauptsacheverfahren kommen, da sich die Bindungswirkung der Verweisung im Eilverfahren nicht auf das Hauptsacheverfahren erstrecke. Folge der Nichtanwendung der Verweisungsvorschriften ist eine Abweisung des Antrages auf vorläufigen Rechtsschutz als unzulässig. Der Antragsteller ist gezwungen, vor dem Gericht des zulässigen Rechtsweges erneut ein Eilverfahren anzustrengen[119].

Eine Analogie kommt für *Holzheuser*[120] ebenfalls nicht in Frage. Es fehle insoweit an einer planwidrigen Lücke im Gesetz. Zwar sei ein Schweigen des Gesetzgebers zur Anwendbarkeit im Eilverfahren zuzugeben. Die Nichtnennung sei jedoch nicht als Mangel spürbar und erfordere deshalb keine rechtsergänzende Auslegung der §§ 17 bis 17 b GVG. Es bestünde kein Bedürfnis nach einer analogen Anwendung, weil durch eine Abweisung des Antrags als unzulässig mindestens genauso schnell das Ziel der Angehung eines anderen Gerichts zu erreichen sei wie durch eine Verweisung.

Eine vermittelnde Lösung vertritt *Grunsky*[121]. Er spricht sich zwar für eine Anwendung der Verweisungsvorschriften aus, will aber den Verweisungsbeschluss im einstweiligen Rechtsschutz unanfechtbar sein lassen. Der mit einer Beschwerde verbundene Zeitverlust führe nämlich zu einer Nichterfüllung der Ziele eines Eilverfahrens.

---

117 *Kissel*, NZA 1995, 345 (352).
118 *Schenke* JZ 1996, 998 (1003).
119 *Holzheuser* DÖV 1994, 807 (813).
120 *Holzheuser* DÖV 1994, 807 (812).
121 *Stein/Jonas/Grunsky* vor § 916 Rdnr. 29.

Weder die Argumente von *Schenke* und *Holzheuser* noch diejenigen von *Grunsky* vermögen zu überzeugen. Aus den Zielen der Neuregelung ergibt sich die Tendenz, die Rechtswegfrage in allen Verfahren einheitlich und frühzeitig zu klären. Für eine Anwendbarkeit spricht die ausdrückliche Erwähnung des Antragstellers im Wortlaut des § 17 a Absatz 2 Satz 2 GVG. Zu bedenken ist auch die Gefahr eines negativen Kompetenzkonflikts bei Nichtanwendung der §§ 17 ff. GVG. Das Gericht könnte ohne eine Anwendung der §§ 17 bis 17 b GVG den Rechtsstreit aufgrund der Unzulässigkeit des Rechtsweges als unzulässig abweisen. Eine Verweisung wäre in diesem Fall nicht geboten. Die weiteren Gerichte anderer Rechtswege, die der Antragsteller anruft, könnten ebenfalls so verfahren. Die klagende Partei wäre also letztlich in einem Verfahren, das insbesondere dem drohenden Rechtsverlust entgegenwirken soll, rechtlos gestellt. Zwar unterliegt der Rechtsstreit durch ein Beschwerdeverfahren gegen eine Rechtswegentscheidung ebenfalls einer Verzögerung, doch ist es dem Antragsteller in dieser Situation immer noch möglich, den Antrag zurückzunehmen und vor dem zuständigen Gericht des zulässigen Rechtsweges erneut ein Eilverfahren einzuleiten. Eine Analogie, wie sie *Ehlers*[122] befürwortet, ist nicht notwendig, da das Gesetz selbst in § 17 a Absatz 2 Satz 2 GVG den Begriff „Antragsteller" verwendet und dadurch auch das Eilverfahren direkt einschließt. Der vermittelnden Ansicht *Grunskys* ist zwar die rasche Erledigung der Rechtswegfrage zuzugeben. Vollständig überzeugend ist auch sie dennoch nicht. Dieser Lösungsansatz entfernt sich ohne Not sehr weit von dem vom Gesetzgeber vorgesehenen Verfahren. Die Verweisungsregelungen erfassen von ihrem Wortlaut her durch die Nennung des Antragstellers auch Verfahren des vorläufigen Rechtsschutzes. Eine Einschränkung der Beschwerdemöglichkeiten ist aus dem Wortlaut der Normen dagegen nicht ersichtlich. Will der Antragsteller die Einlegung von Rechtsmittel vermeiden, ist es ihm als Herren des Verfahrens unbenommen, seinen Antrag zurückzunehmen und ein neues Verfahren im richtigen Rechtsweg anzustrengen. Auf diese Weise ist das Ziel einer raschen Entscheidung ebenso zu erreichen wie mit einer nicht im Gesetz verankerten Unanfechtbarkeit des Verweisungsbeschlusses.

---

122 *Schoch/Schmidt-Aßmann/Pietzner/Ehlers* § 41 Vorb. § 17 GVG Rdnr. 19.

VIII. Die Anwendung der §§ 17 ff. GVG im Rahmen der Prozesskostenhilfe

A. Rechtsprechungsübersicht

Unterschiedliche Ansichten bestehen innerhalb der Rechtsprechung bei der Beantwortung der Frage, ob die Verweisungsnormen im Rahmen eines Prozesskostenhilfeverfahrens Anwendung finden können.

Das *Bundesarbeitsgericht* [123] hat dies bisher offen gelassen. Es erschien dem 5. Senat zwar zweifelhaft, ob in einem solchen Verfahren Raum für eine Vorabentscheidung nach § 17 a Absatz 2, Absatz 3 GVG ist. Da der Verweisungsbeschluss des Landgerichts jedoch bereits in Rechtskraft erwachsen war, war das Gericht der Entscheidung insoweit enthoben.

Der 12. Zivilsenat des *Bundesgerichtshofes* [124] hat in einer Entscheidung aus dem Jahr 1991 die Anwendung der §§ 17 ff. GVG ohne weitere Begründung im Prozesskostenhilfeverfahren für möglich erachtet. Dem hat sich der 5. Senat des *Verwaltungsgerichtshofes Mannheim* [125] angeschlossen. In der Entscheidung führt der Senat aus, ein tragender Grund des Verfahrensrechts sei die Entscheidung des Gerichts zunächst über die Rechtswegfrage. Danach erst könne es über die Zulässigkeits- oder Begründetheitsprobleme befinden. Dies gelte auch dann, wenn das Gericht über ein Prozesskostenhilfegesuch entscheide.

Diese Ansicht teilt das *Oberverwaltungsgericht Münster* [126] nicht. Die Unanwendbarkeit der §§ 17 bis 17 b GVG ergebe sich schon aus dem Wortlaut des § 17 a Absatz 5 GVG, der - im Zusammenhang mit § 17 a Absatz 2 bis Absatz 4 GVG gelesen - seine Rechtsfolgen nur auf Entscheidungen in der Hauptsache beziehe. Darüber hinaus ergebe sich bei der Anwendung der §§ 17 ff. GVG im Prozesskostenhilfeverfahren ein Wertungswiderspruch zur Absicht des Gesetzgebers, die Gerichtsverfahren zu beschleunigen. Die Rechtsschutzmöglichkeiten, die die §§ 17 bis 17 b GVG vorsehen, würden nämlich zu einer Durchbrechung der sonst in dem Verfahren geltenden Zweiinstanzlichkeit führen und aufgrund der weiteren Beschwerdemöglichkeiten zu einer Verlängerung des Verfahrens beitragen. Schließlich könne selbst eine höchstrichterliche Klärung der Rechtswegfrage, wie sie bei Anwendung der §§ 17 ff. GVG möglich wäre, bei einem Antrag auf Prozesskostenhilfe nicht zugleich Verbindlichkeit für das Hauptsacheverfahren entfalten. Das *Oberverwaltungsgericht Bautzen* [127] fügt dieser Ansicht ein weiteres Argument hinzu, indem es ausführt, eine bedingt er-

---

123 *BAG* NJW 1993, 751 (752).
124 *BGH* FamRZ 1991, 1172.
125 *VGH Mannheim* NJW 1992, 707 (708).
126 *OVG Münster* NJW 1993, 2766.
127 *OVG Bautzen* NJW 1994, 1020.

hobene Klage vor Bewilligung der Prozesskostenhilfe sei noch nicht rechtshängig. Es liege also kein Rechtsstreit vor, der gemäß § 17 a Absatz 2 Satz 1 GVG einer Verweisung zugänglich sei[128]. Allerdings hat das *Oberverwaltungsgericht Bautzen* in einer späteren Entscheidung[129] seine ablehnende Haltung ausdrücklich aufgegeben und lässt nunmehr auch eine Verweisung eines isolierten Gesuchs um Prozesskostenhilfe gemäß § 17 a Absatz 2 GVG zu, wenn der Verwaltungsrechtsweg nicht gegeben ist. Das Gericht stellt sich mit diesem Beschluss aus dem Jahr 1998 in die Reihe der Befürworter einer möglichst umfassenden Anwendung der Verweisungsregelungen.

Der 9. Senat des *Verwaltungsgerichtshofes Mannheim*[130] wendet gegen eine Verweisung des Verfahrens das fehlende Bedürfnis für eine Anwendung der §§ 17 ff. GVG ein. Der 9. Senat setzt sich nach seinen eigenen Angaben mit dieser Entscheidung nicht in Widerspruch zur Rechtsprechung des 5. Senats des gleichen Gerichts[131], da Gegenstand der Entscheidung des 9. Senats eine bedingt erhobene Klage mit Antrag auf Prozesskostenhilfe war, während Gegenstand der Entscheidung des 5. Senats eine unbedingte Klage verbunden mit einem Prozesskostenhilfeantrag war. Erachtet das Gericht im Rahmen des Prozesskostenhilfeverfahrens den Rechtsweg nicht für gegeben, verlangt der 9. Senat, den Antrag als unzulässig abzuweisen.

Die Gerichte, die eine Verweisung im Rahmen des Prozesskostenhilfeverfahrens ablehnen, sehen zwar die Möglichkeit eines negativen Kompetenzkonflikts. Der 9. Senat des *Verwaltungsgerichtshofes Mannheim*[132] führt dazu jedoch aus, die Gefahr eines Kompetenzkonflikts sei zu vernachlässigen, weil Prüfungsmaßstab im Prozesskostenhilfeverfahren lediglich die hinreichende Erfolgsaussicht sei und ein Gericht daher einen Antrag nicht schon aufgrund von Zweifeln am eingeschlagenen Rechtsweg ablehnen könne. Dies gelte erst recht, wenn ein anderes angegangenes Gericht ihn bereits als eindeutig nicht gegeben verneint habe.

B. Die Bindungswirkung im Prozesskostenhilfeverfahren

Für den Teil der Rechtsprechung, der eine Anwendung der §§ 17 bis 17 b GVG im Prozesskostenhilfeverfahren nicht ablehnt, stellt sich ein Folgeproblem: Es betrifft die Reichweite der Bindungswirkung des § 17 a Absatz 2 Satz 3 GVG.

---

128 So auch *Stein/Jonas/Leipold* § 281 Rdnr. 78.
129 *OVG Bautzen* NJW 1999, 517 = VIZ 1998, 702.
130 *VGH Mannheim* NJW 1995, 1915 (1916).
131 *VGH Mannheim* NJW 1992, 707 (708).
132 *VGH Mannheim* NJW 1995, 1915 (1916).

Unproblematisch ist die Bindungswirkung gemäß § 17 a Absatz 2 Satz 3 GVG innerhalb des Prozesskostenhilfeverfahrens. Die Verneinung der Drittverweisung, also die aufdrängende Wirkung einer Verweisung, stellt ein weiteres Kernstück der §§ 17 ff. GVG dar. Auf diese Weise sind negative Kompetenzkonflikte gänzlich ausgeschlossen. Eine Verneinung der Bindungswirkung für das Prozesskostenhilfeverfahren selbst liefe nach Ansicht des *Bundesarbeitsgerichts* [133] auf eine mit rechts- und sozialstaatlichen Grundsätzen (vgl. Art. 20 GG) nicht vereinbare Verweigerung einer Entscheidung über die Gewährung von Prozesskostenhilfe hinaus. Der Antragsteller bliebe mit seinem Gesuch bei Ablehnung der Bindungswirkung in diesem Verfahren nämlich schon deshalb erfolglos, weil alle nacheinander angerufenen Gerichte sich unter Umständen für unzuständig erklären könnten. Dies gelte es jedenfalls zu vermeiden.

Anders stellt sich die Sachlage aber dar, wenn es um die Erstreckung der Bindungswirkung über das Verfahren hinaus auf das nachfolgende Hauptverfahren geht. Das *Bundesarbeitsgericht* [134] hat in einer frühen Entscheidung, die vor der Neuregelung der §§ 17 bis 17 b GVG erging, eine Bindung auch für das Hauptsacheverfahren angenommen. Nach Inkrafttreten der Neuregelung hat das *Bundesarbeitsgericht* [135] jedoch seine Rechtsprechung geändert und schließt sich nunmehr dem *Bundesgerichtshof* [136] an. Die Gerichte argumentieren wie folgt: Wollte man eine Bindungswirkung für das Hauptsacheverfahren annehmen, hätte der Gegner des Antragstellers in keiner Instanz Gelegenheit, seinen Standpunkt zur Rechtswegfrage ausreichend zu vertreten und gegebenenfalls gerichtlich prüfen zu lassen. Der Grund dafür liegt im Wesen des Prozesskostenhilfeverfahrens. Es ist ein nichtstreitiges summarisches Verfahren, das im Bereich der staatlichen Daseinsvorsorge anzusiedeln ist, bei dem sich nur Gericht und Antragsteller gegenüberstehen. Der Antragsgegner hätte nur in den engen Grenzen des § 118 Absatz 1 ZPO Gelegenheit zur Stellungnahme. Eine Ablehnung der Bindungswirkung für das Hauptsacheverfahren könnte dagegen lediglich zu einer Aufspaltung der Rechtswege für den Antrag auf Prozesskostenhilfe und das Hauptsacheverfahren führen. Weder das Interesse an einer Verfahrensbeschleunigung und an einer ökonomischen Gestaltung des Prozesses noch der Vertrauensschutz können nach Ansicht des *Bundesgerichtshofes* [137] eine verfahrensübergreifende Bindungswirkung einer Verweisung im Prozesskostenhilfeverfahren rechtfertigen. Eine Ausdehnung dieser Bindungswirkung hätte nach Ansicht des Gerichts eine Nichtberücksichtigung einer Änderung der die Zuständigkeit begründenden Um-

133 *BAG* NJW 1993, 751 (752).
134 *BAG* NJW 1960, 310.
135 *BAG* NJW 1993, 751 (752).
136 *BGH* NJW-RR 1992, 59 (60).
137 *BGH* NJW-RR 1992, 59 (60).

stände, die in der Zeit zwischen Verweisung und Klageerhebung im Hauptsacheverfahren eintreten könnten, zur Folge, obwohl der Antragsteller das Hauptsacheverfahren bei einem isolierten Gesuch um Prozesskostenhilfe im Zeitpunkt der Verweisung noch gar nicht anhängig gemacht hat. Diese Situation könne eine Schlechterstellung eines Verfahrensbeteiligten zur Folge haben; auch eine Schlechterstellung der Partei, die Prozesskostenhilfe beantragt hat, ist möglich. Für die Parteien kann es zwar unbefriedigend sein, die Rechtswegfrage im Prozesskostenhilfeverfahren anders beurteilt zu sehen als im Hauptsacheverfahren. Darin liegt jedoch kein spezifisch Problem eines Antrags auf Prozesskostenhilfe. Im Gegenteil stellt sich dieses Problem einer unterschiedlichen Beurteilung häufiger und ist nicht geeignet das Vertrauen der Parteien in die Sachkunde und Zuverlässigkeit der Gerichte oder gar der Rechtspflege insgesamt zu erschüttern.

C. Die Stimmen der Kommentarliteratur

Die Kommentarliteratur[138] schließt sich mit überwiegender Mehrheit dem Teil der Rechtsprechung an, der eine Anwendung der §§ 17 bis 17 b GVG im Prozesskostenhilfeverfahren ablehnt. Ausgangspunkt der Argumentation ist dabei die Überlegung, das Prozesskostenhilfeverfahren vom eigentlichen Rechtsstreit zu trennen. Im Prozesskostenhilfeverfahren erfolge nur eine Entscheidung über die Gewährung der zu der Rechtsverfolgung notwendigen Mittel. Der Sinn des Verfahrens nach §§ 114 ff. ZPO sei nicht dahingehend zu erweitern, neben der Gewährung von Mitteln auch noch eine Entscheidung über die Rechtswegfrage herbeizuführen. Anders als im vorläufigen Rechtsschutz gehöre die Rechtswegeröffnung mit zu der Prüfung der Erfolgsaussichten der Klage. Weise das Gericht den Prozesskostenhilfeantrag daher als nicht erfolgversprechend wegen fehlender Rechtswegeröffnung ab, stehe der betroffenen Partei eine Beschwerde nach § 127 ZPO offen. Es sei deshalb nicht notwendig, der Partei zusätzlich die Rechtswegbeschwerde nach § 17 a Absatz 4 GVG zu eröffnen. Die Gefahr eines negativen Kompetenzkonflikts sei vermeidbar, da das angerufene Gericht die Er-

---

138 *Zöller/Gummer* vor § 17 GVG Rdnr. 12; *Baumbach/Lauterbach/Albers* § 17 a GVG Rdnr. 5; Münchener Kommentar ZPO-*Wolf* § 17 GVG Rdnr. 4; *Wieczorek/Schütze/Schreiber* § 17 a GVG Rdnr. 7; *Schoch/Schmidt-Aßmann/Pietzner/Ehlers* § 41 Vorb. § 17 GVG Rdnr. 20; *Kopp/Schenke* § 41 Rdnr. 2 b, 24; a. M. ohne nähere Begründung noch *Kopp,* 10. Auflage, § 41 Rdnr. 2 a, 24 und ebenso *Kissel* § 17 Rdnr. 6 und *Kissel* NZA 1995, 345 (352), der die Anwendung der §§ 17 ff. GVG mit der gesetzgeberischen Zielsetzung bei der Neuregelung begründet. Allerdings verneint auch *Kissel* eine Bindungswirkung hinsichtlich des Rechtsweges für das Hauptsacheverfahren.

folgsaussichten der Klage nicht verneinen dürfe, falls die Rechtswegfrage als entscheidungserheblicher Gesichtspunkt im summarischen Prozesskostenhilfeverfahren nicht eindeutig zu klären sei. Das Gericht müsse in diesem Fall die Rechtswegeröffnung unterstellen und die Prozesskostenhilfe bewilligen. Im Hauptsacheverfahren könne das Gericht den Rechtsweg dann abschließend klären und den Rechtsstreit gegebenenfalls verweisen.

Einen anderen Lösungsweg beschreitet *Leipold*[139], der von einer Unanwendbarkeit der §§ 17 ff. GVG nur in den Fällen ausgeht, in denen der Antragsteller das beabsichtigte Hauptsacheverfahren noch nicht rechtshängig macht. Ist allerdings auch das Hauptsacheverfahren rechtshängig, stimmt *Leipold* einer Geltung der Verweisungsregelungen im Prozesskostenhilfeverfahren zu. Darüber hinaus lehnt er eine erweiterte Bindungswirkung hinsichtlich der Rechtswegfrage im Hauptsacheverfahren ab. Im Übrigen passe das zweistufige Beschwerdeverfahren gemäß § 17 a Absatz 4 GVG nicht in die Systematik des Prozesskostenhilfeverfahrens, das nur eine einstufige Beschwerdemöglichkeit vorsehe.

Der Nichtanwendung ist der Zweck der Normen, nämlich eine frühzeitige und einheitliche Geltung der §§ 17 bis 17 b GVG, entgegenzuhalten. Aus dem Wortlaut des § 17 a Absatz 2 Satz 2 GVG, der ausdrücklich auch vom Antragsteller spricht, ist ein dahingehender Wille des Gesetzgebers abzuleiten. Die Rechtswegfrage sollte auch innerhalb des Prozesskostenhilfeverfahrens zu den zwingend zu beantwortenden Vorfragen gehören und darf nicht zu einer Abweisung des Gesuchs aufgrund fehlender Erfolgsaussichten führen. Sicher ist es nicht der primäre Sinn der §§ 114 ff. ZPO, die Rechtswegfrage zu klären, aber es erscheint nicht sachgerecht, dem Rechtssuchenden, der schon genötigt ist, Prozesskostenhilfe zu beantragen, auch noch der Gefahr eines negativen Kompetenzkonflikts auszusetzen und ihm die Rechtsverfolgung zusätzlich zu erschweren. Das rechtliche Gehör des zukünftigen Beklagten ist durch die Anwendung der Verweisungsvorschriften ebenfalls nicht unzumutbar beeinträchtigt. Zwar nimmt er am Prozesskostenhilfeverfahren teil, indem ihn das Gericht gemäß § 118 Absatz 1 ZPO anhört; er hat aber keine Möglichkeit, seinen Standpunkt zur Rechtswegfrage mit Rechtsmitteln gerichtlich durchzusetzen, weil rechtsmittelberechtigter Verfahrensbeteiligter nur der Antragsteller ist und nicht auch der Gegner des Antragstellers im Hauptsacheverfahren. Es ist dem Beklagten jedoch unbenommen, seine Rechtswegbedenken im Hauptsacheverfahren wirksam vorzutragen, da die Rechtswegentscheidung des Prozesskostenhilfeverfahren im späteren Hauptsacheverfahren nicht bindet. Zumindest dann, wenn der Antragsteller das Gesuch um Prozesskostenhilfe zugleich mit der Hauptsacheklage erhebt, ist eine entsprechende Anwendung der §§ 17 ff. GVG geboten. Auf diese Weise können die an-

139 *Stein/Jonas/Leipold* § 281 Rdnr. 78.

gerufenen Gerichte die Verweisungsvorschriften einheitlich und frühzeitig in allen Verfahrensarten anwenden.

Hinsichtlich der sich anschließenden Frage nach der Bindungswirkung der Rechtswegentscheidung für das Hauptsacheverfahren überzeugen die Argumente des *Bundesarbeitsgerichts* [140] und des *Bundesgerichtshofs* [141]: Eine Bindung über das oft nur isoliert angestrengte Gesuch um Prozesskostenhilfe hinaus auf das Hauptsacheverfahren ist nicht angezeigt. Dies würde eine Überbetonung der Verfahrensbeschleunigung ohne zwingenden Grund bedeuten. Für die Parteien mag es zwar unerfreulich sein, die Rechtswegfrage im Hauptsacheverfahren anders beurteilt zu sehen als noch im Prozesskostenhilfeverfahren; diese andere Beurteilung ist aber kein auf die Prozesskostenhilfe beschränktes Problem. Auch im Bereich der teilweisen Aufrechnung sind unterschiedliche, sich quasi widersprechende Entscheidungen möglich. Zudem erhält der Beklagte auf diese Weise Gelegenheit, Rechtsmittel gegen die erneute Rechtswegentscheidung zu ergreifen - eine Möglichkeit, die ihm im Verfahren um die Prozesskostenhilfe mangels entsprechend ausgestalteter Rechtsposition nicht offen stand.

Nicht zwingend ist dagegen eine Angleichung des Rechtsmittelzuges an die im Prozesskostenhilfeverfahren vorgesehenen Beschwerdemöglichkeiten, was im Ergebnis zu einer Beschränkung der Rechtsmittel bei Rechtswegentscheidungen im Prozesskostenhilfeverfahren führen würde und wie es *Leipold*[142] annimmt. Ein allgemeiner prozessrechtlicher Grundsatz, wonach die Instanzenzüge von „Zwischen- und Hauptverfahren", also von Rechtswegentscheidung und Prozesskostenhilfeantrag, gleich enden müssten, besteht nicht[143]. Diese Parallelität mag zwar durchaus praktikabel sein, sie läuft aber dem Gesetzeswortlaut zuwider. Hätte der Gesetzgeber eine solche Einschränkung angestrebt, hätte er den Wortlaut des § 17 a Absatz 4 Satz 4 bis Satz 6 GVG bei der Neufassung ohne weiteres so ausgestalten können. Statt dessen hat der Gesetzgeber durch die weitere sofortige Beschwerde sein Interesse an der Einheitlichkeit der Rechtsprechung in Rechtswegfragen deutlich gemacht. Dieses Interesse wiegt schwerer als ein gemeinsamer Instanzenabschluss und dient nicht zuletzt der Rechtssicherheit.

---

140 *BAG* NJW 1993, 751 (752).

141 *BGH* NJW-RR 1992, 59 (60).

142 *Stein/Jonas/Leipold* § 281 Rdnr. 78.

143 So auch der *Bundesgerichtshof* und das *Bundesarbeitsgericht* für Rechtsmittel gegen Rechtswegentscheidungen in Verfahren des vorläufigen Rechtsschutzes, vgl. *BGH* NJW 1999, 3785; *BAG* NJW 2000, 2524.

IX. Kompetenzkonflikte bei der Anwendung der §§ 17 ff. GVG

Ziel der Neuregelung des § 17 a GVG war es, positive oder negative Kompetenzkonflikte nicht mehr entstehen zu lassen. Ein positiver Kompetenzkonflikt[144], bei dem Gerichte verschiedener Rechtswege sich gleichzeitig für zuständig erklären, sollte durch die Regelung des § 17 a Absatz 1 GVG in Verbindung mit § 17 Absatz 1 Satz 2 GVG der Vergangenheit angehören. Auch ein negativer Kompetenzkonflikt, bei dem sich das empfangende Gericht nicht für zuständig hält und den Rechtsstreit seinerseits in einen dritten Rechtsweg verweist, sollte durch die Bindung an eine Verweisung gemäß § 17 a Absatz 2 Satz 3 GVG nicht mehr möglich sein. Dementsprechend fehlt in den §§ 17 bis 17 b GVG eine gesetzliche Regelung für eine Lösung solcher Kompetenzkonflikte. Dennoch kam es in der Rechtsprechung im Bereich der negativen Kompetenzkonflikte zu Problemen, die der Antwort bedurften. Die sofortige Beschwerde des § 17 a Absatz 4 GVG steht nur den Parteien, die eine Rechtswegfrage klären lassen wollen, offen. Den Gerichten, die mit negativen Kompetenzkonflikten befasst sind, ohne dass eine der Parteien ein Rechtsmittel gegen eine zweite Verweisung ergriffen hätte, ist dieser Weg versperrt.

A. § 36 Absatz 1 Nr. 6 ZPO im Rahmen von Kompetenzkonflikten

Trotz der gesetzlichen Regelung zur Vermeidung von Kompetenzkonflikten kam es zwischen Gerichten verschiedener Rechtswege zu Zuständigkeitsproblemen. Das *Bundesverwaltungsgericht*[145] schließt die Regelungslücke hinsichtlich eines negativen Kompetenzkonflikts in entsprechender Anwendung des § 53 Absatz 1 Nr. 5 VwGO. Dabei hat dasjenige oberste Bundesgericht den Kompetenzstreit zu entscheiden, das die Untergerichte als erstes darum angehen. Allerdings kann nur ein Gerichtshof eines der Gerichtszweige zuständig sein, dem eines der am Konflikt beteiligten Untergerichte angehört. Eine Anrufung des Gemeinsamen Senats der obersten Gerichtshöfe des Bundes hält das *Bundesverwaltungsgericht* dagegen nicht für eine sachgerechte Lösung. Dieser entscheide nämlich nur in den Fällen, in denen ein oberster Gerichtshof in einer Rechtsfrage von einer Entscheidung eines anderen obersten Gerichtshofes oder des Gemeinsamen Senats abweiche, nicht aber bei Kompetenzkonflikten von Untergerichten. Mit seiner Ansicht befindet sich das *Bundesverwaltungsgericht* in Einklang mit der Recht-

---

144 *Stein/Jonas/Schumann* § 36 Rdnr. 22.
145 *BVerwG* NJW 1993, 3087 (3088); NVwZ 1995, 372.

sprechung des *Bundesgerichtshofes*[146] und des *Bundesarbeitsgerichts*[147], die die gleichlautende Regelung des § 36 Absatz 1 Nr. 6 ZPO analog anwenden, sowie des *Bundessozialgerichts*[148], das auf § 58 Absatz 1 Nr. 4 SGG verweist. Zwar betreffen § 53 Absatz 1 Nr. 5 VwGO, § 36 Absatz 1 Nr. 6 ZPO und § 58 Absatz 1 Nr. 4 SGG nur die Kompetenzfragen zwischen Gerichten des gleichen Rechtsweges. Eine direkte Anwendung scheidet also aus. Da es an einer entsprechenden Regelung in den §§ 17 ff. GVG fehlt, besteht eine Regelungslücke, die Raum lässt für eine analoge Anwendung. Durch die Analogie ist der Zweck des § 17 a GVG zu verwirklichen, nämlich zu Lasten der Parteien gehende Zuständigkeitsfragen zu klären. An dieser Rechtsprechung hält der *Bundesgerichtshof*[149] auch nach der Neufassung der Regelung des § 36 ZPO fest. Nach der Neufassung begründet § 36 Absatz 2 ZPO zwar die Zuständigkeit der Oberlandesgerichte für eine Entscheidung nach § 36 Absatz 1 Nr. 6 ZPO. Dennoch wollen *Bundesgerichtshof* und *Bundesarbeitsgericht* sowohl an ihrem Bestimmungsrecht in Rechtswegfragen als auch an der bisherigen Verfahrensweise festhalten. Die Gerichte begründen dies mit der nur entsprechenden Anwendung der Regelung bei negativen Kompetenzkonflikten, was ihnen eine größere Abweichung von dem nicht vollständig passenden Wortlaut erlaubt. Bei negativen Kompetenzkonflikten hinsichtlich des Rechtswegs kann es in der Tat kein höheres gemeinschaftliches Oberlandesgericht geben, wie es der Wortlaut in § 36 Absatz 2 ZPO voraussetzt. Auch hat sich die bisherige Handhabung der negativen Kompetenzkonflikte, die auf § 36 ZPO a. F. basierte, bewährt; eine Notwendigkeit der wortlautnäheren Anwendung des § 36 Absatz 2 ZPO in der Form, dass das Obergericht[150] des zuerst eingeschlagenen Rechtsweges den Rechtsweg bestimmt und die ihm übergeordneten Gerichte (also etwa *Bundesgerichtshof* oder *Bundesarbeitsgericht*) sich mit dem negativen Kompetenzkonflikt nur in den Fällen, die § 36 Absatz 2 ZPO vorsieht, befassen müssen, lehnt der *Bundesgerichtshof*[151] als unnötig und unzweckmäßig ab: Der vom Gesetzgeber mit der Neuregelung verfolgte Zweck, den *Bundesgerichtshof* von Routineangelegenheiten zu befreien, greife bei negativen Kompetenzkonflikten bezüglich des Rechtsweges nicht, da sie sehr selten vorkämen. Eine Zuständigkeit nur desjenigen obersten Bundesgerichts, zu dessen Bereich das zuerst angerufene Gericht gehört - wie es der Wortlaut des § 36 Absatz 2 GVG vorsieht - lehnt der *Bundesgerichtshof* ebenfalls ab. Zur Be-

---

146 *BGH* NJW 1990, 53 (54); FamRZ 1991, 1172.

147 *BAG* NJW 1984, 751 (752).

148 *BSG* MDR 1989, 189.

149 *BGH* NJW 2001, 3631 (3632); das *Bundesarbeitsgericht* teilt die Meinung des *Bundesgerichtshofs*, vgl. *BAG* NZA 1998, 1190.

150 Z. B. ein Oberlandesgericht oder ein Landesarbeitsgericht.

151 *BGH* NJW 2001, 3631 (3632).

gründung verweist der *Bundesgerichtshof* auf den Zweck der Zuständigkeitsbestimmung. Dieser liegt in einer möglichst raschen Beendigung des für die Parteien misslichen Zustands, der einem negativen Kompetenzkonflikt innewohnt. Müsste der andere beteiligte oberste Gerichtshof den Rechtsstreit an das nach § 36 Absatz 2 ZPO analog zuständige oberste Gericht weiterleiten und träfe keine Entscheidung in der Sache, würde dies den Rechtsstreit zusätzlich verlängern. Die Argumentation ist nachvollziehbar und berücksichtigt die Belange der Parteien, auch wenn die Vorgehensweise der Gerichte nach der Neufassung von § 36 ZPO nicht mehr allzu viele Anhaltspunkte im Gesetzestext findet. Bei der Weiterführung einer gefestigten Rechtsprechung, die sich in der Vergangenheit als praktikabel erwiesen hat, liegen noch weitere Vorteile auf der Hand: Das Verfahren ist den Untergerichten seit Jahren vertraut; eine Anpassung der vertrauten Rechtsprechung könnte zu Anlaufschwierigkeiten führen, wie sie sich auch bei der Einführung der §§ 17 ff. GVG ergaben. Die Unsicherheiten und Übergangsprobleme, die sich aus einer ohne zwingenden Grund veränderten Rechtsprechung ergeben würden, laufen dem Interesse der Parteien an einer schnellen Erledigung des Rechtsstreits im richtigen Rechtsweg zuwider und wiegen schwerer als eine möglichst genaue Anpassung an den Wortlaut einer Regelung, die nur entsprechende Anwendung findet.

Verweist nun ein Arbeitsgericht die Klage an ein Sozialgericht, das sich ebenfalls für unzuständig erklärt und das Verfahren entgegen § 17 a Absatz 2 Satz 3 GVG an ein Amtsgericht verweist, können die beteiligten Gerichte unter Zugrundelegung obiger Grundsätze die Frage der Bestimmung des zuständigen Gerichts entweder dem *Bundessozialgericht* oder dem *Bundesgerichtshof* zur Entscheidung vorlegen. Dabei ist nach Ansicht des *Bundessozialgerichts* und des *Bundesgerichtshofes* - wie bereits erörtert - nicht zwingend nötig, die Bestimmung des zuständigen Gerichts dem jeweils dem Untergericht übergeordneten obersten Gerichtshof des Bundes vorzulegen. Somit ist auch eine Vorlage an das *Bundessozialgericht* durch das Amtsgericht möglich. Im konkreten Einzelfall ist derjenige oberste Gerichtshof des Bundes, den ein Untergericht als erstes anruft, für die Bestimmung zuständig[152]. Grund dafür ist der die Verweisungsregelungen beherrschenden Grundsatz, die Ausweitung von Zuständigkeitsstreitigkeiten zu vermeiden und diese möglichst schnell zu klären.

Etwas anders stellt sich die Lösung der Rechtswegfrage allerdings dar, wenn die Parteien des Rechtsstreits selbst Rechtsmittel ergreifen und die durch die mehreren Verweisungen entstandenen Zweifel am richtigen Rechtsweg beseitigen wollen. Für diesen Fall sieht § 17 a Absatz 4 GVG die sofortige Beschwerde gegen eine Verweisung als statthaftes Rechtsmittel vor. Demgemäß kann ein Ge-

152 *BGH* NJW 2001, 3631 (3632).

richt, das eine Partei mittels sofortiger Beschwerde anruft, einer Entscheidung in dieser Sache nicht aus dem Weg gehen, indem es entsprechend § 36 Absatz 1 Nr. 6 ZPO die Frage der Bindung einer gesetzwidrigen, zweiten Verweisung einem übergeordnetem Gericht mit der Bitte um Bestimmung des Rechtsweges vorlegt[153]. Bei negativen Kompetenzkonflikten, bei denen die Parteien selbst Rechtsmittel ergreifen, hat eine Entscheidung über ein eingelegtes Rechtsmittel Vorrang vor einer Bestimmung nach § 36 Absatz 1 Nr. 6 ZPO analog, da anderenfalls die in § 17 a Absatz 4 GVG ausdrücklich vorgesehenen Rechtsmittel zur Klärung des Rechtsweges leer liefen.

B. Die Entscheidungsmöglichkeiten im Rahmen negativer Kompetenzkonflikte

Das *Bundessozialgericht*[154] hat in einer Entscheidung, die bereits vor dem Inkrafttreten der Neufassung der §§ 17 bis 17 b GVG erging, ausgeführt, das empfangende Gericht könne sich bei einem negativen Kompetenzkonflikt nicht darauf berufen, bereits die erste Verweisung habe bindende Wirkung gehabt und argumentieren, das verweisende Gericht habe infolgedessen seine Zuständigkeit nicht mehr in Frage stellen und die Sache an ein drittes Gericht verweisen dürfen. Auch wenn der zweite Beschluss insoweit fehlerhaft gewesen sei, verhindere der Fehler die bindende Wirkung grundsätzlich nicht.

Bei der Bestimmung des zuständigen Gerichts nach § 36 Absatz 1 Nr. 6 ZPO, § 53 Absatz 1 Nr. 5 VwGO gehen das *Bundesarbeitsgericht*[155] und das *Bundesverwaltungsgericht*[156] demgegenüber davon aus, dass dasjenige Gericht als zuständig zu bestimmen ist, an das der Rechtsstreit durch den ersten Verweisungsbeschluss gelangt ist, es sei denn, dieser ist ausnahmsweise einmal nicht bindend[157]. Die Ausnahme besteht in einem offensichtlich gesetzwidrigen Verweisungsbeschluss. Eine Bindungswirkung der ersten Verweisung gemäß § 17 a Absatz 2 Satz 3 GVG kann danach nur in den Fällen nicht eintreten, in denen sie offensichtlich gesetzwidrig ist. Auf diese Weise will das *Bundesarbeitsgericht* unnötige, zu Lasten der Parteien gehende Zuständigkeitsstreitigkeiten vermeiden und dem Zweck des § 17 a Absatz 2 Satz 3 GVG Rechnung tragen. Auf die Problematik der Bindungswirkung der später ergangenen Verweisungsbeschlüsse gehen die Entscheidungen dieser beiden obersten Bundesgerichte nicht ein: Der zweite gesetzwidrige Beschluss hat, wie das *Bundessozialgericht* schon feststell-

---

153 *BGH* NJW 2000, 1343 (1344); bestätigt in *BGH* NJW 2001, 3631 (3622).
154 *BSG* MDR 1989, 189.
155 *BAG* NZA 1994, 478 = NJW 1994, 1815; NZA 1994, 479 (480); NJW 1996, 413.
156 *BVerwG* NJW 1993, 3087 (3088).
157 So auch *Kissel* NZA 1995, 345 (349).

te, ja doch ebenfalls aufdrängende Wirkung für das empfangende Gericht. Diese zweite Bindungswirkung beachtet die Rechtsprechung des *Bundesarbeitsgerichts* und des *Bundesverwaltungsgerichts* nicht. Die Fehlerkorrektur der Gerichte setzt beim fehlerhaft handelnden Gericht an und macht diesen Fehler (nämlich den zweiten Beschluss) ungeschehen; mithin erhält die erste Verweisung Vorrang vor der Zweiten.

Für die ordentliche Gerichtsbarkeit lag lange keine Entscheidung vor. Jedoch haben der *Bundesgerichtshof*[158] und das *Bayerische Oberste Landesgericht*[159] bei der Anwendung des § 36 Nr. 6 ZPO a. F. im Rahmen des § 281 ZPO die Meinung vertreten, der erste Verweisungsbeschluss hinsichtlich der sachlichen und örtlichen Zuständigkeit sei bindend. Im Jahr 2000 hat sich auch der *Bundesgerichtshof*[160] zu der Problematik geäußert. Das Gericht gibt in seiner Entscheidung der zweiten, wenn auch gesetzwidrigen Verweisung Vorrang vor der Bindungswirkung der ersten Verweisung. Anders als das *Bundesverwaltungsgericht* stuft der *Bundesgerichtshof* die Bindungswirkung höher ein als dessen Fehlerhaftigkeit. Den Verfahrensfehler, der in der zweiten Verweisung liegt, lassen die Richter bestehen und machen ihn nicht rückgängig. Ausdrücklich offen lässt das Gericht dabei die Frage, ob diese Rechtsprechung auch für Fälle gilt, in denen sich die zweite Verweisung nicht als nur fehlerhaft, sondern als geradezu willkürlich erweist[161].

C. Die Nichtanwendung des § 36 Absatz 1 Nr. 3 ZPO im Rahmen der §§ 17 ff. GVG

Die Rechtsprechung zur Anwendung von § 36 Absatz 1 Nr. 6 ZPO auf Rechtswegfragen hat nicht zu einer weiteren Anwendung der Regelungen des § 36 ZPO im Rahmen der §§ 17 bis 17 b GVG geführt. Durch § 36 Absatz 1 Nr. 3 ZPO analog ist also kein gemeinsamer Rechtsweg für Klagen gegen verschiedene Personen eröffnet, gegen die der Kläger ansonsten in unterschiedlichen Rechtswegen zu klagen hätte.

Im Jahr 1994 entschied der *Bundesgerichtshof*[162], eine Verfahrensabtrennung und Verweisung des *Landgerichts Stuttgart* an das *Arbeitsgericht Stuttgart* sei rechtens. Der Antragsteller hatte gegen drei verschiedene Antragsgegner Schadensersatzansprüche geltend gemacht, wobei einer der Antragsgegner aufgrund

158 *BGHZ* 17, 168 (171).
159 *BayObLGZ* 1991, 387 (389).
160 *BGH* NJW 2000, 1343; bestätigt in NJW 2001, 3631 (3632 f.).
161 *BGH* NJW 2000, 1343 (1344).
162 *BGH* NJW 1994, 2032; MDR 1995, 524.

arbeitsrechtlicher Normen in Anspruch zu nehmen war, während die anderen beiden als einfache Streitgenossen aufgrund Zivilrechts haften sollten. Der *Bundesgerichtshof* lehnt eine analoge Anwendung des § 36 Absatz 1 Nr. 3 ZPO auf derartige Fälle ab; § 36 Absatz 1 Nr. 3 ZPO eröffne dem Antragsteller oder Kläger auf diesem Weg keinen sonst nicht gegebenen Rechtsweg. Für eine solche Analogie bestehe kein Bedürfnis, da die Rechtswegzuständigkeit im einzelnen genau bestimmt sei. Das Gericht sieht keine Veranlassung, die ordentlichen Gerichte mit Klagen zu befassen, die zur Zuständigkeit der Arbeitsgerichte gehören: In diesen Fällen ist es dem Kläger zuzumuten, unterschiedliche Rechtswege gleichzeitig zu beschreiten. Etwaige Verzögerungen und unter Umständen notwendige doppelte Beweiserhebungen sind im Hinblick auf die klaren Grenzen der Rechtswege hinzunehmen. Schließlich ist auch wegen der unterschiedlichen Verfahrensarten in den Rechtswegen eine Anwendung des § 36 Absatz 1 Nr. 3 ZPO nicht sinnvoll, da es dabei zu erheblichen Schwierigkeiten bei der Rechtsverfolgung kommen könnte. Der *Bundesgerichtshof* ist einer Ausweitung des § 36 Absatz 1 Nr. 3 ZPO auf die „rechtsweg-übergreifende Streitgenossenschaft" zu Recht entgegengetreten, da die Neuregelung der §§ 17 ff. GVG eine über die Regelungen der §§ 17 bis 17 b GVG hinausgehende richterrechtliche Möglichkeit zur Bestimmung des Rechtsweges vermeiden helfen sollte. Zudem handelt es sich bei der einfachen Streitgenossenschaft um verschiedene selbständige Prozessrechtsverhältnisse, die wie die objektive Klagenhäufung gesondert zu betrachten sind.

X. Das Verhältnis der §§ 17 ff. GVG zu anderen Prozessvoraussetzungen

Die Rechtsprechung hat sich bei der Gestaltung des Verhältnisses der §§ 17 bis 17 b GVG zu den übrigen Prozessvoraussetzungen vor allem mit deren Rangfolge und der Reihenfolge der gerichtlichen Prüfung befasst. Die Zulässigkeit des Rechtsweges ist nach dem *Bundesfinanzhof*[163] vor allen anderen Zulässigkeitsvoraussetzungen an erster Stelle zu prüfen. Zwar erfolgt nach der Neufassung bei Nichtvorliegen des Rechtsweges in der Regel keine Abweisung der Klage als unzulässig durch ein Prozessurteil, sondern gemäß § 17 a Absatz 2 Satz 1 GVG eine Verweisung von Amts wegen. Der *Bundesfinanzhof* hat mit seiner Terminologie, die Rechtswegfrage nach wie vor als Zulässigkeitsfrage zu behandeln, aber gleichwohl recht, weil es Fälle gibt, in denen es aufgrund einer im unzutreffenden Rechtsweg erhobenen Klage zu einer Abweisung derselben durch ein Prozessurteil kommt. Eine Verweisung an ein Gericht eines anderen Rechtsweges ist nur

163 *BFH* DStZ 1996, 189.

im Rahmen der ordentlichen Gerichtsbarkeit, der Arbeitsgerichtsbarkeit, der Verwaltungsgerichtsbarkeit, der Sozialgerichtsbarkeit und der Finanzgerichtsbarkeit möglich[164]. Eine öffentlich-rechtliche Streitigkeit verfassungsrechtlicher Art, die eine Partei bei einem Verwaltungsgericht rechtshängig macht, kann das angerufene Verwaltungsgericht dagegen nicht an das *Bundesverfassungsgericht* verweisen[165], da die §§ 17 bis 17 b GVG Rechtswegentscheidungen und -verweisungen regeln, die Anrufung der Verfassungsgerichte aber grundsätzlich[166] kein Rechtsweg ist – wie § 90 Absatz 2 BVerfGG („Erschöpfung des Rechtsweges") zeigt[167]. Eine Verweisung an ein sonstiges Gericht, etwa ein Kirchengericht oder ein Sonderverwaltungsgericht ist nur dann möglich, wenn dies gesetzlich vorgesehen ist. In einem Fall von innerkirchlichen Streitigkeiten, die der Kläger im Verwaltungsrechtsweg klären lassen wollte, hat der *Verwaltungsgerichtshof München*[168] dementsprechend zutreffend eine Verweisung mangels Geltung der Verweisungsvorschriften abgelehnt und bei Verneinung des eingeschlagenen Rechtsweges eine Abweisung der Klage als unzulässig für richtig gehalten. Für die Zulässigkeit der Klage ist es also trotz der Verweisungsmöglichkeit, die § 17 a Absatz 2 Satz 1 GVG eröffnet, erforderlich, dass die Zulässigkeit des jeweiligen Rechtsweges vorliegt. Die im unzulässigen Rechtsweg erhobene Klage ist daher genauso unzulässig wie es die im falschen Gerichtsstand erhobene Klage ist. Nur behandelt der Gesetzgeber den Rechtswegmangel prozessual anders als einen Zuständigkeitsmangel der ordentlichen Gerichte, wenn die Regelungen in §§ 17 ff. GVG anwendbar sind: Der Rechtswegmangel führt dann automatisch zu einer Verweisung, der Zuständigkeitsmangel gemäß § 281 ZPO nur auf Antrag.

A. Die anderweitige Rechtshängigkeit

Nach Ansicht des *Verwaltungsgerichtshofes Mannheim*[169] erfolgt bei Nichtvorliegen des Rechtsweges grundsätzlich eine Verweisung an das zuständige Ge-

---

164 *Kopp/Schenke* § 41 Rdnr. 16.

165 *Sachs* DÖV 1981, 707, der eine Verweisung nicht als angemessen betrachtet, angesichts der Stellung des *Bundesverfassungsgerichts* als Verfassungsorgan; eine gleichwohl erfolgte Verweisung sei jedenfalls nicht bindend.

166 Zu Ausnahmen vgl. *Schoch/Schmidt-Aßmann/Pietzner* § 40 Rdnr. 57.

167 *Kopp /Schenke* § 41 Rdnr. 2; *BVerwGE* 50, 124 (129).

168 *VGH München* NJW 1999, 378 (379); vgl. auch *VGH Kassel* NJW 1999, 377 (378) und *OLG Frankfurt a. M.* NJW 1999, 3720, beide Gerichte lehnen eine Überprüfung innerkirchlicher Maßnahmen mangels Rechtswegeröffnung ab.

169 *VGH Mannheim* NJW 1996, 1298 (1299).

richt[170]. Dieser Grundsatz erfährt jedoch - so das Gericht - dann eine Ausnahme, wenn der Rechtsstreit bereits anderweitig rechtshängig ist. Der *Verwaltungsgerichtshof Mannheim* entnimmt der Regelung des § 17 Absatz 1 Satz 2 GVG ein Hinauswirken des Prozesshindernisses der anderweitigen Rechtshängigkeit über den jeweiligen Rechtsweg. Folglich hindert die Rechtshängigkeit eines Verfahrens Gerichte anderer Gerichtszweige, sich - über die Frage der Rechtshängigkeit hinaus - weiter mit der Klage zu befassen. Die Klageabweisung als unzulässig aufgrund anderweitiger Rechtshängigkeit geht dann entgegen dem *Bundesfinanzhof* [171] der Prüfung der Zulässigkeit des Rechtsweges vor[172]. Der *Bundesgerichtshof*[173] hat diese Frage bisher nicht ausdrücklich entschieden, jedoch in diesem Zusammenhang im Jahr 1998 eine Verweisung eines Oberlandesgerichts für richtig befunden und dadurch indirekt eine Klageabweisung wegen anderweitiger Rechtshängigkeit abgelehnt. Der Entscheidung lag eine Klage eines angestellten Arztes zugrunde, mit der er vor dem Landgericht die Feststellung begehrte, dass der beim gleichen Krankenhausträger als Arzt beschäftigte Beklagte verpflichtet ist, an den Kläger für alle vom Beklagten angeforderten und vom Kläger erbrachten radiologischen Leistungen ein Arzthonorar zu zahlen; die Feststellungsklage verband der Kläger mit einer Leistungsklage auf Zahlung der entsprechenden Summe. Vor dem Arbeitsgericht war bereits eine Feststellungsklage des Beklagten anhängig, in der Beklagte - nunmehr als Kläger - die Feststellung begehrte, dass das Liquidationsrecht für die oben genannten Leistungen ihm selbst und nicht dem Kläger zustehe. Das Landgericht hat die Klage wegen anderweitiger Rechtshängigkeit desselben Streitgegenstands vor dem Arbeitsgericht durch Prozessurteil als unzulässig abgewiesen. Der Kläger legte Berufung ein, das Oberlandesgericht hob daraufhin das Urteil des Landgerichts auf und hat den Rechtsweg zu den Arbeitsgerichten für zulässig erklärt. Es erfolgte eine Verweisung des Rechtsstreits an das Arbeitsgericht. Im Rahmen der zugelassenen weiteren Beschwerde bestätigte der *Bundesgerichtshof* die Entscheidung des Oberlandesgerichts[174]. Sowohl die Vorgehensweise des Landgerichts als auch die des Oberlandesgerichts vermögen aber nur teilweise zu überzeugen. Ausgehend vom Wesen

---

170 Der *Bundesgerichtshof* vertritt die gleiche Ansicht wie der *Verwaltungsgerichtshof Mannheim*, vgl. *BGH* NJW 1998, 231.

171 *BFH* DStZ 1996, 189.

172 So auch *OVG Münster* NJW 1998, 1579 (1581).

173 *BGH* NJW 1998, 2745.

174 Zu der - bei dieser Frage nur nebensächlichen - Entscheidungsbefugnis des Oberlandesgerichts trotz der Prüfungssperre des § 17 a Absatz 5 GVG führt der *Bundesgerichtshof* seine ständige Rechtsprechung an, wonach eine Bindung des Rechtsmittelgerichts an den Rechtsweg dann nicht besteht, wenn dem Ausgangsgericht einen Verfahrensfehler unterläuft, vgl. § 3. XVI. C., Seite 128.

der anderweitigen Rechtshängigkeit, wonach sowohl Identität der Parteien als auch Identität des Streitgegenstandes erforderlich sind[175], sind die Entscheidungen nicht frei von Fehlern. Die Parteien waren identisch, wenn auch - was unschädlich ist[176] - die Parteirollen vertauscht waren. Bei der Identität des Streitgegenstandes ist zu unterscheiden: Für die Leistungsklage auf Zahlung, die der Kläger vor dem Landgericht erhoben hat, ist der Einwand der anderweitigen Rechtshängigkeit nicht haltbar, da die Entscheidung über die negative Feststellungsklage, die vor dem Arbeitsgericht bereits anhängig war, eine andere Rechtskraftwirkung hat als das vor dem Landgericht angestrebte Leistungsurteil[177]. Das Prozessurteil des Landgerichts war insoweit nicht zutreffend; das Gericht hätte statt dessen in eine Rechtswegprüfung eintreten müssen. Eine Identität des Streitgegenstands lag aber hinsichtlich der wechselseitigen Feststellungsklagen vor. Aufgrund der Rechtshängigkeit der negativen Feststellungsklage des Beklagten hat das Landgericht die positive Feststellungsklage des Klägers zu Recht als unzulässig abgewiesen. Insoweit hätte das Oberlandesgericht von einer Verweisung absehen sollen, um eine doppelte Rechtshängigkeit der Feststellungsklage beim Arbeitsgericht (als Adressatgericht seiner Verweisung) zu vermeiden. Der Entscheidung des *Bundesgerichtshofs*, die Verweisung beider Begehren an das Arbeitsgericht nicht zu beanstanden und das Verhalten des Oberlandesgerichts ohne eine Erörterung der Frage der anderweitigen Rechtshängigkeit mitzutragen, ist deshalb nicht zuzustimmen. Eine deutlichere Auseinandersetzung des *Bundesgerichtshofs* mit den in dem Verfahren aufgetretenen Problemen steht bislang noch aus.

In der Literatur[178] erfährt die Auffassung des *Verwaltungsgerichtshofes Mannheim* zu Recht Zustimmung: Macht der Kläger den Prozess anderweitig rechtshängig, ist die später rechtshängig gewordene Klage durch Prozessurteil abzuweisen. Nicht in Betracht kommt eine Verweisung des Verfahrens durch das später angerufenen Gericht an das zuerst angerufene[179]. In diesem Fall würde eine doppelte Rechtshängigkeit bei dem zuerst angegangenen Gericht eintreten. Maßgeblicher Zeitpunkt für die Beurteilung der Reihenfolge ist in der Zivilprozessordnung die Zustellung der Klageschrift gemäß § 261 Absatz 1 ZPO, § 253 Absatz 1 ZPO. In der Verwaltungsgerichtsordnung genügt für die Rechtshängigkeit die Einreichung der Klageschrift bei Gericht gemäß § 81 Absatz 1 VwGO,

---

175 *Jauernig*, Zivilprozeßrecht § 40.
176 *Thomas/Putzo* § 261 Rdnr. 11.
177 *Thomas/Putzo* § 261 Rdnr. 14.
178 *Kopp/Schenke* § 41 Rdnr. 8 f.; *Zöller/Gummer* § 17 GVG Rdnr. 3; *Kissel* § 17 Rdnr. 15.
179 Münchener Kommentar ZPO-*Wolf* § 17 GVG Rdnr. 8; *Wieczorek/Schütze/Schreiber* § 17 GVG Rdnr. 5.

da der Gesetzgeber in der Verwaltungsgerichtsordnung keine Unterscheidung zwischen Anhängigkeit und Rechtshängigkeit getroffen hat.

Ist jedoch der gleiche Streitgegenstand vor zwei Gerichten, die unterschiedlichen Rechtswegen angehören, anhängig und trifft dasjenige Gericht, bei dem eine Partei den Rechtsstreit später anhängig gemacht hat, eine positive und rechtskräftige Vorabentscheidung, erfolgt eine Abweichung von dem oben dargelegten Grundsatz[180]. In diesem Fall ist die zuerst erhobene Klage als unzulässig abzuweisen. Zwar hat das Gericht, bei dem der Kläger die Klage später anhängig gemacht hat, gegen den Grundsatz des § 17 Absatz 1 Satz 2 GVG verstoßen, jedoch hat dieser Grundsatz angesichts einer rechtskräftigen Vorabentscheidung hinter der Regelung des § 17 a Absatz 1 GVG zurückzutreten. Der Fortgang des an sich zulässigen früheren Verfahrens ist gesperrt. Durch diese Lösung trägt die Literatur dem Vorliegen einer rechtskräftigen Entscheidung, die auch Wirkungen entfaltet, Rechnung. In der Rechtsprechung ist dieses Problem noch nicht entschieden.

B. Die Rechtswegverweisung bei formeller Rechtskraft

Legt eine Partei gegen ein Versäumnisurteil verspätet Einspruch ein, stellt sich die Frage, ob eine Verweisung des Rechtsstreits noch erfolgen kann. Das *Landesarbeitsgericht München*[181] klärt in diesem Fall mit Recht zunächst die Frage der Wiedereinsetzung in den vorigen Stand, ehe es eine Verweisung ausspricht. Mit Ablauf der Einspruchsfrist erwächst das Versäumnisurteil in formelle Rechtskraft gemäß § 705 ZPO; der Rechtsstreit ist abgeschlossen. Für eine Verweisung ist kein Raum mehr. Die Beseitigung der Rechtskraft kann nur durch eine Wiedereinsetzung in den vorigen Stand erfolgen. Die Wiedereinsetzung öffnet das Verfahren erneut. Erst nach erfolgter Wiedereinsetzung können prozessuale Fragen, zu denen auch die nach dem zutreffenden Rechtsweg gehört, erneut zur Beantwortung anstehen.

---

180 *Zöller/Gummer* § 17 a GVG Rdnr. 3; *Wieczorek/Schütze/Schreiber* § 17 a GVG Rdnr. 9.

181 *LAG München* MDR 1994, 834.

C. Die Verweisung und fehlende Verfahrensvoraussetzungen im anderen Rechtsweg

I. Die Rechtsprechung zur Verweisung

Der *Verwaltungsgerichtshof Mannheim*[182] befürwortet in ständiger Rechtsprechung eine Verweisung in einen anderen Rechtsweg auch dann, wenn das verweisende Gericht das Fehlen von prozessualen Voraussetzungen für eine zulässige Klage in dem Rechtsweg des empfangenden Gerichts erkennt. Die Prüfung der Zulässigkeitsvoraussetzungen sei ausschließlich Sache des nach der Verweisung zuständigen Gerichts. Dieses müsse die Klage gegebenenfalls als unzulässig abweisen. Das *Verwaltungsgericht Berlin*[183] teilt diese Auffassung: Ein Verweisungsbeschluss habe nur hinsichtlich der Rechtswegfrage aufdrängende Wirkung. Das empfangende Gericht könne deshalb alle übrigen Sachentscheidungsvoraussetzungen in eigener Kompetenz prüfen. Das *Bundesverwaltungsgericht*[184] gesteht dem angerufenen Gericht ebenfalls nicht die Kompetenz zu, über die Zulässigkeit der Klage im Übrigen zu entscheiden. Für diese Sichtweise spricht der Gesetzeswortlaut, da sich aus ihm nicht herauslesen lässt, das Gericht hätte eine über den Rechtsweg hinausreichende Prüfungsbefugnis. Das Gesetz stellt durch die Beschränkung der Prüfung die möglichst schnelle Zuordnung des Rechtsstreits zum gesetzlichen Richter sicher. Dieser hat dann über die weiteren Zulässigkeitsfragen zu befinden und die entsprechenden Konsequenzen zu ziehen. Der Beschleunigungseffekt würde leiden, wenn sich ein unzuständiges Gericht mit Zulässigkeitsfragen zu beschäftigen hätte, die andere Verfahrensordnungen betreffen.

2. Die Rechtsprechung zur Abweisung durch Prozessurteil

Nach Ansicht des *Bundesgerichtshofes*[185] kommt dagegen eine Verweisung nicht in Betracht, wenn zwar ein anderer Rechtsweg eröffnet ist, aber für diesen die verfahrensrechtlichen Voraussetzungen noch nicht erfüllt sind. Das Gericht hat die Klage nach Meinung des *Bundesgerichtshofes* in diesem Fall entgegen § 17 a Absatz 2 Satz 1 GVG wegen des unrichtigen Rechtsweges als unzulässig abzuweisen. Dieser Rechtsprechung liegt die Geltendmachung von Ansprüchen wegen Teilungsunrechts zugrunde, in denen die Kläger vor dem Zivilgericht Antrag auf

---

182 *VGH Mannheim* NJW 1991, 1905; NJW 1996, 1298 (1299).
183 *VG Berlin* NVwZ 1995, 512.
184 *BVerwG* NJW 2001, 1513.
185 *BGH* MDR 1993, 177 (178) = NJW 1993, 332 (333).

Feststellung der Nichtigkeit eines geschlossenen Grundstückskaufvertrags und Herausgabe von vor der deutschen Einigung übertragenen Grundstücken begehren. Für derartige Ansprüche sieht der *Bundesgerichtshof*[186] aufgrund des Gesetzes zur Regelung offener Vermögensfragen eine Zuständigkeit der Verwaltungsgerichte begründet. Im Zeitpunkt der Klageerhebung vor den Zivilgerichten war jedoch das Verwaltungsverfahren, das nach dem oben genannten Gesetz durchzuführen war, noch nicht abgeschlossen. Eine Verweisung an das zuständige Verwaltungsgericht und die damit verbundene Eröffnung einer verwaltungsgerichtlichen Kontrolle erscheint dem *Bundesgerichtshof* bei dieser Sachlage nicht sinnvoll. Der *Bundesgerichtshof* vermag mit seiner Argumentation nicht zu überzeugen. Das Gericht greift mit dieser Entscheidung ohne zwingenden Grund in die Prüfungskompetenz der Verwaltungsgerichtsbarkeit ein und zieht dabei zwei wesentliche Gesichtspunkte nicht in Erwägung. Erstens ist es dem empfangenden (Verwaltungs-) Gericht unbenommen, die verwiesene Klage aufgrund fehlender Prozessvoraussetzungen selbst als unzulässig abzuweisen. Ein eigenmächtiges „Vorgreifen" des zu Unrecht angerufenen Gerichts ist schon aus diesem Grund nicht notwendig. Zweitens ist die Verweisung mitnichten so „sinnlos", wie es der *Bundesgerichtshof* annimmt, da die Möglichkeit besteht, das bislang fehlende Verwaltungsverfahren nachzuholen. Das empfangende Verwaltungsgericht könnte sich entschließen, die Klage solange ruhen zu lassen, da die Zulässigkeitsvoraussetzung „erfolgloses Vorverfahren" erst am Schluss der letzten mündlichen Verhandlung vorliegen müsste. War das Verwaltungsverfahren erfolglos, kommt eine Entscheidung in der Sache in Betracht; war es erfolgreich, ist eine Erledigung des Rechtsstreits eingetreten, mit den daraus resultierenden Folgefragen. Diese Ausblicke auf das weitere Verfahren bei einer Verweisung zeigen sinnvolle Vorgehensweisen des empfangenden Gerichts auf, die auch noch den Vorteil haben, einer raschen Erledigung des Rechtsstreits im richtigen Rechtsweg zu dienen. Bisher nicht entschieden ist die Frage, ob der *Bundesgerichtshof* seine Rechtsprechung zum Gesetz zur Regelung offener Vermögensfragen auch auf Fälle außerhalb des sogenannten Teilungsunrechts angewendet wissen will.

3. *Die Stimmen der Literatur*

Das Schrifttum beantwortet die Frage fehlender Verfahrensvoraussetzungen beim empfangenden Gericht ebenfalls uneinheitlich. Für eine Verweisung trotz fehlender Verfahrensvoraussetzungen beim Adressatgericht spreche die Anordnung in § 17 a Absatz 2 Satz 1 GVG, wonach das verweisende Gericht nur das zuständige Gericht des zulässigen Rechtsweges zu bestimmen habe. Die Prüfung der

186 *BGH* MDR 1992, 773 (774 f.).

sonstigen Prozessvoraussetzungen obliege dagegen nicht dem verweisenden, sondern dem Empfängergericht[187], da die Prüfung des Rechtsweges Vorrang vor der Prüfung anderer Prozessvoraussetzungen habe[188]. Dagegen übernimmt ein anderer Teil der Literatur[189] die Rechtsprechung des *Bundesgerichtshofes*, allerdings ohne eine Begründung dafür zu geben. Insbesondere bleibt das Problem der Verweisungspflicht gemäß § 17 a Absatz 2 Satz 1 GVG unerörtert, dem auch der *Bundesgerichtshof* durch eine Abweisung der Klage nicht Rechnung trägt. Es erscheint - wie bereits dargestellt - wenig sachgerecht, der Entscheidung des empfangenden Gerichts durch ein Prozessurteil vorzugreifen und auf diese Weise eine Zulässigkeitsprüfung der Klage in einem fremden Rechtsweg vorzunehmen. Bei dieser Sichtweise bleibt eine unter Umständen mögliche Nachholung einer Prozessvoraussetzung wie z. B. des Vorverfahrens bis zum Schluss der letzten mündlichen Verhandlung des empfangenden Gerichts unberücksichtigt.

XI. Der Umfang der Entscheidungskompetenz gemäß § 17 Absatz 2 Satz 1 GVG

In der Judikatur hat vor allem der Umfang der Entscheidungskompetenz zu zahlreichen und zum Teil kontroversen Entscheidungen geführt. In § 17 Absatz 2 Satz 1 GVG ist eine Entscheidung über alle in Betracht kommenden rechtlichen Gesichtspunkte vorgesehen. Aufgrund dieser Regelung ergaben sich jedoch unterschiedliche Probleme.

A. § 17 Absatz 2 Satz 1 GVG im Rahmen der objektiven Klagenhäufung

1. Der einheitliche prozessuale Anspruch

In der Rechtsprechung[190] besteht Einigkeit über die Beschränkung der umfassenden Prüfungskompetenz gemäß § 17 Absatz 2 Satz 1 GVG auf den einheitlichen prozessualen Anspruch. Ergibt sich das Klagebegehren aus mehreren Anspruchsgrundlagen mit unterschiedlichen Rechtswegzuständigkeiten, hat das angerufene

---

187 Münchener Kommentar ZPO-*Wolf* § 17 a GVG Rdnr. 16; so auch *Zöller/Gummer* § 17 a GVG Rdnr. 1 a; *Kopp/Schenke* § 41 Rdnr. 15; *Leipold* JZ 1993, 703 (704 f.).

188 *Wieczorek/Schütze/Schreiber* § 17 a GVG Rdnr. 10.

189 *Thomas/Putzo* § 17 a GVG Rdnr. 9 f.; *Baumbach/Lauterbach/Albers* § 17 a GVG Rdnr. 7; *Tropf* WM 1994, 89 (96).

190 *BGHZ* 114, 1 (2); *BVerwG* NJW 1994, 2500; *BSG* MDR 1995, 508; *BAG* NJW 1996, 1076 (1077); *OVG Münster* NVwZ 1993, 588 (589).

Gericht über alle Anspruchsgrundlagen zu entscheiden, wenn für eine davon der Rechtsweg zu dem angerufenen Gericht eröffnet ist[191]. Dadurch ermöglicht die Neufassung dem Gericht eine rechtswegüberschreitende Entscheidungskompetenz[192]. Bis zu der Neuregelung der §§ 17 ff GVG war der Kläger gezwungen, die verschiedenen Anspruchsgrundlagen in den jeweiligen Rechtswegen geltend zu machen, was zu einer Rechtswegspaltung führte[193]. Eine Abtrennung eines Verfahrensteils mit nachfolgender Teilverweisung ist nicht mehr notwendig, da § 17 Absatz 2 Satz 1 GVG eine Zuständigkeit kraft Sachzusammenhangs begründet[194]. *Schenke*[195] verwendet ebenfalls den Begriff eines Rechtsweges kraft Sachzusammenhangs. Ein einheitlicher Rechtsweg ist danach immer gegeben, wenn das angerufene Gericht für eine von allen in Betracht kommenden Anspruchsgrundlagen zuständig ist. *Kissel*[196] macht deutlich, die umfassende Sachkompetenz gelte nur für diese „gemischten Rechtsverhältnisse". Im Fall einer objektiven Klagenhäufung sei die Rechtswegfrage für jeden prozessualen Anspruch gesondert zu prüfen und gegebenenfalls nach § 17 a Absatz 2 Satz 1 GVG zu verweisen. Eine Einschränkung des Rechtsweges kraft Sachzusammenhangs ergibt sich jedoch aus dem verfassungsrechtlichen Vorbehalt gemäß Art. 14 Absatz 3 Satz 4 GG und Art. 34 Satz 3 GG in Verbindung mit § 17 Absatz 2 Satz 2 GVG.

Einen etwas anderen Ansatz verfolgt das *Bundessozialgericht*[197] hinsichtlich der umfassenden Prüfungskompetenz. Nach einem Beschluss aus dem Jahr 1994 soll die Regelung des § 17 Absatz 2 Satz 1 GVG nur dann greifen, wenn der Schwerpunkt des Rechtsstreits im eingeschlagenen Rechtsweg liegt. Dies bedeutet eine Eröffnung der umfassenden Prüfungskompetenz auch für solche Anspruchsgrundlagen, die für sich allein die Zuständigkeit einer anderen Gerichtsbarkeit begründen würden, erst dann, wenn der Schwerpunkt der Anspruchsgrundlagen dem eingeschlagenen Rechtsweg entstammt. Die Auslegung der umfassenden Entscheidungskompetenz durch das *Bundessozialgerichts* findet je-

---

191 *BGH* NJW 1998, 825 (826); *BGH* NJW 2000, 874 (875); *BGH* NJW 2001, 1796 (1797).

192 *BAG* NJW 1998, 1091 (1092).

193 *Otte*, Umfassende Streitentscheidung, S. 491.

194 *OLG Köln* VersR 1994, 835 (836); *Stein/Jonas/Leipold* § 281 Rdnr. 84; dies gilt jedoch nur für die Rechtswegfrage. In der Zivilprozessordnung ist § 281 trotz der Neuregelung der §§ 17 ff GVG unverändert geblieben. Bezüglich der sachlichen und örtlichen Zuständigkeit der ordentlichen Gerichte sind Teilverweisungen bei Anspruchsgrundlagenhäufung nach wie vor denkbar, *Stein/Jonas/Leipold* § 281 Rdnr. 13.

195 *Schenke* JZ 1996, 998 (1002).

196 *Kissel* NJW 1991, 945 (951).

197 *BSG* MDR 1995, 728.

doch keinen Anhaltspunkt im Wortlaut des § 17 Absatz 2 Satz 1 GVG. Für die Begründung einer rechtswegüberschreitenden Entscheidungskompetenz genügt die Zuständigkeit des angerufenen Gerichts für eine der geltend gemachten Anspruchsgrundlagen. Es ist nach dem Wortlaut des Paragraphen nicht notwendig, eine Zuständigkeit für eine Mehrheit der geltend gemachten Anspruchsgrundlagen festzustellen und den Schwerpunkt der Anspruchsgrundlagen bei dem angerufenen Gericht zu begründen. Auch steht die Meinung des Gerichts im Widerspruch zur Absicht des Gesetzgebers, der mit der Neuregelung eine umfassende und abschließende Prüfung und Entscheidung vor einem Gericht anstrebte. *Kopp*[198] andererseits hält die Ausführungen des *Bundessozialgerichts* für überzeugend und verweist auf das Kriterium der Sachnähe, das für die Auslegung von Rechtswegregelungen wesentlich sei. Dieser Argumentation ist aber § 17 Absatz 2 Satz 1 GVG entgegenzuhalten, der zur Begründung der Entscheidungskompetenz nicht mehr auf den sachnächsten Richter abstellt und dem Gedanken der Gleichwertigkeit aller Gerichtszweige durch eine rechtswegübergreifende Entscheidungskompetenz unabhängig von Schwerpunkt und Sachnähe den Vorzug gibt.

Zutreffend schließt das *Bundesverwaltungsgericht*[199] eine Verweisung gemäß § 17 a Absatz 2 Satz 1 GVG in den Fällen nicht aus, in denen sich der Kläger auf eine Anspruchsgrundlage beruft, für die der Rechtsweg zwar eröffnet wäre, diese Anspruchsgrundlage aber aufgrund des vorgetragenen Sachverhalts offensichtlich nicht gegeben sein kann. Es bestehe dann kein Bedürfnis, die Klage als unbegründet abzuweisen. Der *Verwaltungsgerichtshof München*[200] fügt dieser Ansicht ein weiteres Argument hinzu: Durch die bloße Behauptung einer offensichtlich nicht gegebenen Anspruchsgrundlage könne es zu einer Erschleichung des Rechtsweges kommen, da der Kläger durch die Nennung von Anspruchsgrundlagen den Rechtsweg manipulieren könne. Dies sei jedoch nicht der Sinn der Neuregelung, die vor allem auf Kostenersparnis und Beschleunigung des Verfahrens abziele.

Das *Oberlandesgericht Frankfurt am Main*[201] sieht in der umfassenden Entscheidungskompetenz eine Absage des Gesetzgebers an eine Entstehung einer sogenannten gespaltenen örtlichen Zuständigkeit. Ist in dem Verfahren unter anderem ein besonderer örtlicher Gerichtsstand z. B. gemäß § 32 ZPO begründet, führt dies dazu, die Klage insgesamt von dem Gericht dieses Gerichtsstandes entscheiden zu lassen. Die frühere höchstrichterliche Rechtsprechung, die bei derar-

198 *Kopp* SGb 1995, 397 (398), Anmerkung zu BSG, SGb 1995, 395.

199 *BVerwG* NVwZ 1993, 358 (359); so auch *BSG* MDR 1995, 728.

200 *VGH München* NVwZ-RR 1992, 575.

201 *OLG Frankfurt am Main* NJW-RR 1996, 1341; *Thomas/Putzo* Vorbem. § 12 Rdnr. 8; a. M. *Stein/Jonas/Schumann* § 32 Rdnr. 17.

tigen Sachlagen nur den Anspruch aus unerlaubter Handlung prüfte, die anderen Anspruchsgrundlagen jedoch mangels Zuständigkeit nicht, ist - so das Oberlandesgericht - nach der Neuregelung des § 17 Absatz 2 GVG nicht mehr mit guten Gründen vertretbar. Die umfassende Prüfungskompetenz müsse auch bei örtlicher Zuständigkeit verschiedener Gerichte mindestens entsprechend anwendbar sein. Die Beweggründe des Gesetzgebers für die Neuregelung würden genauso für die örtliche Zuständigkeit gelten wie für die unterschiedlichen Rechtswege. Das *Oberlandesgericht Hamburg*[202] hat sich dieser Ansicht jedenfalls für die Fälle, in denen die Anspruchsgrundlagen auf einem einheitlichen Lebenssachverhalt beruhen, angeschlossen und verweist dabei auf die Möglichkeit, das Verfahren zu beschleunigen und wirtschaftlich zu gestalten. Das *Oberlandesgericht Stuttgart*[203] hingegen lehnt eine Ausdehnung der in § 17 Absatz 2 GVG getroffenen Regelung über die Rechtswegfrage hinaus auf die örtliche Zuständigkeit ab und verneint insoweit einen Gerichtsstand kraft Sachzusammenhang. Der *Bundesgerichtshof*[204] sah sich als Revisionsgericht an der Überprüfung der vom *Oberlandesgericht Stuttgart* geäußerten Rechtsansicht durch § 549 Absatz 2 ZPO a. F., wonach dem Revisionsgericht eine Überprüfung der örtlichen Zuständigkeit des Gerichts des ersten Rechtszuges verwehrt war, gehindert. Die Frage, ob durch die Neufassung des § 17 Absatz 1 GVG eine Annexzuständigkeit auch im Rahmen der örtlichen Zuständigkeit begründbar ist, bleibt weiterhin höchstrichterlich ungeklärt.

Die Rechtsprechung der *Oberlandesgerichte Frankfurt am Main* und *Hamburg* erscheint bedenklich. Die Gerichte wenden die Regelungen des Gerichtsverfassungsgesetzes auf die örtliche Zuständigkeit im Zivilprozess analog an, obwohl die Zivilprozessordnung sich ausdrücklich für eine gespaltene örtliche Zuständigkeit der ordentlichen Gerichte ausspricht. In der Zivilprozessordnung ergibt sich aufgrund der genauen Regelungen über die örtliche Zuständigkeiten keine Regelungslücke, die Raum für eine Analogie lässt. Bei entsprechender Anwendung wäre eine Entwertung der besonderen Gerichtsstände zu befürchten. Dies mag zwar praktisch, prozessökonomisch und in manchen Fällen durchaus erstrebenswert erscheinen, es kann aber über eine Analogie nicht eine Gesamtzuständigkeit des Gerichts eines besonderen Gerichtsstands begründbar sein, solange der Gesetzgeber in der Zivilprozessordnung weiterhin von besonderen Gerichtsständen ausgeht.

---

202 *OLG Hamburg* MDR 1997, 884.
203 *BGH* NJW 1998, 988.
204 *BGH* NJW 1998, 988.

2. Die objektive Klagenhäufung

Die Neuregelung hindert das Gericht nach Ansicht des *Bundesgerichtshofes*[205] nicht, bei einer Mehrheit von prozessualen Ansprüchen die Zulässigkeit des beschrittenen Rechtsweges für einen dieser Ansprüche zu verneinen und eine dementsprechende Verweisung vorzunehmen. Anderenfalls könnten dem Kläger aufgrund der Regelung des § 17 Absatz 2 Satz 1 GVG durch beliebige Klagenhäufung Rechtswegmanipulationen offen stehen. Weder aus dem Wortlaut noch aus der Begründung des Gesetzesentwurfs kann das Gericht eine entsprechende Absicht des Gesetzgebers erkennen. Ist also der Anspruch des Klägers auf mehrere im prozessualen Sinn selbständige Begehren gestützt, ist für ihn nach der zutreffenden Auffassung des *Bundesgerichtshofes* die Zulässigkeit des Rechtsweges auch nach neuem Recht gesondert zu prüfen. Die willkürliche Verbindung verschiedener Streitgegenstände durch den Kläger rechtfertigt noch keine umfassende Entscheidungskompetenz nach § 17 Absatz 2 Satz 1 GVG[206].

Im Rahmen der Verwaltungsgerichtsbarkeit erfolgt bei objektiver Klagenhäufung bei jedem Klagebegehren neben der Rechtswegprüfung aufgrund der Regelung in § 83 Satz 1 VwGO auch eine Vorabentscheidung hinsichtlich der sachlichen und örtlichen Zuständigkeit[207]. Auch in dieser Fallgestaltung grenzen die Verwaltungserichte den Anwendungsbereich des § 17 Absatz 2 Satz 1 GVG ein. Zur Begründung führen die Gerichte die gleichen Argumente, also Vermeidung von Rechtswegmanipulationen sowie Wortlaut des Gesetzes und Gesetzeszweck, an[208].

3. Die Zusammenhangsklage im Arbeitsrecht

Im Arbeitsrecht ist auf die Besonderheit der Zusammenhangsklage hinzuweisen: § 2 Absatz 3 ArbGG, der auch nach der Neuregelung der §§ 17 bis 17 b GVG unverändert blieb, erlaubt eine objektive Klagenhäufung mit rechtswegfremden Forderungen, solange diese in rechtlichem oder unmittelbar wirtschaftlichem Zu-

---

205 *BGHZ* 114, 1 (2); *BGH* NJW 1998, 826 (828).

206 *Otte*, Umfassende Streitentscheidung, S. 534 und S. 591 f.

207 *OVG Münster* NVwZ 1993, 588 (589).

208 Eine Verweisung lehnt das *Oberverwaltungsgericht Münster* in NVwZ 1993, 588 (591) jedoch in den Fällen ab, in denen eine Klageänderung gemäß § 91 VwGO zu einer Änderung der örtlichen Zuständigkeit führen würde. Diese Klageänderung sei nicht sachdienlich; somit kommt eine Verweisung gemäß § 83 Satz 1 VwGO in Verbindung mit § 17 a Absatz 2 Satz 1 GVG nicht in Frage. Zur Begründung weist das Gericht auf die fehlende endgültige Beilegung des Rechtsstreits durch die Klageänderung im laufenden Verfahren hin.

sammenhang mit einer arbeitsrechtlichen Forderung stehen und kein ausschließlicher Gerichtsstand vorliegt. Ein derartig enger Zusammenhang ist nur dann anzunehmen, wenn die arbeitsrechtliche Streitigkeit und der weitere Streitgegenstand auf einem einheitlichen Lebenssachverhalt basieren, so dass eine Aufspaltung unnatürlich erscheinen würde[209]. Die Zusammenhangsklage geht durch ihre spezifischen Anforderungen weit über eine bloß zufällige, allein auf dem Klägerwillen beruhende Verknüpfung von Klagebegehren hinaus. Grundgedanke ist hier neben der Gleichwertigkeit der Gerichte die Absage an eine Aufspaltung eines einheitlichen Lebenssachverhalts. Der Gesetzgeber darf nach Ansicht des *Bundesarbeitsgerichts*[210] ohne verfassungsrechtliche Bedenken einen Rechtsstreit einem einzigen Gericht zuweisen, wenn das Gericht über einen Lebenssachverhalt einheitlich entscheidet. Durch diese Regelung besteht jedoch die Gefahr einer Rechtswegerschleichung. Der Kläger kann sich durch die Verbindung eines nicht dem Arbeitsrecht zugehörigen Anspruchs mit einer Statusklage über die Arbeitnehmereigenschaft den Rechtsweg zu den Arbeitsgerichten mit der unter Umständen nur vorgeschobenen Behauptung der Arbeitnehmerschaft eröffnen. Das *Landesarbeitsgericht Köln*[211] will diesem möglichen Missbrauch durch die Anwendung des Grundsatzes von Treu und Glauben begegnen: Ergibt sich eine derartige Sachlage aus den Schriftsätzen des Klägers, ist das Arbeitsgericht nicht gehindert, den Rechtsstreit insoweit, das heißt hinsichtlich des rechtswegfremden Begehrens, in einen anderen Rechtsweg zu verweisen.

B. § 17 Absatz 2 Satz 1 GVG im Rahmen der Streitgenossenschaft

I. Die einfache Streitgenossenschaft

Die Grenzen einer umfassenden gerichtlichen Kontrolle zeigt die Rechtsprechung im Fall der einfachen Streitgenossenschaft auf. Macht ein Kläger Ansprüche gegen mehrere Beklagte in einem einheitlichen Verfahren geltend und ergibt sich eine Zuordnung des Klagebegehrens gegen einen der Beklagten zu einem anderen Rechtsweg, ist dieses Begehren nach Ansicht des *Oberlandesgerichts Frankfurt am Main*[212] abzutrennen und gemäß § 17 a Absatz 2 Satz 1 GVG in den zutreffenden Rechtsweg zu verweisen. Das Gericht lehnt bei einfacher Streitgenossenschaft die Begründung eines einheitlichen allgemeinen Rechtsweges kraft

---

209 *Germelmann/Matthes/Prütting* § 2 Rdnr. 119 ff.
210 *BAG* NZA 1993, 617 (618).
211 *LAG Köln* MDR 1997, 752 (753); LAGE § 2 ArbGG 1979 Nr. 21.
212 *OLG Frankfurt am Main* NJW 1995, 319.

Sachzusammenhangs ab: Zwar könne es, wenn allen Klagebegehren der gleiche Lebenssachverhalt zugrunde liege, durch die Verfahren in verschiedenen Rechtswegen zu Verzögerungen kommen, weil die angerufenen Gerichte die gleichen Akten beiziehen müssten und die gleichen Beweise zu erheben hätten. Dieser Nachteil könne es jedoch nicht rechtfertigen, aufgrund gleichen Sachverhalts gesetzlich geregelte Rechtswegzuständigkeiten zu umgehen. Etwaige Erschwernisse oder Verzögerungen, die durch die Trennung und Verweisung eintreten könnten, hätten aufgrund der verfahrensrechtlichen Garantie des gesetzlichen Richters gemäß Art. 101 Absatz 1 Satz 2 GG hinter der Prozessökonomie und dem Sachzusammenhang, die beide nicht von Verfassungsrang wären, zurückzutreten. Aus § 17 Absatz 2 Satz 1 GVG selbst folgern die Richter ebenfalls keinen einheitlichen Rechtsweg für die Streitgenossen. § 17 Absatz 2 Satz 1 GVG gelte nur soweit der Kläger denselben prozessualen Anspruch verfolge. Zur Begründung weist das Gericht auf die gefestigte Rechtsprechung im Bereich der objektiven Klagenhäufung[213] hin. Zudem spricht die Entscheidung die Gefahr einer Rechtswegmanipulation auch im Fall einer Klageerhebung gegen mehrere Beklagte gemeinsam an. Schließlich lehnt das Gericht auch eine Begründung eines einheitlichen Rechtsweges durch § 36 Absatz 1 Nr. 3 ZPO analog ab. Eine rechtswegübergreifende Anwendung des § 36 Absatz 1 Nr. 3 ZPO komme nicht in Betracht[214], da die Rechtswegzuständigkeiten genau gesetzlich bestimmt seien. Die Argumentation des *Oberlandesgerichts Frankfurt am Main* beleuchtet die verschiedenen Aspekte, die sich im Zusammenspiel von einfacher Streitgenossenschaft, einheitlichem Lebenssachverhalt und unterschiedlichen Rechtswegen ergeben, umfassend. Auch die Lösung des Gerichts, also Ablehnung eines einheitlichen Rechtsweges kraft Sachzusammenhangs, ist überzeugend. Zwar sind Verfahrensverzögerungen und unter Umständen doppelte Beweiserhebungen sowie die Möglichkeit gegensätzlicher Entscheidungen über einen Lebenssachverhalt nicht von der Hand zu weisen, wenn eine Aufspaltung des Verfahrens erfolgt. Diese Nachteile haben Gerichte und Rechtssuchende angesichts der Entscheidung des Gesetzgebers, mit § 17 a Absatz 2 Satz 1 GVG nur den einheitlichen prozessualen Anspruch erfassen zu wollen, hinzunehmen. Für eine richterrechtliche Begründung und Ausgestaltung eines einheitlichen Rechtsweges kraft Sachzusammenhangs lässt die Regelung keinen Raum, mag die einheitliche Verhandlung und Entscheidung auch effizienter und für die Parteien einsichtiger sein.

Aus denselben Gründen steht einem einfachen Streitgenossen eine sofortige Beschwerde gegen einen Beschluss gemäß § 17 a Absatz 2 und Absatz 3 GVG,

---

213 Vgl. § 3. XI. A., Seite 84.

214 So auch der *BGH* NJW 1994, 2032; vgl. § 3. IX. C., Seite 76.

der einen anderen Beteiligten betrifft, nicht zu. Das *Oberlandesgericht Köln*[215] begründet dies mit der fehlenden Beschwer des nicht betroffenen Streitgenossen.

2. *Die einfache Streitgenossenschaft bei der Zusammenhangsklage im Arbeitsrecht*

Wie bei der objektiven Klagenhäufung ergibt sich im Arbeitsrecht auch für die einfache Streitgenossenschaft eine auf § 2 Absatz 3 ArbGG beruhende Besonderheit. Der Kläger kann nach Ansicht des *Oberlandesgerichts Düsseldorf*[216] eine derartige Zusammenhangsklage erheben, wenn er mehrere Beteiligte auf Schadensersatz wegen unerlaubter Handlung in Anspruch nimmt und zum einen der Kläger Arbeitnehmer ist, zum anderen die deliktische Handlung auf einem Arbeitsunfall basiert, während die Beklagten nicht alle unter die Regelung des § 2 Absatz 1 und Absatz 2 ArbGG fallen. Ohne die Zusammenhangsklage müsste er gegen die Beklagten teils im Arbeitsrechtsweg, teils im Zivilrechtsweg vorgehen. Das Oberlandesgericht leitet die Zuständigkeit eines Gerichts für einen Streitgenossen aus § 2 Absatz 3 ArbGG ab, wenn der Anspruch gegen diesen auf dem gleichen Lebenssachverhalt beruht und in rechtlichem Zusammenhang mit den übrigen Ansprüchen gegen die restlichen Streitgenossen steht, weil sie z. B. Gesamtschuldner sind.

3. *Die notwendige Streitgenossenschaft*

Die Frage, ob bei notwendiger Streitgenossenschaft eine rechtswegbegründende Wirkung durch § 17 Absatz 2 Satz 1 GVG anzunehmen ist, hat das *Oberlandesgericht Frankfurt am Main*[217] ausdrücklich offengelassen. Die Literatur[218] befürwortet die Begründung einer einheitlichen Zuständigkeit gemäß § 17 Absatz 2 Satz 1 GVG bei notwendigen Streitgenossen. Danach würde das als erstes angerufene Gericht auch über das rechtswegfremde Klagebegehren entscheiden, soweit derartige Fälle in der Praxis überhaupt denkbar sind.

---

215 *OLG Köln* NJW-RR 1996, 60.
216 *OLG Düsseldorf* NZA-RR 1997, 222 (223).
217 *OLG Frankfurt am Main* NJW 1995, 319.
218 Münchener Kommentar ZPO-*Wolf* § 17 GVG Rdnr.13.

C. § 17 Absatz 2 Satz 1 GVG bei der Aufrechnung mit rechtswegfremden Forderungen

Bei der Prozessaufrechnung mit einer rechtswegfremden Forderung stellt sich die Judikatur uneinheitlich dar. Anknüpfungspunkt ist dabei die Auslegung des „rechtlichen Gesichtspunkts" im Wortlaut des § 17 Absatz 2 Satz 1 GVG. Eine Aufrechnung mit einer rechtswegfremden Forderung stellt zwar in materiellrechtlicher Hinsicht keine Schwierigkeit dar, da sie insbesondere nicht mangels Gleichartigkeit gemäß § 387 BGB unzulässig ist. So hat der *Bundesgerichtshof*[219] bereits im Jahr 1955 die Meinung vertreten, eine Aufrechnung könne materiell wirksam erfolgen, wenn Forderung und Gegenforderung in verschiedenen Rechtswegen geltend zu machen sind; die verschiedenen Rechtswege berühren demnach die Gleichartigkeit der sich aufrechenbar im Sinn von § 387 BGB gegenüberstehenden Forderungen nicht. Für die Bestimmung der Gleichartigkeit kommt es nämlich nicht auf die Gleichartigkeit der Rechtswege, sondern nur auf die Gleichartigkeit der Leistungen an[220]. Probleme bereitet lediglich die Berücksichtigung der materiellrechtlich wirksamen Aufrechnung mit einer rechtswegfremden Gegenforderung im Prozess.

I. Gemeinsamer Ausgangspunkt

Eine Aufrechnung mit rechtswegfremden Forderungen ist nach Ansicht des *Bundesverwaltungsgerichts*[221] jedenfalls immer dann möglich, wenn diese Forderungen rechtskräftig oder bestandskräftig festgestellt oder unbestritten sind[222]. Das *Bundesverwaltungsgericht* führt dadurch seine Rechtsprechung[223], die vor der Neufassung der §§ 17 ff. GVG ihren Anfang nahm, auch nach der Novellierung weiter. Ist die Gegenforderung unstreitig oder rechtskräftig festgestellt, hat nach Ansicht des *Bundesgerichtshofes*[224] das angerufene Gericht, das über die Klage-

---

219 *BGHZ* 16, 124 (127 f.).

220 So auch *Palandt/Heinrichs* § 387 Rdnr. 8; § 395 Rdnr. 1.

221 *BVerwG* NJW 1993, 2255.

222 Unter Umständen könnte aber eine Aussetzung des Verfahrens selbst dann notwendig sein, wenn die Gegenforderung zwar unbestritten ist, aber dem verfassungsrechtlichen Vorbehalt des § 17 Absatz 2 Satz 2 GVG unterfällt, also Ansprüche aus Enteignungsentschädigung oder Amtshaftung betrifft. Für diese Ansprüche muss der ordentliche Rechtsweg offen stehen. Der Rechtsweg zu den ordentlichen Gerichten ist aber versperrt, wenn die Gegenforderung rechtskräftig festgestellt ist, wie es § 322 Absatz 2 ZPO bestimmt, der z. B. gemäß § 173 VwGO auch im verwaltungsgerichtlichen Verfahren gilt.

223 *BVerwGE* 77, 19 (24).

224 *BGHZ* 16, 124 (127 f.).

forderung zu befinden hat, keine Entscheidung über das Bestehen der Gegenforderung zu treffen. In diesem Fall bestehen keine verfahrensrechtlichen Bedenken, denn das Gericht hat nur über die Aufrechenbarkeit und die Aufrechnungsbefugnis sowie gegebenenfalls über das Erlöschen oder Nichterlöschen der Klageforderung zu befinden.

2. *Bestrittene und nicht rechtskräftig festgestellte rechtswegfremde Gegenforderungen*

In der erwähnten Entscheidung des *Bundesverwaltungsgerichts*[225] hat das Gericht offengelassen wie mit einer bestrittenen oder nicht rechtskräftig festgestellten rechtswegfremden Forderung, die zur Aufrechnung ansteht, zu verfahren ist[226]. Andere Gerichte haben sich mit dieser Frage auseinandersetzen müssen und unterschiedliche Antworten gefunden.

a) *Die Befürworter einer weiten Auslegung in der Rechtsprechung*

Im Jahr 1994 ließ der *Verwaltungsgerichtshof Kassel*[227] eine Aufrechnung mit einer rechtswegfremden Gegenforderung auch in den Fällen zu, in denen diese bestritten oder nicht rechtskräftig festgestellt oder bestandskräftig war. Das Gericht begründet seine Ansicht mit einer Änderung der Rechtslage, die durch die Neufassung der §§ 17 ff. GVG eingetreten sei. Das Gericht des zulässigen Rechtsweges entscheidet einen Rechtsstreit nunmehr unter allen in Betracht kommenden Gesichtspunkten. Sofern der beschrittene Rechtsweg für ein Klagebegehren zulässig ist, ist dem angerufenen Gericht eine rechtswegüberschreitende Sachkompetenz gegeben. Das Gericht erkennt die Problematik der Subsumtion einer Aufrechnung mit einer rechtswegfremden Forderung unter den Begriff des rechtlichen Gesichtspunkts und hält zur Erreichung der Ziele der Neuregelung eine weite Auslegung für geboten: Die Neuregelung der §§ 17 bis 17 b GVG beruht auf der Vorstellung von der Gleichwertigkeit aller Rechtswege und soll den praktischen Bedürfnissen der heutigen Rechtspflege Rechnung tragen. Als änderungsbedürftig hat der Gesetzgeber vor allem zwei Regelungen angesehen, nämlich die Befugnis des Adressatgerichts zur Weiterverweisung und die Befugnis

---

225 *BVerwG* NJW 1993, 2255; vgl. Fn. 221.

226 Eine Festlegung des *Bundesverwaltungsgerichts* zu der Frage der Aufrechnung mit bestrittenen und nicht rechtskräftig festgestellten Forderungen findet sich erst relativ spät, nämlich in einem Beschluss aus dem Jahr 1998, *BVerwG* NJW 1999, 160 (161).

227 *VGH Kassel* NJW 1995, 1107 (1108); so auch bereits das *Arbeitsgericht Passau* in NZA 1992, 428.

der Rechtsmittelgerichte zur Prüfung der Rechtswegzuständigkeit. Insgesamt wollte er die Bedeutung von Rechtswegstreitigkeiten zurückdrängen. Folgt man dieser Argumentation, ist die Entscheidung durch ein an sich unzuständiges Gericht eher hinzunehmen als eine Verfahrensverzögerung. Der ratio legis würde es nach Ansicht des Gerichts also widersprechen, wenn man im Fall einer Aufrechnung mit rechtswegfremden Forderungen weiterhin eine Rechtswegaufspaltung zuließe: Im Interesse einer größtmöglichen Verfahrensökonomie und Rechtsschutzeffektivität soll die Gleichbehandlung der Aufrechnung mit dem Fall einer Häufung rechtswegunterschiedlicher Anspruchsgrundlagen erfolgen. Das Gericht sieht zwar die Möglichkeit einer Rechtswegzersplitterung bei der Zulassung der Aufrechnung mit einer rechtswegfremden Forderung. Grund für die Zersplitterung ist die Regelung des § 322 Absatz 2 ZPO (der gemäß § 173 VwGO auch im Verwaltungsprozess anzuwenden ist). Danach kann es bei einer Aufrechnung mit einer dem Zivilrecht zuzuordnenden Forderung vor dem Verwaltungsgericht zu unterschiedlichen Entscheidungen im Zivil- und Verwaltungsrechtsweg kommen, wenn die Gegenforderung durch die Aufrechnungserklärung nur teilweise erloschen ist. Die Rechtskraftwirkung der verwaltungsgerichtlichen Entscheidung erfasst die zur Aufrechnung gestellte zivilrechtliche Forderung nur bis zur Höhe der Klageforderung. Macht der Beklagte die „restliche“ zivilrechtliche Forderung später im Zivilrechtsweg geltend, ist dieses Gericht nicht an die verwaltungsgerichtliche Beurteilung gebunden. Bezüglich ein und desselben Streitgegenstands „Gegenforderung“ können die Gerichte also unterschiedliche Entscheidungen treffen. Dieses Ergebnis - so der *Verwaltungsgerichtshof Kassel* - ist jedoch im Interesse der Rechtsschutzeffektivität hinzunehmen, vor allem deshalb, weil die fehlende Bindung an die rechtskräftige Beurteilung kein spezifisches Problem der Aufrechnung mit einer rechtswegfremden Forderung ist. An der Bindung weiterer Gerichte fehlt es nämlich auch dann, wenn die Gegenforderung demselben Rechtsweg angehört; auch in ein und demselben Rechtsweg können ohne weiteres unterschiedliche Entscheidungen über eine Forderung ergehen.

Während der *Verwaltungsgerichtshof Kassel* die Subsumtion einer Aufrechnung mit einer rechtswegfremden Forderung unter den Begriff des rechtlichen Gesichtspunkts noch als problematisch ansieht, meint *Schenke*[228], die Vorschrift des § 17 Absatz 2 Satz 1 GVG erfasse schon von ihrem Wortlaut her den Fall der Aufrechnung mit einer rechtswegfremden Forderung; dies, obwohl der histori-

228 *Schenke* JZ 1996, 998 (1002 f.).

sche Gesetzgeber bei Schaffung der Regelung vielleicht nicht an den Fall der Aufrechnung mit einer rechtswegfremden Forderung gedacht habe[229].

Wie die Gerichte zu verfahren haben, wenn die Gegenforderung dem verfassungsrechtlichen Vorbehalt des § 17 Absatz 2 Satz 2 GVG unterfällt und bestritten ist, hat das *Bundesverwaltungsgericht*[230] im Jahr 1993 entschieden. Dabei soll die umfassende Entscheidungskompetenz des angerufenen Gerichts nicht gelten. Die Argumentation derjenigen Gerichte, die eine Aufrechnung mit bestrittenen Forderungen zulassen, sieht das *Bundesverwaltungsgericht* in diesem Fall als nicht tragend an. Dies spricht auch der *Verwaltungsgerichtshof Mannheim*[231] aus, der sich der Rechtsprechung des *Bundesverwaltungsgerichtes* anschließt: Das angerufene Gericht habe das Verfahren gemäß § 94 VwGO analog auszusetzen, um dem Aufrechnenden die Möglichkeit zu geben, die Gegenforderung durch das zuständige Gericht des zulässigen Rechtsweges rechtskräftig feststellen zu lassen.

b) Die Aufrechnung im arbeitsgerichtlichen Verfahren

Im arbeitsgerichtlichen Verfahren war es vor der Neuregelung der §§ 17 bis 17 b GVG möglich, mit einer zivilrechtlichen Gegenforderung aufzurechnen, da diese keine rechtswegfremde Forderung darstellte und nur die sachliche Zuständigkeit betroffen war. Nach der Novellierung kann diese Begründung nicht mehr zur Erklärung der Zulässigkeit einer derartigen Aufrechnung dienen, da der Gerichtszweig der Arbeitsgerichte nunmehr einen eigenen Rechtsweg bildet[232]. Im Arbeitsrecht eröffnet jedoch die Regelung des § 2 Absatz 3 ArbGG eine weitere Möglichkeit, wie die Gerichte eine Aufrechnung mit rechtswegfremden Forderungen behandeln können. Das *Landesarbeitsgericht Schleswig-Holstein*[233] ermöglicht unter Berufung auf diese Norm eine Aufrechnung immer dann, wenn die Gegenforderung mit der Hauptforderung in einem rechtlichen oder unmittelbar wirtschaftlichen Zusammenhang steht und für die Geltendmachung der Gegenforderung keine ausschließliche Zuständigkeit eines anderen Gerichts gegeben ist, vgl. § 2 Absatz 3 ArbGG. Dadurch schränkt das Gericht aus der Sicht des *Verwaltungsgerichtshofes Kassel*[234] die in § 17 Absatz 2 Satz 1 GVG normierte

---

229 Anders verhält es sich aber nach Ansicht *Schenkes* in JZ 1996, 998 bei einer Widerklage, für die ein anderer Rechtsweg einschlägig sei. Diese stelle selbstverständlich keinen rechtlichen Gesichtspunkt im Sinn des § 17 Absatz 2 Satz 1 GVG dar.

230 *BVerwG* NJW 1993, 2255.

231 *VGH Mannheim* NJW 1997, 3394 (3395).

232 Vgl. § 3. III., Seite 52.

233 *LAG Schleswig-Holstein* LAGE § 2 ArbGG 1979 Nr. 18.

234 *VGH Kassel* NJW 1995, 1107 (1108).

umfassende Entscheidungskompetenz des angerufenen Gerichts durch die arbeitsgerichtliche Norm ein. Nur wenn eine Gegenforderung, die in dem genannten Zusammenhang steht, vorliegt, sind die Arbeitsgerichte - so das *Landesarbeitsgericht Schleswig-Holstein* - zu einer Entscheidung über die Aufrechnung befugt und wegen des Beschleunigungsgrundsatzes in § 9 Absatz 1 ArbGG auch dazu verpflichtet. Das Gericht verneint jedoch eine Aufrechnungsmöglichkeit für Gegenforderungen, die vor den Verwaltungsgerichten, den Finanzgerichten oder den Sozialgerichten einzuklagen wären und begrenzt dadurch die im Interesse der Verfahrensökonomie vorgenommene weite Auslegung des § 2 Absatz 3 ArbGG. Ein rechtlicher oder unmittelbar wirtschaftlicher Zusammenhang im Sinn von § 2 Absatz 3 ArbGG nehmen die Richter immer dann an, wenn den Forderungen ein einheitlicher Lebenssachverhalt zugrunde liegt, die Gegenforderung mithin auch als Zusammenhangsklage vor den Arbeitsgerichten statthaft wäre.

c) Die ablehnende Judikatur hinsichtlich einer weiten Auslegung

Andere Entscheidungen halten eine Aufrechnung mit bestrittenen und nicht rechtskräftig festgestellten Forderungen auch nach der Neuregelung der §§ 17 ff. GVG und der damit verbundenen Ausweitung des Prüfungsumfangs gemäß § 17 Absatz 2 Satz 1 GVG nicht für zulässig. Das *Bundesverwaltungsgericht*[235] hat die Frage nach dieser Aufrechnungsvariante zunächst offen gelassen. In einem Beschluss[236] aus dem Jahr 1998 erfolgte jedoch eine Festlegung: Ohne weitere Begründung hält das Gericht die Berücksichtigung einer Aufrechnung mit einer Gegenforderung, für deren gerichtliche Geltendmachung ein anderer als der Verwaltungsrechtsweg gegeben ist, für unmöglich, wenn die Gegenforderung nicht rechtskräftig oder bestandskräftig festgestellt oder unbestritten ist. Nach der Rechtsprechung des 5. Senats des *Verwaltungsgerichtshofes Kassel*[237] handelt es sich bei der Aufrechnung nicht um einen rechtlichen Gesichtspunkt im Sinn von § 17 Absatz 2 Satz 1 GVG. Die Aufrechnung stelle ein selbständiges Gegenrecht dar, das wie die Widerklage zur Klage einen weiteren Streitgegenstand hinzufüge. Bei einer Berücksichtigung der Gegenforderung käme es erneut zu Rechtswegüberschneidungen, die die Neuregelung jedoch vermeiden helfen sollten. Eine Durchbrechung der Rechtswege sei nur in den Fällen gerechtfertigt, in denen sich diese Durchbrechung schon aus dem Klagebegehren ergebe, indem der Kläger sein Begehren auf mehrere, verschiedenen Rechtswegen zugeordneten An-

235 *BVerwG* NJW 1993, 2255.
236 *BVerwG* NJW 1999, 160 (161).
237 *VGH Kassel* (5. Senat) NJW 1994, 1488 (1490).

spruchsgrundlagen stütze[238]. Ergibt sich nach dieser Rechtsprechung der Bezug zu einem anderen Rechtsweg dagegen erst aus einer Parteihandlung „Aufrechnungserklärung", muss der Grundsatz der Verfahrensbeschleunigung, wie er in § 17 Absatz 2 Satz 1 GVG zum Ausdruck kommt, hinter dem Gedanken der Sachnähe der Fachgerichtsbarkeit zurücktreten.

Verfahrensrechtlich hat diese Judikatur weitere Konsequenzen zu ziehen. Für sie gilt nach wie vor die Rechtsprechung des *Bundesgerichtshofes*[239] aus dem Jahr 1955, nach der das angerufene Gericht den Aufrechnungseinwand zwar zu berücksichtigen hat, aber im Gegenzug das Verfahren gemäß § 148 ZPO aussetzen muss, um dadurch dem Aufrechnenden Gelegenheit zu geben, die Forderung vor dem zuständigen Gericht rechtskräftig feststellen zu lassen[240]. Die Rechtsprechung geht dabei entgegen dem Wortlaut des § 148 ZPO von einer Pflicht zur Aussetzung aus, da sich nur auf diese Weise eine sachgerechte Lösung, die sich im Einklang mit den Vorschriften der §§ 17 bis 17 b GVG und § 322 Absatz 2 ZPO befindet, erreichen ließe. Durch diese Handhabung vermeiden die Gerichte den oben genannten Eingriff in andere Rechtswegzuständigkeiten konsequent, da das sachnähere Gericht die Entscheidung über das Bestehen der Forderung trifft. In dieser Vorgehensweise liegt - so die Argumentation - für die Parteien auch keine unbillige Erschwerung der Rechtsverfolgung. Beide Parteien hätten von vornherein damit zu rechnen gehabt, die Forderungen in verschiedenen Rechtswegen geltend machen zu müssen. Durch den Zufall einer Aufrechnungsmöglichkeit ergibt sich demnach auch kein zwingender Grund, die Gegenforderung der Entscheidung des für sie einschlägigen Rechtsweges zu entziehen[241]. Das Gericht kann die Aussetzung mit einer Frist zur Klageerhebung vor dem zuständigen Gericht verbinden. Nach ergebnislosem Fristablauf steht einer Entscheidung über die Klage ohne Berücksichtigung der Aufrechnung nichts mehr im Weg[242]. Auf diese Weise ist dem Gedanken der Verfahrensbeschleunigung Rechnung getragen. Über das Bestehen oder Nichtbestehen der Gegenforderung fällt keine Entscheidung. Dem Betroffenen steht es in diesem Fall frei, die unberücksichtigte Forderung weiterhin im zulässigen Rechtsweg geltend zu machen.

---

238 *FG Baden-Württemberg* NVwZ-RR 1993, 61 (63).
239 *BGHZ* 16, 124 (132, 138).
240 Das *Bundesverwaltungsgericht* geht insoweit von einer Pflicht der Verwaltungsgerichte aus, das Verfahren nach § 94 VwGO auszusetzen, bis die Frage des Bestehens des Gegenanspruchs geklärt ist, *BVerwG* NJW 1999, 160 (161).
241 *BGHZ* 16, 124 (140).
242 *BGHZ* 16, 124 (140).

3. Die Stimmen der Literatur

Das Schrifttum zeigt sich in der Beantwortung der Frage der Aufrechnung mit rechtswegfremden Forderungen, die bestritten oder nicht rechtskräftig festgestellt sind, uneins.

a) Die Gegner einer weiten Auslegung im Schrifttum

Die Gegner[243] einer umfassenden Entscheidungskompetenz der Gerichte auch hinsichtlich einer bestrittenen oder nicht rechtskräftig festgestellten Gegenforderung wenden gegen eine weite Auslegung des § 17 Absatz 2 Satz 1 GVG vor allem ein, diese Aufrechnung stelle keinen rechtlichen Gesichtspunkt im Sinn des § 17 Absatz 2 Satz 1 GVG dar. Es fehle insoweit bereits der einheitliche Streitgegenstand, den der Begriff „rechtlicher Gesichtspunkt" voraussetze. Zwar bestehe ein verfahrensrechtlicher Zusammenhang durch die Parteihandlung der Aufrechnungserklärung. Insoweit sei die Prozessaufrechnung der Widerklage ähnlich. Wie bei dieser genüge allein die Parteihandlung und der daraus resultierende Zusammenhang aber nicht, um eine Entscheidungskompetenz des angerufenen Gerichts zu begründen. Auch seien die Folgen einer derartigen Aufrechnung zu berücksichtigen. Eine Rechtswegzersplitterung könne in den Fällen eintreten, in denen die Gegenforderung den zur Aufrechnung stehenden Betrag übersteige. In Rechtskraft erwächst dann die Entscheidung über die Gegenforderung gemäß § 322 Absatz 2 ZPO (gegebenenfalls in Verbindung mit § 173 VwGO, § 155 FGO bzw. § 46 Absatz 2 Satz 1 ArbGG), § 141 Absatz 2 SGG nur bis zur Höhe des Betrags, für den der Beklagte die Aufrechnung erklärt hat. Der Rest der Gegenforderung erwächst nicht in Rechtskraft und es steht dem Beklagten frei, diese Restforderung vor dem Gericht des eigentlich zuständigen Gerichtszweiges geltend zu machen. Dieses Gericht ist seinerseits nicht an die rechtskräftige Beurteilung bezüglich des aufgerechneten Teilbetrags gebunden. Angesichts dieser Sachlage berücksichtige eine Aussetzung des Verfahrens oder der Erlass eines Vorbehaltsurteils die Interessen beider Parteien, ohne den Wortlaut des § 17 Absatz 2 Satz 1 GVG zu weit auszudehnen oder den Rechtsweg unnötig zu zersplittern. Der Beklagte könne bei einer Aussetzung des Prozesses Klage auf Feststellung des früheren Bestehens der Gegenforderung er-

---

243 *Stein/Jonas/Leipold* § 281 Rdnr. 84; *Wieczorek/Schütze/Schreiber* § 17 GVG Rdnr. 8; *Rupp*, NJW 1992, 3274; *Zöller/Gummer* § 17 GVG Rdnr. 10; *Thomas/Putzo* § 17 GVG Rdnr. 9; *Lücke*, Festschrift für Kissel 1994, 709 (721 ff.), der allerdings aufgrund der Artverwandtschaft des arbeitsrechtlichen und des zivilprozessualen Verfahrens in diesen Fällen eine Aufrechnung mit der jeweils rechtswegfremden Forderung zulassen will.

heben, da die Gegenforderung durch die Aufrechnungserklärung materiellrechtlich erloschen sei. Der bereits anhängige Prozess, in dem der Beklagte die Aufrechnung erklärte, begründe ein hinreichendes rechtliches Interesse für die Feststellungsklage[244].

b) Die Befürworter einer weiten Auslegung im Schrifttum

Diese Argumente vermögen die Befürworter[245] einer weiten Auslegung hinsichtlich der rechtswegüberschreitenden Entscheidungskompetenz auch bei bestrittenen, rechtswegfremden Gegenforderungen nicht zu überzeugen. Die Vertreter dieser Ansicht behandeln die Aufrechnung mit rechtswegfremden Forderungen anders als die objektive Klagenhäufung und die Widerklage. § 17 Absatz 2 Satz 1 GVG erfasse von seinem Wortlaut her auch den Fall der Aufrechnung, da es sich bei der Frage des Bestehens der Gegenforderung um eine Vorfrage handele, die das Gericht ohne weiteres behandeln dürfe. An dieser Tatsache ändere sich auch durch die Rechtskrafterweiterung gemäß § 322 Absatz 2 ZPO, zu der die Beantwortung der Vorfrage führen könne, nichts. Ohne die gesetzliche Rechtskrafterweiterung wäre eine Entscheidungskompetenz des Gerichts darüber selbstverständlich. Die Klärung dieser Frage sei für den Rechtsstreit von ausschlaggebender Bedeutung und stelle einen rechtlichen Gesichtspunkt des Rechtsstreits im Sinne des § 17 Absatz 2 Satz 1 GVG dar, da die Aufrechnung materiellrechtlich insbesondere der Erfüllung der Hauptforderung diene. Aus diesem Grund sei sie auch kein selbständiges Gegenrecht wie die Widerklage. Im Unterschied zur Widerklage sei die im Weg der Aufrechnung geltend gemachte rechtswegfremde Forderung nicht rechtshängig[246], da es sich um ein Verteidigungsmittel und nicht um einen zusätzlichen neuen Streitgegenstand handele. Der Aufrechnende könne deshalb zwar die Gegenforderung in einem eigenen Verfahren rechtshängig machen. Dies sei jedoch nicht nur ein Problem der Aufrechnung mit einer rechtswegfremden Forderung, sondern eine allgemeine Schwierigkeit im Rahmen der Aufrechnung. Neben dem Wortlaut spreche auch die gleiche Interessenlage bei rechtlicher Kumulation (Anspruchsgrundlagenhäufung) und Aufrechnung für eine umfassende Entscheidungskompetenz der Gerichte. In beiden Fällen sei ein Sachzusammenhang gegeben. Zwar entstehe der Zusammenhang

---

244 *Stein/Jonas/Leipold* § 145 Rdnr. 33 a.

245 *Kopp/Schenke* § 41 Rdnr. 4, § 40 Rdnr. 45; *Baumbach/Lauterbach/Albers* § 17 GVG Rdnr. 6; *Schenke/Ruthig*, NJW 1992, 2505 (2510 ff.); *Hager*, Festschrift für Kissel 1994, 327 (344 ff.); *Vollkommer*, Festschrift für Kissel 1994, 1183 (1203 f.); *Kissel*, NZA 1995, 345 (354); *Künzl*, Zweite Erlanger Festschrift für Karl Heinz Schwab 2000, S. 35 (62).

246 *Thomas/Putzo* § 145 Rdnr. 20.

zwischen der Forderung und der Gegenforderung erst durch eine Parteihandlung, dies sei aber angesichts der materiellrechtlichen Verknüpfung von Forderung und Gegenforderung den Fällen gleichzustellen, in denen ein objektiver Zusammenhang durch Geltendmachung verschiedener Anspruchsgrundlagen aufgrund eines einheitlichen Lebenssachverhalts bestehe. Zudem sei die Gesamttendenz der Neuregelung zu berücksichtigen. Ziel sei es, unnötige Rechtswegstreitigkeiten zu vermeiden und Prozesserledigungen zu beschleunigen, wobei die Gerichtszweige als gleichwertig anzusehen seien. Die Aufrechnung mit einer rechtswegfremden Forderung führe zu einer Konzentration des Rechtsschutzes in einem Verfahren und erspare es den Parteien, zwei Verfahren in unterschiedlichen Rechtswegen zu führen. Bei Nichtanwendung des § 17 Absatz 2 Satz 1 GVG käme es unter Umständen zu einem unbefriedigenden Ergebnis: Während das Erstgericht die Forderung und die Gegenforderung als rechtsweggleiche Forderungen ansieht, ist das Rechtsmittelgericht an diese Sichtweise nur hinsichtlich der Hauptforderung gebunden, nicht jedoch hinsichtlich der Gegenforderung. Für diese wäre das Rechtsmittelgericht in der Beurteilung der Rechtswegeröffnung frei. Schließlich könne einer weiten Auslegung auch keine Manipulationsgefahr entgegenstehen. Zwar brauche der Schuldner bei der Aufrechnungserklärung die Rechtsweggrenzen nicht zu beachten und nötige dem Gläubiger unter Umständen seinen Rechtsweg auf. Dies beruhe aber nicht auf einer Manipulation des Schuldners, sondern resultiere aus der Anwendung des materiellen Rechts, nach dem der Schuldner die Rechtsweggrenzen bei der Aufrechnungserklärung nicht beachten müsse. Von einer Rechtswegerschleichung könne deshalb keine Rede sein. Der Beklagte sei bei der Aufrechnung mit einer rechtswegfremden Forderung im Gegenteil gezwungen, diese als reines Verteidigungsinstrument im vom Kläger gewählten Rechtsweg vor Gericht zu bringen.

Eine weiteren Ansatzpunkt vertritt *Drygala*[247]. § 17 Absatz 2 Satz 1 GVG regele unmittelbar nur den Fall, bei dem der Kläger die Klageforderung auf mehrere Anspruchsgrundlagen stütze, die verschiedenen Rechtswegen zuzuordnen seien. Hinsichtlich einer Aufrechnung sage die Regelung nichts aus. Eine Analogie sei deshalb angebracht. Die Regelungslücke entstehe durch die Nichtberücksichtigung der Frage der Aufrechnung bei der Neufassung. Eine Vergleichbarkeit der Interessen resultiere aus der Unzuständigkeit des Gerichts sowohl bei der Anspruchskumulation, bei der der Kläger einen rechtswegfremden Sachverhalt vor ein Gericht bringe, als auch bei der Aufrechnung, bei der der Beklagte einen rechtswegfremden Sachverhalt vortrage. Bei der Aufrechnung führe zwar nicht der Kläger, sondern der Beklagte den rechtswegfremden Prozessstoff in das Verfahren ein. Das angerufene Gericht könne aber in beiden Fällen aufgrund fehlen-

247 *Drygala*, NZA 1992, 294 (297).

der Rechtswegzuständigkeit nicht durch Sachurteil entscheiden. Eine einheitliche Behandlung der Häufung von Anspruchsgrundlagen und der Aufrechnung mit rechtswegfremden Forderungen durch eine Analogie zu § 17 Absatz 2 Satz 1 GVG liege deshalb besonders nahe.

Sowohl eine enge wie auch eine weite Auslegung des Begriffs „rechtlicher Gesichtspunkt" kann sich auf überzeugende Argumente berufen. Den Ausschlag für die Handhabung und Lösung des Problems einer Aufrechnung mit einer bestrittenen und nicht rechtskräftig festgestellten Gegenforderung sollten die Praktikabilität im Einzelfall und die Interessen der rechtssuchenden Parteien sein. Mithin ist eine strikte Prüfungs- und Entscheidungssperre hinsichtlich der besagten Gegenforderungen letztlich nicht überzeugend. Es gebührt - bezieht man die genannten Aspekte in die Überlegungen mit ein - einer umfassenden Entscheidungskompetenz der Gerichte auch für eine Aufrechnung mit bestrittenen oder nicht rechtskräftig festgestellten Gegenforderungen der Vorzug. Die weite Auslegung des § 17 Absatz 2 Satz 1 GVG trägt den Zielen der §§ 17 bis 17 b GVG besser Rechnung; die Gerichte sollten den Rechtsstreit in einem einzigen Verfahren möglichst rasch einer Entscheidung zuführen können. Dies hat auch zu gelten, wenn eine Aufrechnung im Raum steht. Eine Inanspruchnahme verschiedener Gerichte mehrerer Rechtswege mit eventuellen Rechtsmitteln gegen die jeweiligen Entscheidungen führt zu einer unnötigen Verfahrensverlängerung. Allerdings kann eine Pflicht des angerufenen Gerichts zur Berücksichtigung der rechtswegfremden Gegenforderung zu Schwierigkeiten führen, wenn die Gegenforderung eine gänzlich andere Rechtsmaterie zur Beurteilung stellt. Dabei kann es zu erheblichen Verfahrensverzögerungen kommen, was der Intention des Gesetzgebers hinsichtlich der Neuregelung zuwiderläuft. Es erscheint daher sachgerechter, anstelle einer strikten Pflicht zur Entscheidung über die zur Aufrechnung gestellte Gegenforderung, es dem Ermessen des Gerichts anheim zu stellen, ob es über die Gegenforderung selbst entscheidet oder das Verfahren aussetzt. Eine Aussetzung kann das Gericht nach den Vorschriften, nach denen vor der Neuregelung eine solche erfolgte, ohne weiteres anordnen, da der Gesetzgeber diese im Zuge der Neuregelung unverändert gelassen hat[248]. Mit dieser flexiblen und dem Einzelfall anpassbaren Lösung ist es dem angerufenen Gericht möglich, den Belangen der Parteien soweit wie möglich Rechnung zu tragen und gleichzeitig die für den Verfahrensfortgang effizientesten Maßnahmen zu treffen.

---

248 So auch *Kissel* § 17 Rdnr. 34.

D. Die verfassungsrechtlichen Einschränkungen gemäß § 17 Absatz 2 Satz 2 GVG

Im Rahmen des § 17 Absatz 2 GVG ergibt sich aus dem verfassungsrechtlich bedingten Entscheidungsvorbehalt zugunsten der ordentlichen Gerichte in § 17 Absatz 2 Satz 2 GVG ein weiteres Problem: Nach dieser Regelung steht den ordentlichen Gerichten in Fragen der Enteignungsentschädigung und Amtshaftung die alleinige Entscheidungskompetenz zu, gemäß Art. 14 Absatz 3 Satz 4 GG, Art. 34 Satz 3 GG. Dies bedeutet eine Entscheidungssperre für ein Gericht eines anderen Rechtsweges hinsichtlich dieser Ansprüche. In diesem Zusammenhang sind mehrere Fälle denkbar:

Lässt sich das Klagebegehren nur auf Enteignungsentschädigung oder Amtshaftung stützen und sind keine weiteren Anspruchsgrundlagen denkbar, hat das angerufene Gericht den Rechtsstreit an das zuständige ordentliche Gericht gemäß § 17 a Absatz 2 Satz 1 GVG zu verweisen.

Problematischer stellen sich die Fälle dar, in denen neben den Ansprüchen auf Enteignungsentschädigung oder Amtshaftung auch andere Anspruchsgrundlagen in Betracht kommen, deren Rechtsweg aber nicht zu den ordentlichen Gerichten führt, sondern der Rechtsweg zu dem angerufenen Gericht eröffnet ist. Höchstrichterliche Entscheidungen in diesem Bereich datieren vor der Neufassung der §§ 17 ff. GVG. Nach der Neufassung erging zu dieser Fragestellung bisher keine weitere Rechtsprechung der obersten Gerichte. Das *Bundesarbeitsgericht*[249] hat in diesem Fall die Klage zum Teil als unbegründet abgewiesen und im übrigen an ein ordentliches Gericht verwiesen. Die Rechtsprechung[250] der übrigen obersten Bundesgerichte vor der Neuregelung hat diese Ansicht nicht bestätigt. Diese Gerichte gehen statt dessen von einer Pflicht zur Entscheidung aus. Das angerufene Gericht habe bei mehrfacher Klagebegründung im Rahmen seiner Zuständigkeit zur Sache zu entscheiden. Der Rechtsstreit sei nicht - vollständig oder teilweise - in den für die weiteren Klagegründe zulässigen Rechtsweg zu verweisen. Das angerufene Gericht sei zum einen für die Klage nicht schlechthin unzuständig. Zum anderen sei eine Verweisung nur dann geboten und zulässig, wenn der Rechtsweg zu dem angerufenen Gericht für den Klageanspruch mit allen in Betracht kommenden Klagegründen unzulässig sei. Die Entscheidung ist demgemäß nur zum Teil Sachurteil, zum anderen Teil Prozessurteil, nämlich hin-

---

249 *BAG* JZ 1959, 767 (770).

250 *BVerwGE* 18, 181 (183); 22, 45 (47); *BVerwG* DVBl 1968 646 (649); *BGHZ* 13, 145 (153 f.).

sichtlich der Enteignungsentschädigung oder Amtshaftung[251]. Die Klage ist insoweit als unzulässig abzuweisen.

Nach der Novellierung der §§ 17 bis 17 b GVG lässt sich die Situation auf verschiedene Weise lösen: Die schon früher von der Rechtsprechung vertretene Pflicht zur Entscheidung, wobei das angerufene Gericht eine Sachentscheidung über die Anspruchsgrundlage des eigenen Rechtsweges trifft und die Klage im übrigen durch Prozessurteil abweist, erscheint nicht mehr mit guten Gründen vertretbar. Zum einen hat der Kläger zusätzlich die Kosten des Prozessurteils zu tragen, zum anderen soll wegen des unzulässigen Rechtsweges nach dem Willen des Gesetzgebers in der Regel keine Abweisung der Klage als unzulässig erfolgen. An die Stelle eines Prozessurteils ist nunmehr eine Verweisung von Amts wegen getreten. Praktikabler erscheinen daher die Lösungswege, die eine Verweisung vornehmen. Dabei ist es denkbar, den Rechtsstreit insgesamt an die ordentliche Gerichtsbarkeit zu verweisen. Das ordentliche Gericht entscheidet den Rechtsstreit dann gemäß § 17 Absatz 2 Satz 1 GVG unter allen in Betracht kommenden rechtlichen Gesichtspunkten. Allerdings verweist das Ausgangsgericht in diesem Fall auch diejenigen Anspruchsgrundlagen an das Adressatgericht, für die eigentlich der Rechtsweg zu dem verweisenden Gericht offen steht. Diese Schwierigkeit vermeidet das Gericht, wenn es bezüglich der Ansprüche aus Amtshaftung oder Enteignungsentschädigung eine Teilverweisung ausspricht. Zu beachten ist allerdings der Zeitpunkt der Teilverweisung. Diese kann nicht vor der Entscheidung über die Klage erfolgen, sondern erst in einem Endurteil, das die Klage hinsichtlich der rechtswegeigenen Anspruchsgrundlagen als unbegründet abweist[252].

Schließlich ist eine dritte Variante in diesem Zusammenhang denkbar: Ausgangspunkt ist ein nach § 17 a Absatz 2 Satz 3 GVG bindender Verweisungsbeschluss an ein Gericht, das nicht der ordentlichen Gerichtsbarkeit angehört; das Klagebegehren stützt der Kläger sowohl auf Klagegründe, für die das Adressatgericht zuständig ist, als auch auf Klagegründe, die aufgrund verfassungsrechtlicher Zuordnung von der ordentlichen Gerichtsbarkeit zu entscheiden sind. Aufgrund der verfassungsrechtlichen Zuordnung in Art. 14 Absatz 3 Satz 4 GG, Art. 34 Satz 3 GG in Verbindung mit § 17 Absatz 2 Satz 2 GVG entfällt auch in dieser Situation eine Entscheidung in der Sache hinsichtlich dieser Anspruchsgrundlagen. Verschiedene Lösungsansätze erscheinen vertretbar: Die bei der zweiten Konstellation aufgezeigte Teilverweisung[253] führt auch den dritten Fall

---

251 *BGHZ* 5, 105 (108).
252 *Stein/Jonas/Leipold* § 281 Rdnr. 85.
253 § 3. XI. D., Seite 103.

zu einem sachgerechten Ergebnis[254]. Das *Verwaltungsgericht Regensburg*[255] andererseits verneint eine Bindungswirkung des aufdrängenden Verweisungsbeschlusses aufgrund des Vorrangs des Grundgesetzes; es legt § 17 a Absatz 2 Satz 3 GVG verfassungskonform aus und hält eine Gesamtverweisung[256] des Rechtsstreits an das für Amtshaftungsansprüche zuständige Landgericht für geboten, weil nur diese Verfahrensweise dem Gedanken des § 17 Absatz 2 Satz 1 GVG[257] ausreichend Rechnung trägt[258].

XII. Die Bindungswirkung gemäß § 17 a Absatz 1 GVG

A. Die Bindungswirkung nach einer Zurückverweisung durch die Rechtsmittelinstanz

Die Judikatur hat sich mit Sonderfällen von Bindungswirkungen, die durch die Rechtsmittelverfahren entstehen können, befasst. Das Ausgangsgericht muss sich an einer einmal getroffenen Rechtswegbejahung auch in den Fällen festhalten lassen, in denen das Rechtsmittelgericht das Verfahren entweder in der Berufungs- oder in der Revisionsentscheidung an das erstinstanzliche Gericht zurückverweist[259]. Es ist insoweit nach dem Rechtsgedanken des § 17 a Absatz 1 GVG an seine eigene Rechtswegentscheidung gebunden. Dies gilt nach Meinung der Rechtsprechung auch dann, wenn sich zwischenzeitlich die höchstrichterliche Rechtsprechung zur Rechtswegeröffnung geändert hat[260]. Sollte das Gericht ers-

---

254 A. M. *Thomas/Putzo* § 17 GVG Rdnr. 11 und *Baumbach/Lauterbach/Albers* § 17 GVG Rdnr. 7, die von einer Bindungswirkung gemäß § 17 a Abs. 2 Satz 3 GVG ausgehen und eine Weiterverweisung ablehnen.

255 *VG Regensburg*, Beschluss vom 20.04.1998, Az.: RO 13K97.01386 (nicht veröffentlicht).

256 *Kopp/Schenke* § 41 Rdnr. 6 und § 90 Rdnr. 13 allerdings hält eine Teilverweisung der Ansprüche aus Enteignungsentschädigung und Amtshaftung für möglich, da es sich um selbständige Streitgegenstände handele, für die die Bindungswirkung nicht eintrete.

257 Vgl. § 1. IV. A. 2., Seite 29.

258 Ein weiterer Denkansatz, den das *Verwaltungsgericht Regensburg* zusätzlich aufzeigt, geht von der Annahme aus, das verweisende Gericht habe nur diejenige Anspruchsgrundlage verwiesen, für die das aufnehmende Gericht auch zuständig sei, während die übrigen Anspruchsgrundlagen beim Ausgangsgericht verblieben sind und so eine Verweisung an das für den Amtshaftungsanspruch zuständige Landgericht erfolgen kann. So auch *Schoch/Schmidt-Aßmann/Pietzner/Ehlers* § 41 § 17 GVG Rdnr. 40.

259 *ArbG Hanau* NJW-RR 1997, 766.

260 *LG Neuruppin* NJW 1996, 1760 (1761).

ter Instanz trotz dieser Bindung eine Weiterverweisung aussprechen, ist das empfangende Gericht nach Ansicht des *Arbeitsgerichts Hanau*[261] nicht an diesen Beschluss gebunden, sondern kann den Rechtsstreit seinerseits an das verweisende Gericht zurückverweisen. Diese Vorgehensweise entspricht jedoch nicht höchstrichterlicher Rechtsprechung. Es handelt sich im vorliegenden Fall um eine weitere Möglichkeit, wie ein negativer Kompetenzkonflikt entstehen kann. Eine Zurückverweisung des Rechtsstreits verbietet sich auch in dieser Fallvariante; das *Arbeitsgericht Hanau* könnte diese Frage allenfalls einem der beteiligten Untergerichte übergeordneten obersten Gerichtshof des Bundes (etwa dem *Bundesarbeitsgericht*) gemäß § 36 Absatz 1 Nr. 6 ZPO analog vorlegen, wenn die Parteien keine Rechtsmittel gegen die Verweisung des Ursprungsgerichts einlegen. In letzterem Fall würde die Rechtswegfrage ausschließlich im Beschwerdeweg zu klären sein[262].

B. Die Bindungswirkung nach Einspruch gegen ein Versäumnisurteil

Einen weiteren Sonderfall behandelt das *Oberlandesgericht Köln*[263]. Es geht in dieser Entscheidung um die Frage, ob das angerufene Gericht an eine inzidente Bejahung des Rechtsweges in einem stattgebenden Versäumnisurteil gebunden ist, wenn der Beklagte rechtzeitig Einspruch gemäß § 338 ZPO, § 339 Absatz 1 ZPO eingelegt hat. Das Oberlandesgericht verneint eine derartige Bindungswirkung. Das erstinstanzliche Gericht könne auch nach der Neuregelung eine Rechtswegprüfung vornehmen, es sei insoweit nicht an seine Entscheidung im Versäumnisurteil gebunden. Hintergrund dieser Entscheidung ist die Regelung des § 342 ZPO, die ein Verfahren nach zulässigem Einspruch in die Lage zurückversetzt, in der es sich vor Eintritt der Versäumnis befand. Durch die Zurückversetzung ist es dem Gericht erster Instanz möglich, die Zulässigkeit des Rechtsweges nach § 17 a GVG von Amts wegen in jeder Lage des Verfahrens zu prüfen.

XIII. Die Bindungswirkung nach § 17 a Absatz 2 Satz 3 GVG

Die Frage nach der Bindungswirkung und der Reichweite eines Verweisungsbeschlusses hat die Rechtsprechung vielfach beschäftigt. Ausgangspunkt der Ent-

---

261 *ArbG Hanau* NJW-RR 1997, 766.
262 *BGH* NJW 2000, 1343 (1344).
263 *OLG Köln* VersR 1992, 901.

scheidungen bildet die Regelung des § 17 a Absatz 2 Satz 3 GVG, die eine aufdrängende Wirkung einer Verweisung normiert. Dieser Grundsatz hat jedoch im Einzelfall eine Differenzierung durch die Judikatur erfahren.

A. Die Bedeutung des § 17 a Absatz 2 Satz 3 GVG für Haupt- und Hilfsantrag

Eine differenzierte Lösung erfordern die Fälle, in denen der Kläger Haupt- und Hilfsanträge stellt, diese aber unterschiedlichen Rechtswegen zuzuordnen sind. Es stellt sich dabei die Frage, welcher Antrag für die Bestimmung des Rechtsweges maßgeblich sein soll und wie mit dem weiteren, rechtswegfremden Begehren zu verfahren ist.

Nach Ansicht des *Oberverwaltungsgerichts Münster*[264] richtet sich die Zuständigkeit der Gerichte für die gesamte Klage allein nach dem Hauptantrag, solange dieser rechtshängig ist. In diesem Zeitraum müsse das Gericht die Rechtswegfrage einheitlich beantworten. Da eine Abtrennung des hilfsweise geltend gemachten Begehrens aufgrund seiner Bedingtheit nicht in Frage komme, müsse für die Bestimmung des Rechtsweges zwangsläufig der Hauptantrag allein maßgeblich sein. Bei einer Verweisung des Rechtsstreits insgesamt trete die Bindungswirkung des Beschlusses nur für den Hauptantrag ein, nicht jedoch für den Hilfsantrag, da die Verweisung allein mit Rücksicht auf den Hauptantrag erfolgt sei. Auf die Rechtsnatur des Hilfsantrags komme es bei der Verweisung gar nicht an. Erfolgt nun eine Entscheidung über den Hauptantrag, entfällt die bis dahin bestehende prozessuale Einheit der Begehren. Für den nunmehr zur Entscheidung anstehenden Hilfsantrag kann - so das *Oberverwaltungsgericht Münster*[265] - bezüglich des Rechtsweges ohne die Schranken der Bindungswirkung eine Weiter- oder Zurückverweisung in einen anderen Rechtsweg erfolgen. Der *Verwaltungsgerichtshof Mannheim*[266] stimmt dem zu und hält eine Erreichung von Sinn und Zweck der Neuregelung der §§ 17 bis 17 b GVG, nämlich die Verfahrensbeschleunigung, nur durch diese Vorgehensweise für möglich.

Diese Behandlung von Haupt- und Hilfsantrag stellt eine praktikable Lösung dar und hat in der Literatur[267] meist Zustimmung erfahren. *Kissel*[268] und *Otte*[269] allerdings gehen von einer Pflicht zur Entscheidung auch über den rechtsweg-

---

264 *OVG Münster* NVwZ 1994, 795 (797).

265 *OVG Münster* NVwZ 1994, 795 (797).

266 *VGH Mannheim* NJW 1993, 3344.

267 *Stein/Jonas/Leipold* § 281 Rdnr. 14, 84; *Schoch/Schmidt-Aßmann/Pietzner/Ehlers* § 41 § 17 GVG Rdnr. 26.

268 *Kissel* § 17 Rdnr. 49.

269 *Otte,* Umfassende Streitentscheidung, S. 530.

fremden Hilfsantrag bei Unbegründetheit des Hauptantrags aus. Die Autoren dehnen die Kompetenz der Gerichte zur umfassenden Sachentscheidung sehr weit, letztlich zu weit aus und übersehen die fehlende Einheit von Haupt- und Hilfsantrag. Die umfassende Entscheidungsbefugnis findet ihre Grenze im einheitlichen prozessualen Anspruch. Hat das angerufene Gericht eine Entscheidung über den Hauptantrag getroffen, ist dadurch zugleich die Verklammerung mit dem Hilfsantrag gelöst und die prozessuale Einheit der Begehren aufgehoben. Haupt- und Hilfsantrag stehen nach dem Wegfall der innerprozessualen Bedingung isoliert nebeneinander und sind nicht mit der Häufung mehrere Anspruchsgrundlagen zu vergleichen. Es handelt sich hier um eine objektive Klagenhäufung in Form der Eventualklagenhäufung. Für die objektive Klagenhäufung aber ist eine separate Beurteilung des Rechtsweges bzgl. der einzelnen Klagen anerkannt[270].

B. Die Grenzen der Bindungswirkung nach dem Bundesverfassungsgericht

Das *Bundesverfassungsgericht*[271] hat die äußersten Grenzen der Bindungswirkung eines Verweisungsbeschlusses aufgezeigt. Ausgangspunkt der Entscheidung ist folgende Überlegung: Die Rechtssicherheit erfordert eine Bindung des Adressatgerichts unabhängig von der materiellen Richtigkeit des Beschlusses. Eine Verweisung in den falschen Rechtsweg entfaltet also die gleichen Wirkungen wie eine sachlich richtige Verweisung. Die Unrichtigkeiten sind im Interesse der Verfahrensbeschleunigung und Prozessökonomie hinzunehmen. Nur ausnahmsweise ist es denkbar, die gesetzlich angeordnete Bindungswirkung entfallen zu lassen. Ein derartiger Ausnahmefall ist bei einer Grundrechtsverletzung eines Verfahrensbeteiligten anzunehmen[272]. Die Bindungswirkung entfällt demnach bei einem Verstoß gegen Art. 103 Absatz 1 GG, wenn es das verweisende Gericht etwa versäumt, die in § 17 a Absatz 2 Satz 1 GVG vorgesehene Anhörung der Parteien zur Verweisung vorzunehmen. Der Beschluss stellt für die Betroffenen in diesem Fall eine Überraschungsentscheidung dar[273]. Eine weitere Ausnahme vom

---

270 Vgl. § 3. XI. A. 2., Seite 88.

271 *BVerfG* (2. Kammer des Zweiten Senats) NJW 1992, 359 (360).

272 *BVerfG* (2. Kammer des Zweiten Senats) NJW 1992, 359 (361).

273 *BAG* NZA 1994, 479 (480); nach dem *Landesarbeitsgericht Sachsen* in LAGE § 48 ArbGG 1979 Nr. 13 = NZA 1997, 848 erfordert Art. 103 Absatz 1 GG nicht nur die Gelegenheit zur Stellungnahme, sondern auch die Kenntnisnahme durch das Gericht. Gehe deshalb das Gericht in den Gründen einer Entscheidung auf wesentliche Teile des Tatsachenvortrags nicht ein, sei eine Nichtberücksichtigung des Vortrags anzunehmen. Zwar sei aus einem Schweigen des Gerichts grundsätzlich nicht

Grundsatz der Bindungswirkung liegt dann vor, wenn das Grundrecht auf den gesetzlichen Richter gemäß Art. 101 Absatz 1 Satz 2 GG durch die Verweisung verletzt ist, weil die Entscheidung objektiv willkürlich erging und deshalb jeder Rechtsgrundlage entbehrt. Das *Bundesarbeitsgericht*[274] gesteht einem Gericht, das Adressat eines derartigen Verweisungsbeschlusses ist, eine Weiterverweisung des Rechtsstreits zu. Gleichzeitig grenzt das *Bundesarbeitsgericht* die Verweisungsmöglichkeit ein: Nicht jede bloß falsche Entscheidung bezüglich des Rechtsweges ist als offensichtlich gesetzwidrig einzustufen und beinhaltet einen Verstoß gegen Art. 101 Absatz 1 Satz 2 GG. Würde man dies annehmen, wäre das Regelungsziel des § 17 a GVG, nämlich die Entlastung des Prozesses von Rechtswegstreitigkeiten und folglich eine Straffung des Verfahrens, nicht zu erreichen. Letztlich liefe dadurch die Regelung des § 17 a Absatz 2 Satz 3 GVG leer. Das *Landesarbeitsgericht Köln*[275] stellt in Weiterführung dieser Judikatur fest, auch eine fehlende Begründung einer Rechtswegentscheidung könne keine offensichtliche Gesetzwidrigkeit zur Folge haben. Das gelte jedenfalls dann, wenn der Beschluss auf Antrag beider Parteien ergangen sei. Auch dem *Bundesfinanzhof*[276] erscheint es zumindest zweifelhaft, eine Bindungswirkung entfallen zu lassen, wenn die Verweisung lediglich rechtlich unrichtig ist. In diesem Fall soll eine Zurückverweisung ausgeschlossen sein. Ein Subsumtionsirrtum oder eine fehlerhafte Auslegung ändert nichts an der Bindungswirkung, so das Gericht. Im Interesse der Verfahrensbeschleunigung und unter Berücksichtigung von Sinn und Zweck der Verweisungsregelungen räumt der *Bundesfinanzhof* der Bindungswirkung Vorrang vor einer Entscheidung im richtigen Rechtsweg ein. Fehlt es aber für eine Verweisung an jeglicher gesetzlicher Grundlage, ist ein Verstoß gegen die Grundprinzipien der Verfassung gegeben. Der Kläger wäre durch den Verweisungsbeschluss in dem vom *Bundesfinanzhof* zu entscheidenden Verfahren in ein Antragsverfahren nach § 19 Absatz 1 BRAGO gelangt, obwohl er eine gerichtliche Entscheidung über eine auf einem privatrechtlichen Dienstvertrag beruhende Gebührenvereinbarung begehrte. Da er eine gerichtliche Entscheidung verlangte, würde ihm der gesetzliche Richter entzogen, wenn er auf das Antragsverfahren verwiesen sei, argumentieren die Richter. Die Verweisung erweist sich folglich als offensichtlich unhaltbar und somit willkürlich, so dass das Gericht ihr eine Bindungswirkung abspricht.

---

auf ein Außerachtlassen der Argumente der Parteien zu schließen. Aber dies stelle sich anders dar, wenn das Gericht einen Vortrag, der für den Prozessausgang eindeutig von entscheidender Wichtigkeit sei, nicht berücksichtigt.

274 *BAG* NJW 1993, 1878.

275 *LAG Köln* NZA 1996, 280.

276 *BFH* Rpfleger 1992, 82.

Das *Bundesverwaltungsgericht*[277] ordnet einen Verweisungsbeschluss auch dann als offensichtlich gesetzwidrig ein, wenn das verweisende Gericht die herkömmlichen Methoden zur Auslegung eines Gesetzestextes, der eine Zuständigkeit normiert, „beiseite“ schiebt. Dieser Rechtsverstoß gewinnt - so das Gericht - noch an Schwere, wenn dieser zu einer Verkürzung des Instanzenzuges für die Parteien führt.

Eine Rechtsprechung des *Bundesgerichtshofs* zur Frage der Bindung einer willkürlichen Verweisung liegt bislang nicht vor. In einer Entscheidung aus dem Jahr 2000 hat es das Gericht ausdrücklich offen gelassen, ob ein solcher willkürlicher Beschluss das Adressatgericht binden kann[278]. In der genannten Entscheidung hat der *Bundesgerichtshof* eine Bindung auch einer nur gesetzwidrigen Verweisung angenommen und auf diese Weise - wenn auch nur indirekt - deutlich gemacht, dass eine bloß gesetzwidrige Verweisung nicht mit einer willkürlichen Entscheidung gleichzusetzen ist.

Aus den zitierten Entscheidungen sowohl des *Bundesverfassungsgerichts* als auch der obersten Gerichtshöfe des Bundes lässt sich eine Tendenz klar herauslesen: Die Ablehnung der Bindungswirkung hat insgesamt auf eng begrenzte Ausnahmefälle beschränkt zu bleiben, da sonst eine Aushöhlung der aufdrängenden Wirkung einer Verweisung droht. Der Aushöhlung versuchen die Gerichte durch eine restriktive Anwendung der Formel „offensichtlich gesetzwidrigen, gleichsam willkürlichen Verweisung“ zu begegnen. Das Korrektiv zu dieser sieht die Rechtsprechung in einer „nur gesetzeswidrigen Verweisung“. Diese restriktive Abgrenzung ist um so wichtiger, als sich die Beteiligten gegen einen Verweisungsbeschluss mit der sofortigen Beschwerde zur Wehr setzen können und schon dadurch eine Korrekturmöglichkeit besteht[279].

C. Die Bindungswirkung bei Irrtum des verweisenden Gerichts

Das *Bundesarbeitsgericht*[280] befasste sich in zwei Entscheidungen mit den Grenzen der aufdrängenden Wirkung eines Verweisungsbeschlusses gemäß § 17 a Absatz 2 Satz 3 GVG. Die Besonderheit dieser Fälle lag in einem Irrtum des zunächst angerufenen Arbeitsgerichts über die Zugehörigkeit des Wohnorts des Beklagten zu einem Gerichtsbezirk[281] bzw. falscher Angaben des Klägers zum

---

277 *BVerwG* NVwZ 1993, 770 (771).
278 *BGH* NJW 2000, 1343 (1344).
279 So auch *Schoch/Schmidt-Aßmann/Pietzner/Ehlers* § 41 § 17 a GVG Rdnr. 15.
280 *BAG* NZA 1994, 959 (960); NZA 1997, 228.
281 *BAG* NZA 1994, 959 (960).

Wohnort des Beklagten[282]. Aufgrund dieses Irrtums erfolgte die Verweisung. Im Bestimmungsverfahren nach § 36 Absatz 1 Nr. 6 ZPO analog argumentierte das *Bundesarbeitsgericht*, auch fehlerhafte Verweisungen würden grundsätzlich Bindung entfalten. Eine Ausnahme gelte lediglich für offensichtlich gesetzwidrige Verweisungen. Ein derartiger Ausnahmefall sei auch dann gegeben, wenn die Verweisung aufgrund eines Irrtums erfolgte. Der Beschluss ist somit für das Adressatgericht nicht bindend, es kann den Rechtsstreit an das zuständige Gericht weiterverweisen. Das *Verwaltungsgericht Bremen*[283] hat dagegen eine Bindungswirkung des ersten Verweisungsbeschlusses auch bei Irrtum des Ausgangsgerichts bejaht. Die Verweisung unterliege nur der Abänderungsmöglichkeit des verweisenden Gerichts selbst, das dadurch seinen Irrtum korrigieren könne. Bei dieser Entscheidung ist zweifelhaft, ob eine Fortführung dieser Rechtsprechung erfolgt, da es sich um einen kurz nach Inkrafttreten der Neuregelung ergangenen Beschluss handelt.

Beiden Entscheidungen lassen sich Einwände entgegenhalten. Zunächst zu der Entscheidung des *Bundesarbeitsgerichts*: Ein Vergleich eines bloßen Irrtums über den Wohnsitz mit einer offensichtlich gesetzwidrigen, gleichsam willkürlichen Verweisung, die dazu hin mit einer Grundrechtsverletzung verbunden ist, wie es das *Bundesarbeitsgericht* annimmt, erscheint etwas überspitzt. Zwar ist der Irrtum des Gerichts für die Beteiligten misslich, gefährdet aber ihre justiziellen Grundrechte nicht so wesentlich, als dass dadurch eine Ablehnung einer Bindungswirkung zu rechtfertigen wäre, zumal die Parteien zum Entstehen des Irrtums ebenfalls beigetragen haben. Der Irrtum über die tatsächlichen Verhältnisse lässt sich eher mit einem Rechtsirrtum über die Zuordnung eines Klagebegehrens vergleichen. In beiden Fällen liegt die Annahme einer bloß gesetzwidrige Verweisung näher als einem irrenden Gericht Willkür vorzuhalten. Die vom *Verwaltungsgericht Bremen* vertretene Korrekturmöglichkeit des irrenden Gerichts begegnet ebenfalls Bedenken. An einer solchen Korrektur mag dem Gericht, das seinen Irrtum erkannt hat, zwar gelegen sein, sie belastet aber den Verfahrensfortgang mit Unwägbarkeiten. Nämlich, erkennt das Gericht seinen Irrtum oder nicht? Falls ja, wird es den Irrtum auch korrigieren? Diese offenen Fragen belasten das weitere Verfahren erheblich, da immer die Gefahr besteht, dass das verweisende Gericht dem empfangenden Gericht das Verfahren durch eine Korrekturentscheidung wieder entzieht. Anstelle dieses Lösungsansatzes ist wieder die Parallele zu einer gesetzwidrigen Verweisung zu ziehen: Hier wie dort irrt das Gericht; zur Korrektur eines Irrtums hat der Gesetzgeber dem verweisenden Gericht aber keine Möglichkeit eingeräumt. Das verweisende Gericht kann sei-

---

282 *BAG* NZA 1997, 228; zustimmend *Germelmann/Matthes/Prütting* § 48 Rdnr. 68.
283 *VG Bremen* NVwZ-RR 1992, 671.

nen Fehler nicht ungeschehen machen, indem es seinen Beschluss „zurücknimmt". Nur den Parteien ist die Möglichkeit an die Hand gegeben, eine Änderung der Sachlage durch Erhebung einer sofortigen Beschwerde herbeizuführen. Diese Entscheidung des Gesetzgebers sollten die Gerichte in Fragen der Fehlerkorrektur respektieren.

D. Fehlerhafte Verweisungen und Prozessrechtsregelungen

Im Fall einer unzutreffenden Verweisung, die nicht gegen die vom *Bundesverfassungsgericht* aufgezeigten Grenzen verstößt, erlangt das Empfangsgericht eine umfassende Prüfungs- und Entscheidungskompetenz gemäß § 17 Absatz 2 Satz 1 GVG bezüglich rechtswegfremder Streitgegenstände. Das *Bundesverwaltungsgericht*[284] führt aus, das Adressatgericht hätte nunmehr die Rechtsschutzfunktion zu übernehmen, die sonst das eigentlich zuständige Gericht wahrnimmt. Da es an einer gesetzlichen Regelung des einzuschlagenden Verfahrens bei einer unrichtigen Verweisung fehle, müsse das Gericht diejenige Verfahrensweise wählen, die innerhalb der eigenen Verfahrensordnung dem Rechtsschutzbegehren des Klägers am meisten entspräche. Findet sich in der jeweiligen Verfahrensordnung keinerlei ähnliche Regelung, ist es nach Ansicht des *Bundesverwaltungsgerichts*[285] im Einzelfall unter Umständen geboten, die Grenzen der Verfahrensordnung zu überschreiten und die Regelungslücke durch die analoge Anwendung fremder Prozessrechtsregelungen zu schließen, um den Betroffenen aus der falschen, aber bindenden Verweisung keinen Nachteil entstehen zu lassen[286].

Das *Bundesverwaltungsgericht* hat in seiner Entscheidung eine sachgerechte Lösung für eine schwierige prozessuale Lage aufgezeigt. Indem das Gericht die Interessen der Parteien und ihren Anspruch auf effektiven Rechtsschutz in den Vordergrund stellt, gelangt es zu einer für alle Beteiligten tragbaren Lösung. Dies sollte jedoch nicht von dem grundsätzlichen Ausgangspunkt ablenken: Die Gerichte haben zunächst die eigene Verfahrensordnung heranzuziehen. Eine Anwendung einer „fremden" Prozessordnung immer schon dann, wenn der Streitgegenstand einem anderen Rechtsweg zugehört, ist nicht sachgerecht, da das Verfahren für die Parteien unüberschaubar würde und sie ihren prozessualen Pflichten (etwa hinsichtlich der Beibringung) nur schwer gerecht werden könnten. Im übrigen bietet die Anwendung der eigenen Verfahrensordnung auch eine hinreichende Sicherheit für ein fehlerfreies Verfahren, das letztlich der tatsächlichen

---

284 *BVerwG* NJW 1967, 2128 (2130).
285 *BVerwG* NJW 1967, 2128 (2130).
286 *BGH* DtNotZ 1991, 686 (687; 689).

Rechtsdurchsetzung zu gute kommt. Dann und nur dann, wenn die Verfahrensordnung keine angemessene Ausgestaltung des Verfahrens gewährleisten kann und damit zu einer Vereitelung des durchzusetzenden prozessualen Anspruchs führen würde, ist ein Ausweichen auf fremde Verfahrensregelungen im Einzelfall angebracht; in der Weise, dass ergänzend einzelne Normen der anderen Prozessordnung Anwendung finden[287]. Eine allgemein gültige Regel aufzustellen, welches Verfahren das unzuständige Gericht strikt anzuwenden hat, ist angesichts der Vielzahl der denkbaren Konstellationen und Verfahrensregelungen aber nicht möglich. Eine derart starre Regelung könnte den Belangen der Parteien im Einzelfall nicht immer Rechnung tragen. Eine flexible Anwendung von passendem Verfahrensrecht ist im Einzelfall sicher nicht immer einfach und kann prozessuale Unwägbarkeiten mit sich bringen, dient aber einer effizienten Streitbeilegung mehr als ein allzu starres Festhalten an der eigenen Verfahrensordnung, trägt den Interessen der rechtssuchenden Parteien Rechnung und stellt die Rechtssicherheit, die die Anwendung der eigenen Verfahrensregelungen gewährleistet, sicher.

E. Weiterverweisung innerhalb des Rechtsweges trotz Rechtswegverweisung

Ausgangspunkt des Spannungsfeldes zwischen der Bindungswirkung einer Verweisung einerseits und einer Weiterverweisung innerhalb eines Rechtsweges andererseits ist in der Rechtsprechung[288] der Grundgedanke, eine Entscheidung binde nur insoweit, als sie ihrem objektiven Inhalt nach binden wolle. Um den Umfang der Bindungswirkung in diesem Fall zu ermitteln, kommt es also darauf an, welche Zuständigkeitsarten das verweisende Gericht geprüft und bejaht hat. Hat das Gericht z. B. die örtliche Zuständigkeit festgestellt, kann aufgrund fehlender sachlicher Zuständigkeiten eine Weiterverweisung erfolgen. Für das neue Recht hinsichtlich des Rechtsweges kann nichts anderes gelten. Das bedeutet einen Ausschluss der Weiterverweisung in einen dritten Rechtsweg durch die Regelung in § 17 a Absatz 2 Satz 3 GVG. Demgegenüber ist aber eine Verweisung an ein anderes Gericht innerhalb desselben Rechtsweges trotz Vorliegen einer Rechtswegverweisung weiterhin möglich. Grund dafür ist der unterschiedliche Verfahrensgegenstand in den jeweiligen Beschlüssen. In dem Beschluss über den Rechtsweg hat das Gericht nur die Richtigkeit des eingeschlagenen Rechtsweges geprüft und keinen bindenden Ausspruch über die sachliche und örtliche Zustän-

---

287 Anders *Deckers*, ZZP 110, S. 341 (347), der in Fällen umfassender Entscheidungskompetenz ausnahmslos die eigene Verfahrensordnung des Gerichts angewendet wissen will.

288 *BAG* NJW 1993, 1878 (1879).

digkeit treffen wollen. Die Weiterverweisung innerhalb des Rechtsweges hat in entsprechender Anwendung[289] des § 17 Absatz 2 Satz 1 GVG zu erfolgen[290], soweit keine Spezialregelungen in den jeweiligen Prozessordnungen (wie in § 281 ZPO) vorgesehen sind. Umgekehrt ist es möglich, den Rechtsstreit an das Gericht eines anderen Rechtsweges weiterzuverweisen, wenn zuvor eine Verweisung innerhalb des Rechtsweges wegen sachlicher oder örtlicher Unzuständigkeit erfolgte[291].

Die Möglichkeit der Weiterverweisung aufgrund sachlicher oder örtlicher Unzuständigkeit besteht auch dann, wenn die Rechtswegverweisung im Rahmen eines Bestimmungsverfahrens nach § 36 Absatz 1 Nr. 6 ZPO analog ergangen ist. Es besteht in diesem Fall nach Ansicht des *Bundesarbeitsgerichts*[292] kein Grund, diesem Beschluss eine weiterreichende Bindung zuzubilligen, als es der Gesetzgeber in § 17 a Absatz 2 Satz 3 GVG vorsieht. Würde man nämlich eine Bindung auch hinsichtlich der sachlichen und örtlichen Zuständigkeit annehmen, wären die Parteien an diesbezügliche Fehler im Verweisungsbeschluss bezüglich des Rechtsweges im Rahmen des Bestimmungsverfahrens nach § 36 Absatz 1 Nr. 6 ZPO analog gebunden.

Aus der Reichweite der Bindungswirkung eines Verweisungsbeschlusses ergeben sich für die Betroffenen Einschränkungen auch hinsichtlich der Rechtsmittel gegen die Verweisung. Nach dem *Bundesarbeitsgericht*[293] kann eine Partei eine sofortige Beschwerde gegen eine Rechtswegentscheidung im Rahmen von § 17 a Absatz 4 Satz 3 GVG nur auf die unrichtige Beurteilung des Rechtsweges durch das verweisende Gericht stützen. Die Partei kann die sofortige Beschwerde dagegen nicht damit begründen, das Gericht hätte den Rechtsstreit an ein anderes Gericht des zulässigen Rechtsweges verweisen müssen: Das verweisende Gericht ist gar nicht in der Lage, seiner Entscheidung auch in Bezug auf die sachliche und örtliche Zuständigkeit innerhalb des anderen Rechtsweges eine Bindungswirkung zu verleihen. Der Betroffene ist in diesem Fall gezwungen, die sachliche oder örtliche Unzuständigkeit vor dem Adressatgericht zu rügen und gegebenenfalls einen entsprechenden Verweisungsantrag zu stellen. Sollte das Adressatgericht dann die Ansicht des Betroffenen teilen, kann es innerhalb des Rechtszuges eine Verweisung an das sachlich oder örtlich zuständige Gericht veranlassen. Das *Landesarbeitsgericht Düsseldorf*[294] fügt dieser Argumentation einen weiteren

---

289 Vgl. § 83 Satz 2 VwGO, § 48 Absatz 1 Nr. 1 ArbGG, § 70 Satz 2 FGO und § 98 Satz 2 SGG.

290 *OLG Karlsruhe* MDR 1995, 88.

291 *BAG* NZA 1994, 478.

292 *BAGE* 70, 374 (380).

293 *BAG* NJW 1996, 742.

294 *LAG Düsseldorf* MDR 1994, 282 (283).

Gesichtspunkt hinzu, indem es ausführt, eine sofortige Beschwerde allein aufgrund der sachlichen, örtlichen oder funktionellen Zuständigkeit ist dem Gedanken der Verfahrensbeschleunigung nicht angemessen, wenn zugleich eine Weiterverweisung innerhalb des Rechtsweges möglich ist.

XIV. Aussetzung des Hauptsacheverfahrens bei positiver Vorabentscheidung

Fraglich ist die Vorgehensweise des Gerichts hinsichtlich des Hauptsacheverfahrens, wenn es eine positive Vorabentscheidung trifft, gegen die Rechtsmittel nach § 17 a Absatz 4 GVG eingelegt sind. In den § 17 ff. GVG fehlt eine besondere Regelung über die Aussetzung des Verfahrens in der Hauptsache bis zur Beendigung des Beschwerdeverfahrens. Bei einer Weiterführung des Hauptsacheverfahrens vor Eintritt der Rechtskraft des Vorabbeschlusses kann eine Situation entstehen, in der das erstinstanzliche Gericht eine Entscheidung in der Hauptsache trifft, aber das Beschwerdegericht nachträglich die Unzulässigkeit des Rechtsweges feststellt. Um diesen Widerspruch zu vermeiden, hält das *Bundesarbeitsgericht*[295] eine Aussetzung des Rechtsstreits in der Hauptsache durch das Gericht erster Instanz gemäß § 148 ZPO bis zum Abschluss des Beschwerderechtszuges für geboten.

Die Literatur bejaht die Notwendigkeit einer Unterbrechung einheitlich. *Kissel*[296], *Albers*[297] und *Schreiber*[298] sehen wie das *Bundesarbeitsgericht* eine Aussetzung als zwingend notwendig an. Eine andere Ermessensentscheidung des Gerichts erscheint den Autoren fehlerhaft, vor allem da aufgrund der nur befristeten Beschwerdemöglichkeiten eine erhebliche Verfahrensverzögerung in der Hauptsache nicht zu erwarten sei. *Gummer*[299] dagegen verneint eine Pflicht zur Aussetzung und hält ein bloßes Abwarten des Gerichts bis zur Rechtskraft der Vorabentscheidung für ausreichend. Erfolgt keine Aussetzung durch das Gericht, schlägt *Kissel*[300] vor, gegen die Nichtaussetzung Beschwerde gemäß § 252 ZPO einzulegen.

Dem *Bundesarbeitsgericht* ist im Ausgangspunkt seiner Überlegungen zuzustimmen; das Gericht, das die positive Rechtswegentscheidung getroffen hat, darf jedenfalls vor Rechtskraft des Beschlusses keine Entscheidung in der Hauptsache

295 *BAG* NZA 1992, 954 (956).
296 *Kissel* NZA 1995, 345 (347).
297 *Baumbach/Lauterbach/Albers* § 17 a GVG Rdnr. 13.
298 *Wieczorek/Schütze/Schreiber* § 17 a GVG Rdnr. 17.
299 *Zöller/Gummer* § 17 a GVG Rdnr. 8.
300 *Kissel* NZA 1995, 345 (347).

treffen. Allerdings ist die Annahme einer im Gesetz nicht normierten Pflicht zur ausdrücklichen Aussetzung des Verfahrens, die die Parteien mit einer Beschwerde einfordern können, nicht zwingend. Entscheidend ist das Ergebnis, das heißt ein tatsächliches Abwarten des Gerichts bis zur endgültigen Entscheidung über den Rechtsweg. Ob das Gericht das Verfahren dabei formal aussetzt oder es beim bloßen Abwarten belässt, ist nicht wesentlich. Ein richterliches Ermessen, das individuell entscheidet, ob ein bloßes Ruhen des Verfahrens ausreicht oder ob eine ausdrückliche Anordnung dem Einzelfall angemessen ist, führt ebenso zum Ziel und hat den Vorteil, keine Pflicht zur formalen Aussetzung konstruieren zu müssen, einschließlich der Rechtsmittel, um diesen Anspruch durchsetzen zu können. Allerdings, und das ist *Kissel* zuzugeben, ist bei einer formellen Aussetzung gemäß § 148 ZPO, § 94 VwGO, § 74 FGO und § 114 SGG eine größere Rechtssicherheit und Rechtsklarheit gewährleistet.

Zur Frage der Aussetzung bei einer Verweisung findet sich keine Rechtsprechung. Allerdings legt § 17 b Absatz 1 Satz 1 GVG für diesen Fall den Eintritt der Anhängigkeit des Rechtsstreits auf den Zeitpunkt, in dem der Verweisungsbeschluss Rechtskraft erlangt. Das Adressatgericht kann also der Rechtswegentscheidung, die im Beschwerdeverfahren ergeht, nicht vorgreifen. Eine Divergenz zwischen Hauptsacheentscheidung und Rechtswegentscheidung tritt nicht ein. Das verweisende Gericht andererseits hält sich für unzuständig. Es wird ebenfalls keine Hauptsacheentscheidung treffen.

XV. Rechtsmittelfragen im Rahmen des § 17 a Absatz 4 GVG

A. Fristen im Rahmen des § 17 a Absatz 4 GVG

§ 17 a Absatz 4 Satz 3 GVG eröffnet dem Betroffenen die Möglichkeit, gegen eine Entscheidung bezüglich des Rechtsweges eine sofortige Beschwerde nach den allgemeinen Regelungen der jeweiligen Prozessordnung zu erheben. Folglich gelangen Zustellungs- und Fristenregelungen der einzelnen Prozessordnungen zur Anwendung. Für den Zivilrechtsweg und den Rechtsweg zu den Arbeitsgerichten gilt eine Zustellungspflicht für Beschlüsse über den Rechtsweg gemäß § 329 Absatz 2 ZPO und § 329 Absatz 3 ZPO[301]. Das *Bayerische Oberste Landesgericht*[302] hat sich mit der Frage beschäftigt, welche Fristen für die sofortige Beschwerde gegen Rechtswegentscheidungen einzuhalten sind, falls die notwendige Zustellung unterblieben ist. Ausgangspunkt ist dabei die folgende Überlegung:

301 *BAGE* 70, 374 (376).
302 *BayObLG* NJW-RR 1992, 597.

Einerseits kann eine lediglich formlose Mitteilung des Beschlusses die Frist der sofortigen Beschwerde nicht in Gang setzen. Andererseits kann eine Anfechtung des Beschlusses auch nicht ohne jegliche zeitliche Begrenzung erfolgen. Das *Bayerische Oberste Landesgericht* stellt bei der Problemlösung darauf ab, ob eine Verkündung des Beschlusses gemäß § 329 Absatz 1 Satz 1 ZPO erfolgt ist oder gemäß § 17 a Absatz 4 Satz 1 GVG unterbleiben konnte. Im ersten Fall soll nach Ansicht des Gerichts die Regelung des § 516 ZPO, wonach die Berufungsfrist spätestens mit dem Ablauf von fünf Monaten nach der Verkündung des Urteils beginnt, auf Beschlüsse über den Rechtsweg analog Anwendung finden[303], da eine Heranziehung von berufungsrechtlichen Verfahrensbestimmungen wie z. B. § 516 ZPO im Beschwerdeverfahren einer allgemein anerkannten Rechtsansicht entspricht. Auch im zweiten Fall, bei dem eine Verkündung des mit der sofortigen Beschwerde anfechtbaren Beschlusses zwar nicht erfolgt ist, das Gericht die Entscheidung aber formlos mitgeteilt hat[304], können die Richter keine Gründe zu erkennen, § 516 ZPO für den Fall nicht ebenfalls entsprechend anzuwenden: Zwar sei der Fristbeginn bei einer formlosen Mitteilung mitunter nicht zuverlässig feststellbar, dies stehe aber einer Anwendung des § 516 ZPO nicht entgegen.

B. Die Erforderlichkeit einer Beschwer bei der sofortigen Beschwerde

Das Schrifttum diskutiert die Erforderlichkeit einer Beschwer für das Rechtsmittel nach § 17 a Absatz 4 Satz 3 GVG gegen eine Vorabentscheidung kontrovers. Einigkeit besteht darüber, mindestens auf Klägerseite eine formelle Beschwer zu fordern[305]. Diese liegt für den Kläger im Erlass eines Verweisungsbeschlusses gemäß § 17 a Absatz 2 Satz 1 GVG. Die formelle Beschwer kann sich für den Kläger aber auch aus dem Erlass eines positiven Beschlusses über den Rechtsweg ergeben, wenn er den Rechtsweg ausdrücklich gemäß § 17 a Absatz 3 Satz 2 GVG gerügt hat. Der Kläger hat durch die Klageerhebung vor dem Erstgericht den Anschein gegeben, den eingeschlagenen Rechtsweg für zutreffend zu erachten und durch die nachträgliche Rüge die Änderung seiner Rechtsansicht kundgetan. Einen Widerspruch zum eigenen prozessualen Verhalten hat der *Bun-*

303 So auch das *Bundesarbeitsgericht* in NZA 1996, 1175 (1176). Allerdings beginnt nach Ablauf der fünf Monate nicht die zweiwöchige Beschwerdefrist, sondern die einjährige Frist nach § 9 Absatz 5 Satz 4 ArbGG, wenn in der arbeitsgerichtlichen Vorabentscheidung eine Rechtsmittelbelehrung fehlt.

304 *BAGE* 70, 374 (378); *OLG Koblenz* FamRZ 1991, 100 (101).

305 Münchener Kommentar ZPO-*Wolf* § 17 a GVG Rdnr. 32; *Wieczorek/Schütze/Schreiber* § 17 a GVG, Rdnr. 22.

desgerichtshof[306] dabei nicht erkennen können. In dem entschiedenen Fall hielten die Kläger den Rechtsweg zu den Arbeitsgerichten für gegeben und hatten demgemäß Klage zum Arbeitsgericht erhoben. Sie nahmen die Klage jedoch zurück, als das angerufene Arbeitsgericht im Verfahrensverlauf die ordentlichen Gerichte für zuständig hielt. In der von den Klägern nunmehr vor einem ordentlichen Gericht erhobenen Klage versuchten sie, ihre Rechtsauffassung hinsichtlich der Zuständigkeit der Arbeitsgerichte in einem Verfahren nach § 17 a GVG durchzusetzen. Dieses Verhalten der Kläger sieht der *Bundesgerichtshof* zu Recht als legitim an und gesteht ihnen zu, den von vornherein angestrebten Rechtsweg gemäß § 17 a GVG durchzusetzen. Auf Seiten des Beklagten liegt eine formelle Beschwer vor, wenn er die Zuständigkeit des Gerichts rügt und das Gericht entgegen der Rüge eine positive Vorabentscheidung trifft. Eine solche formelle Beschwer lässt sich beim Beklagten aber dann nicht feststellen, wenn eine derartige Rüge unterbleibt. *Wolf*[307] meint, ein Beklagter könne durch eine Vorabentscheidung nur dann beschwert sein, wenn er sich in der Anhörung erkennbar gegen den Beschluss ausgesprochen habe. Das *Landesarbeitsgericht Berlin*[308] schließt sich dem an: Die Anhörungspflicht soll es dem Gericht ermöglichen, die Ansichten der Parteien in seine Erwägungen aufzunehmen. Nimmt der Beklagte nicht Stellung, kann das Gericht nicht von einem Widerspruch des Beklagten gegen die Verweisung ausgehen. Erhebt er die Bedenken erstmals im Rahmen des Beschwerdeverfahrens, liege eine Diskrepanz zwischen der gerichtlichen Erstentscheidung und dem erkennbaren Willen des Beklagten bei Erlass der Entscheidung nicht vor. Das Gericht verweist auf die Möglichkeit einer zeitlichen Verzögerung, die der Gesetzgeber durch die Normierung einer Anhörungspflicht, die dazu dient, dem erstinstanzlichen Gericht eine rasche und umfassende Entscheidung unter Berücksichtigung der Argumente der Parteien zu ermöglichen, im ersten Rechtszug insbesondere vermeiden wollte. Das Landesarbeitsgericht formuliert demnach für die Zulässigkeit einer sofortigen Beschwerde das Erfordernis einer eingeschränkten „formellen" Beschwer auf Seiten des Beklagten. Diese Sichtweise führt aber, so einsichtig sie auf den ersten Blick wirken mag, zu unbefriedigenden Ergebnissen. Zunächst stellt sich schon die Frage, wie die Rüge des Beklagten beschaffen sein soll, um ihm die Möglichkeit, Rechtsmittel ergreifen zu können, zu erhalten. Genügt dabei für die Erfüllung der Obliegenheit jede erkennbare Unzufriedenheit mit den Äußerungen des Klägers oder des Gerichts zum Rechtsweg? Oder ist ein substantiierter Vortrag nötig, eine ausdrückliche Rüge, sei es in einem Schriftsatz, sei es in einem Verhandlungs-

---

306 *BGH* NJW 1998, 909.
307 Münchener Kommentar ZPO-*Wolf* § 17 a GVG Rdnr. 32.
308 *LAG Berlin* LAGE § 17 a GVG Nr. 4.

termin? Auch die Konsequenzen einer „Obliegenheit“ scheint das Gericht nicht ausreichend abgewogen zu haben. Der Beklagte hat, will er seines Beschwerderechts nicht verlustig gehen, stets zu rügen, gleichsam vorbeugend, auch wenn er zum Zeitpunkt der Anhörung unter Umständen noch keine klaren Vorstellungen über die Zulässigkeit des Rechtsweges hat und lieber zunächst die Begründung der Rechtswegentscheidung des Gerichts abwarten würde, um sich eine fundierte Meinung bilden zu können. Durch die aufgezwungene Präventivrüge ist darüber hinaus eine Verkürzung der Rechtsmittelfristen nicht von der Hand zu weisen; der Beklagte soll, wie der Kläger auch, durch die Fristen, die ihm der Gesetzgeber bei der sofortigen Beschwerde einräumt, hinreichend Zeit zur Verfügung haben, um sich mit den Argumenten, die das Gericht in dem Beschluss darlegt, auseinandersetzen zu können. Diese Zeit ist ihm genommen, wenn er einer Rügeobliegenheit zu genügen hat, weil er sich sofort entscheiden muss, ob ein späteres Rechtsmittel erfolgreich sein wird oder nicht. Des Weiteren blieben Zweifel am Rechtsweg, die sich bei dem Beklagten erst bei der Lektüre der Entscheidungsgründe ergeben, vollkommen unberücksichtigt. Dieser Sinneswandel wäre dann verspätet. Auch finden sich für eine Rügeobliegenheit des Beklagten im Gesetzeswortlaut keine Anhaltspunkte. Sollte der Gesetzgeber eine engere Verknüpfung von Anhörung und Rechtsmittelberechtigung gewollt haben, hätte er das deutlich zum Ausdruck bringen können. Schließlich würde das Gericht ein bloßes Schweigen des Beklagten zu einem Zwischenverfahren überbewerten, wollte es daraus eine Zustimmung zu seiner Erörterung in der Anhörung lesen. Insgesamt bleibt es dabei: Die Annahme einer Rügeobliegenheit, verbunden mit einer „Verwirkung“ der Beschwerdemöglichkeit berücksichtigt die Belange des Beklagten zu wenig; die Einschränkung seiner Rechte ist angesichts eines in den meisten Fällen nur geringen Zeitgewinns im Rechtswegverfahren nicht angemessen. Die Erweiterung der bloßen Gelegenheit zur Äußerung in eine Obliegenheit des Beklagten zur Äußerung entspricht dann auch nicht dem Sinn und Zweck der Neuregelung, eine möglichst frühzeitige und umfassende Klärung der Rechtswegfrage zu erzielen, denn dies sollte nicht zu Lasten eines Verfahrensbeteiligten gehen. Eine sinnvolle Lösung besteht darin, dem Beklagten eine Meinungsänderung zu ermöglichen und ihm auch dann die Beschwerdemöglichkeit offen zu halten, wenn er sich bei der Anhörung nicht oder nicht hinreichend äußert oder erst die Entscheidung des Gerichts abwarten wollte, ehe er sich eine eigene Meinung bildet.

C. Die Besetzung des Gerichts im Beschwerdeverfahren

Eine Entscheidung über eine sofortige Beschwerde gemäß § 17 a Absatz 4 GVG trifft nach Ansicht des *Landesarbeitsgerichts Köln*[309] der Vorsitzende allein, wenn diese ohne mündliche Verhandlung ergeht. Eine Entscheidung der Kammer insgesamt ist nach Ansicht des Gerichts nicht notwendig, da die Vorschrift des § 48 Absatz 1 Nr. 2 ArbGG, die eine Pflicht zur Entscheidung durch die ganze Kammer normiert, nur für das Verfahren im ersten Rechtszug gilt[310]: Es existiere kein allgemeiner Rechtssatz, wonach über eine Beschwerde gegen Beschlüsse, die in der ersten Instanz durch die Kammer zu treffen seien, auch in der Beschwerdeinstanz von der Kammer zu entscheiden sei[311]. Das Landesarbeitsgericht wendet die Regelungen des § 64 Absatz 7 ArbGG und des § 53 Absatz 1 Satz 1 ArbGG analog an. Das *Landesarbeitsgericht Köln* befindet sich mit seiner Entscheidung in Übereinstimmung mit der Rechtsprechung des *Bundesarbeitsgerichts*[312].

Bei einer Entscheidung über die weitere sofortige Beschwerde gemäß § 17 a Absatz 4 Satz 4 GVG wirken die ehrenamtlichen Richter nicht mit. Dies gilt nach Meinung des *Bundesarbeitsgerichts*[313] jedenfalls für die Fälle, in denen eine Entscheidung ohne mündliche Verhandlung erfolgt. Das *Bundesarbeitsgericht* begründet den Ausschluss der ehrenamtlichen Richter mit einer analogen Anwendung des § 72 Absatz 6 ArbGG in Verbindung mit § 53 Absatz 1 Satz 1 ArbGG[314].

---

309 *LAG Köln* NZA 1992, 764 (765).

310 Eine Alleinentscheidungskompetenz des Vorsitzenden für die Beschlüsse gemäß § 17 a Absatz 2 und Absatz 3 GVG ergibt sich auch nicht aus § 55 Absatz 3 ArbGG. Diese Regelung setzt ein Eintreten einer Verfahrensbeendigung nach der Alleinentscheidung des Vorsitzenden voraus. Diese Folge tritt aber bei einem Beschluss gemäß § 17 a Absatz 2 und Absatz 3 GVG nicht ein, da das Verfahren selbst bei einer Verweisung gemäß § 17 a Absatz 2 GVG weiterhin rechtshängig bleibt und lediglich vor den Arbeitsgerichten beendet ist.

311 *LAG Köln* NZA 1992, 139 (140).

312 *BAGE* 72, 84 (87).

313 *BAGE* 72, 84 (86); *BAG* NJW 1994, 604.

314 So auch das *Bundessozialgericht* in *BSGE* 79, 80 (81) unter Hinweis auf § 12 Absatz 1 Satz SGG in Verbindung mit § 165 SGG und § 153 Absatz 1 SGG; bezüglich der übrigen Gerichtsbarkeiten liegt zur Besetzung im Beschwerdeverfahren keine Rechtsprechung vor.

D. Unvollständige Tenorierung im Verweisungsbeschluss

Das *Landesarbeitsgericht Frankfurt am Main*[315] hatte zu entscheiden, ob gegen einen Beschluss des *Arbeitsgerichts Marburg*, der nur den Rechtsweg zu den Arbeitsgerichten verneinte, aber keine Verweisung in den richtigen Rechtsweg vornahm, eine sofortige Beschwerde nach § 17 a Absatz 4 Satz 3 GVG statthaft ist. Dies hat das Landesarbeitsgericht mit der Begründung bejaht, das Arbeitsgericht habe das Nichtvorliegen des eingeschlagenen Rechtsweges nur unvollkommen zum Ausdruck gebracht. Dabei handele es sich um einen Verfahrensfehler, den die Parteien beanstanden könnten. Diesem Lösungsansatz ist zuzustimmen. Anderenfalls könnte der Kläger einerseits in dem von ihm gewählten Rechtsweg keine Entscheidung in der Sache erlangen, da sich das Gericht aufgrund des eigenen Beschlusses daran gehindert sieht, andererseits aber könnte er auch in einem anderen Rechtsweg zu keiner Entscheidung gelangen, da es an der Verweisung im Tenor fehlt und insoweit die Rechtshängigkeit bestehen bleibt.

Das *Oberlandesgericht Zweibrücken*[316] behebt die unvollständige Tenorierung als zuständiges Beschwerdegericht selbst und verweist einen Rechtsstreit, in dem die Kammer für Handelssachen eines Landgerichts zwar eine Entscheidung über die Unzulässigkeit des Rechtswegs getroffen hat, aber die Verweisung nur angekündigt hat, selbst an das zuständige Sozialgericht. Diese Lösung, die von einer Zurückverweisung an das Landgericht zur Vervollständigung des Beschlusses absieht, trägt der Tatsache Rechnung, dass das Beschwerdegericht im Beschwerdeverfahren die volle Sachentscheidungskompetenz über die Rechtswegfrage erhält und eine Verweisung kraft eigener Kompetenz anordnen kann. Zugleich sind mit der Vorgehensweise des Oberlandesgerichts die Interessen der Parteien, denen an einer raschen Klärung der Rechtswegfrage gelegen ist, gewahrt.

Der *Verwaltungsgerichtshof München*[317] hatte sich mit den Folgen einer zivilgerichtlichen Entscheidung ohne Verweisung zu befassen. Ein Amtsgericht lehnte durch Beschluss den Erlass einer einstweiligen Verfügung ab und führte dazu in den Gründen die Nichteröffnung des Rechtsweges an. Eine Verweisung sprach das Amtsgericht nicht aus; ob diese unterblieb, weil das Gericht diesen Teil des Tenors schlicht vergessen hat oder es eine Verweisung im vorläufigen Rechtsschutz generell für unzulässig hielt, ist nicht geklärt. Das nunmehr vom Antragsteller angerufene Verwaltungsgericht erklärte den Verwaltungsrechtsweg für unzulässig und sprach eine Verweisung an das Amtsgericht, das der An-

---

315 *LAG Frankfurt am Main* LAGE § 48 ArbGG 1979 Nr. 4.
316 *OLG Zweibrücken* NJW 1999, 875 (876).
317 *VGH München* NJW 1999, 3211.

tragsteller zuvor erfolglos angerufen hatte, aus. Der Verwaltungsgerichtshof als zuständiges Beschwerdegericht verneint die Zulässigkeit einer Verweisung an das Amtsgericht. Dieses habe sich bereits - wenn auch nur in den Gründen - für unzuständig erklärt. Zwar konnte nach Meinung des Verwaltungsgerichtshofs mangels eigener Verweisung des Amtsgerichts eine aufdrängende Bindungswirkung durch § 17 a Absatz 2 Satz 3 GVG nicht eintreten; eine abdrängende Wirkung sprechen die Richter der Entscheidung des Amtsgerichts trotz fehlender Verweisung aber nicht ab, da nur eine fehlerhafte Entscheidung, nicht aber eine „Nichtentscheidung" vorliegt. Das Gericht geht also von einer Pflicht zur Beachtung auch der fehlerhaften Entscheidung aus, jedenfalls soweit die fehlerhafte Entscheidung reicht. Die fehlerhafte Entscheidung des Amtsgerichts reicht jedenfalls bis zur Ablehnung des Rechtswegs der ordentlichen Gerichte. Dadurch war dem Verwaltungsgericht eine „Zurückverweisung" versperrt. Mit dieser Handhabung der Situation hat der *Verwaltungsgerichtshof München* dem Willen des Gesetzgebers, Rechtswegstreitigkeiten im Interesse der Parteien frühzeitig und möglichst endgültig zu klären, soweit wie möglich Rechnung getragen. Dem Gericht ist es gelungen, das Versehen (oder die bewusste Nichtentscheidung) des Amtsgerichts zu korrigieren und den Weg zu einer Sachentscheidung freizumachen. Der Rechtsstreit zeigt darüber hinaus noch einmal deutlich, warum eine Rechtswegentscheidung nach §§ 17 ff. GVG auch im vorläufigen Rechtsschutz ihre Berechtigung hat. Der Antragsteller sieht sich anderenfalls einer unter Umständen mehrmaligen Weiterverweisung seines Antrags ausgesetzt, ohne die eigentlich begehrte, rasche Sachentscheidung erlangen zu können; schon um diese für alle Beteiligten unbefriedigende Lage zu vermeiden, sollten die Gerichte von der Verweisungsmöglichkeit auch in Eilverfahren Gebrauch machen.

E. Die weitere Beschwerde und die Nichtzulassungsbeschwerde

§ 17 a Absatz 4 Satz 4 GVG sieht eine weitere sofortige Beschwerde gegen eine Rechtswegentscheidung eines oberen Landesgerichts nur vor, wenn sie in dem Beschluss ausdrücklich zugelassen ist. Der *Bundesgerichtshof* ist an die Zulassung der weiteren Beschwerde durch das Oberlandesgericht gebunden. Er prüft nicht nach, ob die Zulassung zu Recht erfolgte. Darüber hinaus ist der Beschwerdeführer bei der weiteren Beschwerde nicht genötigt, einen neuen selbständigen Beschwerdegrund geltend zu machen. Dies wäre auch nutzlos, da der *Bundesgerichtshof* ohnehin gemäß § 17 a Absatz 4 Satz 6 GVG an die Zulassung gebunden ist[318]. Eine Zulassung kann auch dann erfolgen, wenn die Entscheidung des obe-

318 *BGHZ* 120, 198 (199).

ren Landesgerichts nicht von der Vorabentscheidung der ersten Instanz abweicht, sondern diese inhaltlich voll bestätigt[319].

Die Rechtsprechung hat sich mit der Frage beschäftigt, ob für die Betroffenen im Fall der Nichtzulassung der Beschwerde ein Rechtsmittel offen steht. Das *Bundesverwaltungsgericht*[320] lehnt dies aus nachvollziehbaren Gründen ab. Eine derartige, der Nichtzulassungsbeschwerde nach § 133 Absatz 1 VwGO ähnliche Beschwerde ist in § 17 a Absatz 4 GVG nicht vorgesehen. Aus der Amtlichen Begründung[321] ergibt sich zudem die Absicht des Gesetzgebers, kein Rechtsmittel gegen die Nichtzulassung einer weiteren Beschwerde schaffen zu wollen. Diese Beschwerde wäre im Interesse der Verfahrensbeschleunigung auch unzweckmäßig. Deshalb geht - so das *Bundesverwaltungsgericht* - § 17 a Absatz 4 Satz 4 GVG als lex specialis der Regelung des § 133 Absatz 1 VwGO vor. Auch ein Verstoß gegen die in § 17 a Absatz 4 Satz 5 GVG normierte Zulassungspflicht eröffnet nach Ansicht des Gerichts kein Rechtsmittel: Insoweit beschränke § 152 Absatz 1 VwGO die zulässigen Beschwerden, da dort § 17 a Absatz 4 Satz 5 GVG nicht genannt sei. Verfassungsrechtliche Bedenken bestehen ebenfalls nicht. Die Versagung von Rechtsmitteln verstößt weder gegen Art. 19 Absatz 4 GG oder Art. 103 Absatz 1 GG noch gegen das Rechtsstaatsprinzip. Aus diesen Grundsätzen lässt sich ein Anspruch auf eine weitere richterliche Instanz, wie sie die Nichtzulassungsbeschwerde eröffnen würde, nicht herleiten. Auch aus dem Grundsatz der Sicherung der Einheitlichkeit der Rechtsprechung ergibt sich nicht zwingend die Pflicht des Gesetzgebers zur Einführung von weiteren Rechtsbehelfen. Es steht dem Gesetzgeber frei, dies ausschließlich von einer Zulassung abhängig zu machen. Das *Bundesarbeitsgericht*[322] vertritt ebenfalls diese Ansicht. Dabei weist es auf die Regelung des § 78 Absatz 2 ArbGG hin, die eine derartige Beschwerdemöglichkeit nicht eröffnet. Eine weitere Beschwerde an das *Bundesarbeitsgericht* finde nach dem Wortlaut der Norm „außer in den Fällen des § 17 a Absatz 2 und Absatz 3 GVG" nicht statt.

F. Besonderheiten im Wohnungseigentumsverfahren

Das *Bayerische Oberste Landesgericht*[323] eröffnet den Beteiligten gegen einen Verweisungsbeschluss des Amtsgerichts im Wohnungseigentumsverfahren nach erfolgloser sofortiger Beschwerde die weitere sofortige Beschwerde gemäß § 45

---

319 *BGHZ* 120, 198 (200).
320 *BVerwG* NVwZ 1994, 782.
321 BT-Drucks 11/7030 Seite 38.
322 *BAG* NJW 1994, 2110.
323 *BayObLG* MDR 1996, 95.

Absatz 1 WEG. Zwar sei die Regelung des § 17 a GVG im Rahmen des § 46 WEG ergänzend heranzuziehen, dies führe aber nicht zu einer Verkürzung des Rechtsweges nach dem Wohnungseigentumsgesetz. Aus § 17 a Absatz 4 GVG ergebe sich die Zulassung einer sofortigen Beschwerde nach den Vorschriften der jeweils anzuwendenden Verfahrensordnung. Im Wohnungseigentumsverfahren ist die weitere sofortige Beschwerde gemäß § 45 Absatz 1 WEG zulässig. Die Zulassungsregelungen in § 17 a Absatz 4 Satz 4 bis Satz 6 GVG berühren nach Ansicht des *Bayerischen Obersten Landesgerichts* die Zulässigkeit der weiteren sofortigen Beschwerde nach dem Wohnungseigentumsgesetz nicht, da die Regelungen des § 17 a GVG ersichtlich nicht die Frage betreffen, ob gegen die Entscheidung des Landgerichts als Beschwerdegericht im Verfahren der freiwilligen Gerichtsbarkeit die weitere Beschwerde statthaft ist.

G. Besonderheiten im sozialgerichtlichen Verfahren

Vor den Sozialgerichten ist das in § 17 a Absatz 4 GVG geregelte Beschwerdeverfahren durch zwei auf dem Sozialgerichtsgesetz beruhende Sonderfragen belastet.

1. Das Fehlen einer sofortigen Beschwerde im Sozialgerichtsgesetz

Die erste Besonderheit beruht auf dem Fehlen der in § 17 a Absatz 4 Satz 3 GVG erwähnten sofortige Beschwerde im Sozialgerichtsgesetz. Das *Bundessozialgericht*[324] wendet als Ersatz für diese sofortige Beschwerde die Beschwerde nach § 172 SGG an. Hinsichtlich der Beschwerdefrist findet - so das Gericht - die Regelung des § 173 SGG sowohl für die sofortige als auch für die weitere sofortige Beschwerde Anwendung. Eine analoge Anwendung der Regelungen der Zivilprozessordnung lehnt das Gericht ab, da nach § 17 a Absatz 4 Satz 3 GVG die Vorschriften der jeweils anzuwendenden Verfahrensordnung gelten sollen, mithin das Sozialgerichtsgesetz im Rahmen der Sozialgerichtsbarkeit. Die Beschwerdefrist beträgt im sozialgerichtlichen Verfahren also einen Monat.

2. Das Abhilfeverfahren

In der genannten Entscheidung[325] haben das Landessozialgericht und das Sozialgericht vor der eigentlichen Beschwerde ein Abhilfeverfahren durchgeführt. Dem

---

324 *BSG* NJW-RR 1995, 1275 (1276).
325 *BSG* NJW-RR 1995, 1275 (1276).

widerspricht das *Bundessozialgericht* in ständiger Rechtsprechung[326]: Zwar kenne das Sozialgerichtsgesetz in § 174 SGG ein derartiges Abhilfeverfahren, es sei aber nicht sachgerecht, die Verweisung in § 17 a Absatz 4 Satz 3 GVG auch auf das Abhilfeverfahren auszudehnen. Eine derartige Ausdehnung laufe dem Sinn und Zweck des § 17 a GVG zuwider. Dieser Paragraph strebe eine Beschleunigung des Verfahrens an. Eine vorherige Nichtabhilfeentscheidung führe aber meist nicht zu einer Beilegung des Rechtsstreits, sondern verzögere eine abschließende Rechtswegentscheidung, da der Unterlegene im Abhilfeverfahren die von ihm bereits genannten Gründe meist nur erneut vorbringe. Eine andere Entscheidung des Gerichts, das diese Gründe nicht überzeugen konnten, sei deshalb unwahrscheinlich. Führt ein Landessozialgericht trotz dieser Rechtsauffassung des *Bundessozialgerichts* ein Abhilfeverfahren durch, nachdem es die weitere Beschwerde zugelassen hat, berührt diese nicht vorgesehene Zwischenentscheidung die Zulässigkeit der weiteren Beschwerde zum *Bundessozialgericht* nicht[327]. Es tritt lediglich eine Verzögerung des Eingangs der weiteren Beschwerde bei dem *Bundessozialgericht* ein. Diese Sichtweise trägt den Belangen des Beschwerdeführers Rechnung: Die Durchführung eines unnötigen Abhilfeverfahrens darf keine nachteiligen Auswirkungen auf die Zulässigkeit eines ansonsten statthaften Rechtsmittels haben, da anderenfalls ein Fehlverhalten, das einem Gericht zuzurechnen ist, zu Lasten einer Partei gehen würde.

H. Das Verfahren nach dem Gesetz zur Regelung offener Vermögensfragen

Das *Bundesverwaltungsgericht*[328] geht in Verfahren nach dem Gesetz zur Regelung offener Vermögensfragen (VermG) von einer nur einstufigen Beschwerdemöglichkeit bei Rechtswegentscheidungen, die diesen Bereich betreffen, aus: Trifft ein Verwaltungsgericht in einem Verfahren nach dem VermG eine Vorabentscheidung über den Rechtsweg, ist gegen den Beschluss nur eine Beschwerde an das *Bundesverwaltungsgericht* statthaft, die der Zulassung durch das Verwaltungsgericht bedarf. Grundlage dieses verkürzten Instanzenzuges in Streitigkeiten nach dem Vermögensgesetz ist die Regelung in § 37 Absatz 2 Satz 3 VermG. Danach gilt für Beschwerden gegen Rechtswegentscheidungen des Verwaltungsgerichts § 17 a Absatz 4 Satz 4 bis Satz 6 GVG entsprechend. Eine Verweisung auf § 17 a Absatz 4 Satz 3 GVG, der als statthaftes Rechtsmittel eine sofortige Beschwerde vorsieht, erfolgt hingegen nicht. Durch diese nur eingeschränkte

---

326 *BSGE* 79, 80 (82).
327 *BSG* NJW 1999, 895.
328 *BVerwGE* 108, 153, bestätigt in *BVerwG* NJW 2001, 2416.

Verweisung auf die Rechtsschutzmöglichkeiten bei Entscheidungen über den Rechtsweg ist § 17 a Absatz 4 Satz 4 GVG zu lesen wie ein „den Beteiligten steht die Beschwerde gegen den Beschluss des Verwaltungsgerichts an das *Bundesverwaltungsgericht* nur zu, wenn sie in dem Beschluss zugelassen worden ist". Eine Anrufung der Oberverwaltungsgerichte bzw. Verwaltungsgerichtshöfe mittels „einfacher" sofortige Beschwerde gemäß § 17 a Absatz 4 Satz 3 GVG ist dagegen unstatthaft. Folglich sind die Oberverwaltungsgerichte bzw. Verwaltungsgerichtshöfe in Verfahren nach dem VermG nicht mit Rechtswegfragen befasst. Der Gesetzgeber vermeidet durch die einstufige Beschwerde unterschiedliche Instanzenzüge im Rechtswegverfahren und im vermögensrechtlichen Hauptsacheverfahren. Das VermG schließt nämlich auch im Klageverfahren die Oberverwaltungsgerichte bzw. die Verwaltungsgerichtshöfe als Berufungsgerichte aus. Der Gesetzgeber erreicht die Parallelität der Instanzenzüge durch die nur entsprechende Anwendung der weiteren Beschwerde und durch den gleichzeitigen Ausschluss der einfachen sofortigen Beschwerde. Eine identische Regelung bezüglich der Anwendung der Verweisungsregelungen im Gerichtsverfassungsgesetz findet sich z. B. im Wehrpflichtgesetz und im Zivildienstgesetz, vgl. § 34 Satz 3 WPflG und § 75 Satz 3 ZDG.

XVI. Die Regelung des § 17 a Absatz 5 GVG: Bindung der Rechtsmittelgerichte

A. Das Verhältnis von § 17 a Absatz 5 GVG zu § 529 Absatz 2 ZPO

Nach § 17 a Absatz 5 GVG prüft ein Rechtsmittelgericht bei einer Entscheidung in der Hauptsache nicht, ob der beschrittene Rechtsweg tatsächlich zulässig ist. Diese Regelung stellt ein Kernstück der Reform der §§ 17 bis 17 b GVG dar.

Das *Landgericht Fulda*[329] erörtert in einem Urteil die Bindungswirkung des § 17 a Absatz 5 GVG im Spannungsverhältnis zur Regelung des § 529 Absatz 2 ZPO. Letztere Norm regelt die Möglichkeit einer zweitinstanzlichen Prüfung des Rechtsweges zu den Arbeitsgerichten: Sie muss erfolgen, wenn der Beklagte die Rüge hinsichtlich des Rechtsweges bereits in der ersten Instanz erhoben hat oder ein Versäumen dieser Rüge im ersten Rechtszug genügend entschuldigt. Dies würde, so das *Landgericht Fulda*, zu einem Widerspruch führen, da seit der Änderung des § 48 ArbGG die Abgrenzung zwischen den ordentlichen Gerichten und den Arbeitsgerichten nunmehr als Frage des Rechtsweges zu qualifizieren ist. Diesen Widerspruch lösen die Richter dahingehend, § 17 a Ab-

329 *LG Fulda* NJW 1996, 265.

satz 5 GVG als vorrangige Regelung anzusehen und behandeln den Widerspruch als ein Versehen des Gesetzgebers. Bei der Neuregelung der §§ 17 ff. GVG erfolgte keine Anpassung des § 529 Absatz 2 ZPO bezüglich der Zuständigkeit der Arbeitsgerichte an die neue Rechtslage. § 17 a Absatz 5 GVG überlagert aber als spätere Regelung diese Norm, folglich ist die Rechtswegrüge von den Rechtsmittelgerichten nicht zu überprüfen.

B. Die Reichweite der Bindungswirkung gemäß § 17 a Absatz 5 GVG

Aufgrund der Bindungswirkung des § 17 a Absatz 5 GVG entfällt für die Rechtsmittelgerichte, die über ein Rechtsmittel in der Hauptsache entscheiden, eine Rechtswegprüfung.

I. Das Prozessurteil als Hauptsacheentscheidung im Sinn von § 17 a Absatz 5 GVG

In den Fällen, in denen das Gericht erster Instanz einen ausdrücklichen Beschluss über den Rechtsweg gefasst hat, war die Beschränkung der Prüfungskompetenz der Rechtsmittelgerichte aus dem Gesetzeswortlaut (§ 17 a Absatz 5 GVG) ersichtlich. Im Gegensatz dazu hatte sich die Rechtsprechung mit der Bindungswirkung in den Fällen zu beschäftigen, in denen der Rechtsweg nicht Gegenstand einer gesonderten Entscheidung war: Das Erstgericht hat den Rechtsweg erst im Urteil und unter Umständen nur konkludent (durch eine Entscheidung in der Hauptsache) bejaht, weil für einen Beschluss kein Anlass bestand.

Das *Bundesarbeitsgericht*[330] hält auch in diesem Fall an der Sperrwirkung des § 17 a Absatz 5 GVG fest. Ausgangspunkt der zitierten Entscheidung war ein Fall, bei dem erst die Berufungsinstanz aufgrund eines neuen Tatsachenvortrags den Rechtsweg zu den Gerichten für Arbeitssachen verneint hat und den Rechtsstreit an die Zivilgerichtsbarkeit verwies. Das *Bundesarbeitsgericht* gab der gegen die Verweisung gerichteten Beschwerde statt. Das Berufungsgericht hätte - so das *Bundesarbeitsgericht* - über die Frage des Rechtsweges nicht mehr entscheiden dürfen. Das Untergericht habe zu Unrecht § 17 a Absatz 5 GVG in Verbindung mit § 65 ArbGG unangewendet gelassen. Wenn das erstinstanzliche Gericht den Rechtsweg durch eine Entscheidung in der Sache selbst konkludent bejaht hat, ist das Berufungsgericht auch dann gehindert, den Rechtsweg zu prüfen, wenn eine Vorabentscheidung des Erstgerichts nicht geboten gewesen ist[331]. Dies

---

330 *BAG* NJW 1996, 3430.

331 So auch *Schoch/Schmidt-Aßmann/Pietzner/Ehlers* § 41 § 17 a GVG Rdnr. 45.

gilt selbst dann, wenn die Rüge der Rechtswegzuständigkeit aufgrund eines neuen Tatsachenvortrags erst im Berufungsrechtzug erfolgt ist. Dabei nimmt das *Bundesarbeitsgericht* auf die ständige Rechtsprechung des *Bundesgerichtshofes* [332] Bezug. Der *Bundesgerichtshof*[333] geht in diesem Zusammenhang von einer Entscheidung in der Hauptsache im Sinn von § 17 a Absatz 5 GVG auch dann aus, wenn das Ausgangsgericht die Klage mit der Begründung als unzulässig abgewiesen hat, es sei zwar der Rechtsweg eröffnet, fehle aber an einer sonstigen Zulässigkeitsvoraussetzung, etwa am Feststellungsinteresse. Eine solche Entscheidung sei eine Entscheidung „in der Hauptsache" im Sinn von § 17 a Absatz 5 GVG, weil das Gericht dadurch nach einer Entscheidung über die Rechtswegfrage eine Entscheidung in einer weiteren Sachfrage getroffen habe[334]. Nur eine solche Auslegung verwirkliche das Anliegen des Gesetzgebers, die Rechtswegfrage frühzeitig zu klären und das spätere Verfahren nicht mit dem Risiko des unzulässigen Rechtsweges zu belasten[335]. Aus der Amtlichen Begründung[336] ergebe sich das Ziel der Vorschrift, nämlich das weitere Verfahren von Rechtswegfragen zu entlasten. Deshalb habe das Rechtsmittelgericht die unausgesprochen bejahende Entscheidung des Gerichts des ersten Rechtszugs genauso als bindend hinzunehmen wie eine ausdrücklich bejahende Entscheidung.

Erst durch eine weite Auslegung des Begriffs „Hauptsache", die auch Prozessurteile umfasst, lässt sich das Ziel der Reform, die Rechtsmittelgerichte von Rechtswegstreitigkeiten dauerhaft zu entlasten, verwirklichen. Eine andere, engere Interpretation des Begriffs würde zu einer Pflicht der Erstgerichte zur Vorabentscheidung führen: Wollte ein Untergericht eine Bindungswirkung im Rechtsmittelverfahren der Hauptsache erreichen und zugleich ein Prozessurteil aussprechen, wäre es gezwungen, einen Beschluss über den Rechtsweg zu treffen. Der Gesetzgeber hat dem Erstgericht in § 17 a Absatz 3 Satz 1 GVG jedoch ein Ermessen bezüglich des Beschlusses eingeräumt, indem er das Wort „kann" in den Wortlaut aufnahm. Dieses „kann" würde durch eine enge Auslegung zu einem „muss". Des Weiteren wäre eine vom Gesetzgeber nicht beabsichtigte Aufweichung der Prüfungssperre die Folge, da bei Prozessurteilen ohne gesonderten Beschluss die Rechtswegfrage weiterhin offen stünde. Eine durchgängige Bindung der Rechtsmittelgerichte zu erreichen, war ein besonderes Anliegen des Gesetzgebers; um dem Rechnung zu tragen, erscheint es sachgerecht, auch Prozessurteile unter den Begriff der Hauptsache zu subsumieren.

---

332 *BGHZ* 120, 204 (206) = NJW 1993, 389 (390).

333 *BGHZ* 119, 246 (249, 250) = NJW 1993, 470 (471); MDR 1993, 755 (756); NJW 1998, 231 (232).

334 So auch *BVerwG* NVwZ-RR 1995, 300 (301) unter Hinweis auf *BGHZ* 119, 246.

335 *BGH* NJW 1998, 231 (232).

336 BT-Drucks 11/7030 Seite 38.

2. Bindungswirkung und Änderung des Streitgegenstands

Eine Grenze des gesetzlichen Überprüfungsverbots in der Berufungsinstanz sieht der *Bundesgerichtshof*[337] in den Fällen erreicht, in denen der Kläger in der Rechtsmittelinstanz den Streitgegenstand ändert. Dann habe das Gericht der zweiten Instanz selbst das Vorabentscheidungsverfahren nach den Regelungen des § 17 a GVG durchzuführen.

3. Die Bindung bei Widersprüchen gemäß § 924 Absatz 1 ZPO

Ein Teil der Kommentarliteratur[338] behandelt einen Sonderfall der Bindungswirkung im Rechtsmittelverfahren, der noch keinen Niederschlag in der Rechtsprechung gefunden hat. Ausgangspunkt ist dabei die Frage, ob ein Gericht auch bei einem Widerspruch gemäß § 924 Absatz 1 ZPO an die Entscheidung über den Rechtsweg gemäß § 17 a Absatz 5 GVG gebunden ist. Wäre dies der Fall, müsste der Widerspruch zu den Rechtsmitteln gehören. Dies ist jedoch wegen des fehlenden Devolutiveffekts nicht zutreffend. Deshalb entfällt auch eine Bindungswirkung gemäß § 17 a Absatz 5 GVG im Widerspruchsverfahren. Zudem führt *Wolf*[339] gegen eine Bindungswirkung an, dem Antragsgegner würde erst in der mündlichen Verhandlung, die auf den Widerspruch folge, rechtliches Gehör gewährt. Bringe der Antragsgegner zum Rechtsweg Einwände vor, müsse das Gericht dies berücksichtigen können, ohne durch § 17 a Absatz 5 GVG daran gehindert zu sein.

C. Die Grenzen der Bindungswirkung gemäß § 17 a Absatz 5 GVG

1. Die Lösung der Rechtsprechung

Die Rechtsprechung musste sich vielfach mit der Frage auseinandersetzen, ob eine Bindung der Rechtsmittelgerichte zu bejahen ist, wenn das Gericht erster Instanz sich nicht an das in § 17 a Absatz 2, Absatz 3 GVG vorgesehene Verfahren zur Bestimmung des Rechtsweges hält. Das betrifft Fallgruppen, bei denen das Erstgericht die Klage zum einen als unzulässig abweist, weil es den Rechtsweg nicht für gegeben erachtet und die Regelung in § 17 a Absatz 2 Satz 1 GVG, wo-

---

337 *BGHZ* 131, 169 (171) = NJW 1996, 591.

338 Münchener Kommentar ZPO-*Wolf* § 17 a GVG Rdnr. 27; *Wieczorek/Schütze/Schreiber* § 17 a GVG Rdnr. 26.

339 Münchener Kommentar ZPO-*Wolf* § 17 a GVG Rdnr. 27.

nach eine Verweisung zu erfolgen hat, unbeachtet lässt. Zum anderen betrifft es Fälle, in denen ein Beteiligter den Rechtsweg rügt, das Erstgericht daraufhin aber nicht - wie es § 17 a Absatz 3 Satz 2 GVG vorsieht - einen gesonderten Beschluss über den Rechtsweg fasst, sondern den Rechtsweg erst im Urteil bejaht. Bei dieser Variante hat das Gericht nur dann eine Pflicht zur Beschlussfassung, wenn die Rechtswegrüge wirksam, also rechtzeitig, erhoben ist[340].

Der *Bundesgerichtshof* entwickelte auf diese Frage eine sachgerechte Antwort, die in die ständige Rechtsprechung Eingang gefunden hat. Die Untergerichte sowie Gerichte anderer Rechtswege haben diese Lösung inzwischen übernommen. Der *Bundesgerichtshof*[341] verneint zu Recht eine Anwendung des § 17 a Absatz 5 GVG in den Fällen, in denen das Erstgericht das in § 17 a GVG vorgesehene Verfahren nicht eingehalten hat. Die Vorschrift des § 17 a Absatz 5 GVG steht in engem Zusammenhang mit den Regelungen in § 17 a Absatz 1 bis Absatz 4 GVG. Letztere sehen für die Rechtswegfrage eine für alle Gerichtszweige und Instanzen bindende und beschwerdefähige Vorabentscheidung vor[342]. Nach dem Sinn und Zweck der Vorschriften sowie dem gesetzessystematischen Zusammenhang, in dem § 17 a Absatz 5 GVG steht, ist den Rechtsmittelgerichten nur dann eine Prüfung des Rechtsweges versagt, wenn das Erstgericht unter Beachtung und Anwendung des § 17 a GVG eine beschwerdefähige Rechtswegentscheidung getroffen hat. Die Beschränkung der Prüfungskompetenz der Rechtsmittelgerichte rechtfertigt sich durch eine vorweggenommene Klärung der Rechtswegfrage im Beschwerdeverfahren. Hat nun das erstinstanzliche Gericht den vom Gesetzgeber in § 17 a Absatz 2, Absatz 3 GVG vorgesehenen Weg nicht eingeschlagen, ist auch § 17 a Absatz 5 GVG nicht anzuwenden. Anderenfalls bleibt den Parteien jeder Rechtsbehelf versagt, mit dem sie eine Nachprüfung des Rechtsweges erreichen könnten[343]. Den Parteien kann aber ein vom Gesetz vorgesehener Rechtsweg in § 17 a Absatz 4 GVG aufgrund eines Verfahrensfehlers eines Erstgerichts nicht abgeschnitten sein[344]. Das *Oberlandesgericht Oldenburg*[345] bezeichnet in diesem Zusammenhang den Ausschluss der Prüfungskompetenz der Rechtsmittelgerichte bezüglich des Rechtsweges nur dann als sachlich gerechtfertigt, wenn dieser Prüfungssperre das Rechtsmittelverfahren des § 17 a Absatz 4 GVG als „notwendiges Korrelat" gegenüber steht. Mit dem Argument, der der Novellierung der §§ 17 ff. GVG zugrundeliegende Beschleu-

340 *LAG Berlin* NZA 1994, 912.

341 *BGHZ* 119, 246 (250); *BGH* NJW 1998, 231 (232); *BGH* NJW 1998, 2057 (2058); *BGH* NJW 2000, 1042.

342 *BGH* MDR 1993, 755 (756).

343 *BGHZ* 121, 367 (370 f.).

344 *BGH* NJW 1994, 387.

345 *OLG Oldenburg* NJW-RR 1993, 255.

nigungsgedanke dürfe nicht zu einer Versagung eines jeglichen Rechtsbehelfs bezüglich des Rechtsweges führen, wenn das erstinstanzliche Gericht gegen § 17 a Absatz 2, Absatz 3 GVG verstößt, schließen sich das *Oberlandesgericht Köln*[346] und das *Oberlandesgericht Dresden*[347] sowie *das Bayerische Oberste Landesgericht*[348] dieser Judikatur an. Unter Hinweis auf die Entscheidung des *Bundesgerichtshofes* vom 23. September 1992[349] lehnt auch das *Bundesverwaltungsgericht*[350] eine Anwendung des § 17 a Absatz 5 GVG in den Fällen ab, in denen die Erstgerichte gegen § 17 a Absatz 2, Absatz 3 GVG verstoßen haben. Andernfalls sei den Beteiligten die Beschwerde gemäß § 17 a Absatz 4 Satz 3 GVG aufgrund eines Verfahrensfehlers des Gerichts abgeschnitten. Sowohl das *Oberverwaltungsgericht Münster*[351] als auch der *Verwaltungsgerichtshof München*[352] argumentieren in die gleiche Richtung. Durch § 17 a Absatz 5 GVG bezwecke die Neuregelung zwar, die Rechtswegfrage frühzeitig, also noch vor Erlass einer Entscheidung in der Hauptsache verbindlich zu klären; Intention des § 17 a Absatz 5 GVG sei es aber nicht, den Parteien die Prüfung der Rechtswegfrage durch die Gerichte eines höheren Rechtszuges generell zu versagen. Ein Ausschluss der Rechtswegprüfung im Rechtsmittelzug sei deshalb nur dann gerechtfertigt, wenn die Beteiligten zuvor die Möglichkeit gehabt hätten, die Rechtsmittelgerichte im Beschwerdeweg gemäß § 17 a Absatz 4 Satz 3 GVG mit der Rechtswegfrage zu befassen.

2. *Fehlende Aufrechterhaltung der Rechtswegrüge*

Der *Verwaltungsgerichtshof München*[353] behandelt in einem Beschluss aus dem Jahr 1996 die Grenze der Prüfungskompetenz der Rechtsmittelgerichte im Zusammenhang mit einem Verstoß des Erstgerichts gegen die Vorabentscheidungspflicht. In dem Verfahren war ein Antrag auf Erlass einer einstweiligen Anordnung, der an das Verwaltungsgericht gerichtet war, Streitgegenstand. Der Antragsgegner rügte vor dem Verwaltungsgericht den eingeschlagenen Rechtsweg, wobei das Verwaltungsgericht darauf nicht reagierte, sondern die beantragte

---

346 *OLG Köln* NJW-RR 1995, 910 (911).
347 *OLG Dresden* NJW 1996, 1146 (1147).
348 *BayObLG* NJW-RR 1996, 912 (913).
349 *BGHZ* 119, 246 (250).
350 *BVerwG* NJW 1994, 956; das *Oberverwaltungsgericht Lüneburg* schließt sich in NJW 1998, 1732 der Rechtsprechung des *Bundesverwaltungsgerichts* an.
351 *OVG Münster* NVwZ-RR 1993, 670.
352 *VGH München* NVwZ-RR 1993, 668; NVwZ-RR 1995, 59 (60); NJW 1997, 1251 (1252).
353 *VGH München* NJW 1997, 1251 (1252).

einstweilige Anordnung erließ. Die dagegen vor dem *Verwaltungsgerichtshof München* erhobene Beschwerde des Antragsgegners befasste sich aber nicht mit der Richtigkeit des eingeschlagenen Rechtsweges, da der Antragsgegner die Rüge des fehlenden Verwaltungsrechtsweges in der Beschwerdeinstanz nicht mehr aufrechterhalten hat. Der Verwaltungsgerichtshof führt zu dieser Situation aus, grundsätzlich sei zwar eine Entscheidung über den Rechtsweg für die Rechtsmittelgerichte entgegen § 17 a Absatz 5 GVG bei der vorliegenden Konstellation möglich und sogar geboten. Von diesem Grundsatz macht das Gericht aber dann eine Ausnahme, wenn der Rechtsmittelführer die Rüge des nicht gegebenen Rechtsweges in der Rechtsmittelinstanz nicht mehr weiterverfolgt, sondern sich offensichtlich mit der Ansicht des Erstgerichts zur Rechtswegfrage abgefunden hat. Diesen Fall stellen die Richter bezüglich der Interessenlage des Betroffenen in eine Linie mit demjenigen Fall, bei dem der Betroffene die Rechtswegrüge von vornherein nicht erhebt und wenden § 17 a Absatz 5 GVG bei der Fallgestaltung, bei der der Betroffene das Interesse an einer Rüge erst im Rechtsmittelzug verliert, deshalb entsprechend an. Der Verwaltungsgerichtshof sah sich deshalb an einer Kontrolle der Entscheidung des Erstgerichts zur Rechtswegfrage durch § 17 a Absatz 5 GVG gehindert.

Die Lösung des *Verwaltungsgerichtshofes München* ist für diesen Sonderfall sachgerecht. Es ist nicht notwendig, den Betroffenen durch eine Nichtanwendung des § 17 a Absatz 5 GVG zu schützen, da er erkennbar kein Interesse an dem Schutz hat, den ihm die Rechtsprechung gewährt, wenn ein Erstgericht im Hinblick auf die Regelung in § 17 a Absatz 2, Absatz 3 GVG einen Verfahrensfehler begeht. Insoweit ist der Rechtsmittelführer Herr des Verfahrens. Die Obergerichte sind nicht gehalten, eine objektiv unrichtige Entscheidung eines Gerichts zu korrigieren, wenn sie den Beteiligten subjektiv und aus welchen Gründen auch immer passend erscheint; es ist dann weder nötig noch aus Gründen der Rechtspflege geboten, den Parteien einen Rechtsschutz aufzudrängen.

3. Die Bindung des Revisionsgerichts

Im Rahmen der Bindungswirkung des § 17 a Absatz 5 GVG hat sich der *Bundesgerichtshof* mit der Problematik beschäftigt, ob bei fehlerhafter erstinstanzlicher Vorgehensweise des Landgerichts entgegen § 17 a Absatz 2, Absatz 3 GVG eine Bindungswirkung des Revisionsgerichts eintreten kann. Dabei standen mehrere Varianten zur Entscheidung an.

Zum einen hatte der *Bundesgerichtshof*[354] über die Bindungswirkung in den Fällen zu entscheiden, in denen das Landgericht einen Verfahrensfehler begangen

354 *BGHZ* 130, 159 (162 f.) = NJW 1995, 2851 (2852).

hatte und sich das Oberlandesgericht als Berufungsgericht durch § 17 a Absatz 5 GVG fälschlich daran gehindert sah, die Frage des Rechtsweges zu prüfen. In diesem Fall ist - so der *Bundesgerichtshof* - der Rechtsweg auch noch in der Revisionsinstanz zu prüfen, da die Parteien bislang keine Gelegenheit gehabt haben, die Rechtswegfrage überprüfen zu lassen. § 17 a Absatz 5 GVG entfalte insoweit keine Bindung. Eine Zurückverweisung des Rechtsstreits unter Aufhebung des Berufungsurteils und daran anschließend eine Nachholung der versäumten Vorabentscheidung durch das Berufungsgericht erfolgt in diesem Fall nicht.

Zum anderen kann sich folgende Lage ergeben: Zwar unterläuft dem Landgericht als Erstgericht ein Verfahrensfehler bezüglich des Rechtsweges, das Oberlandesgericht trifft jedoch eine Entscheidung über den Rechtsweg, da es sich nicht durch die Regelung des § 17 a Absatz 5 GVG gebunden fühlt - wie es auch der ständigen Rechtsprechung des *Bundesgerichtshofes* entspricht[355]. Hier ist nach Ansicht des *Bundesgerichtshofes*[356] in der Revisionsinstanz der Rechtsweg nicht mehr zu prüfen. Zwar habe das Erstgericht einen Verfahrensfehler begangen indem es die Klage wegen des fehlenden Rechtsweges als unzulässig abwies. Der Fehler führe aber nicht zu einer Prüfung der Rechtswegfrage in der Revisionsinstanz, da das Berufungsgericht den Fehler durch eine inzidente Bejahung des Rechtsweges im Rahmen eines Sachurteils behoben habe. Bejaht nämlich die erste Instanz die Zulässigkeit des Rechtsweges in einem Sachurteil, habe es hierbei sein Bewenden. Es könne aber nichts anderes gelten, wenn das Berufungsgericht diese Entscheidung getroffen habe[357].

Eine wesentlich andere Behandlung erfährt die dritte Variante, eine nur geringfügig unterschiedliche Verfahrenslage: Das Berufungsgericht hat es zwar verfahrensfehlerhaft verabsäumt, in ein Vorabverfahren über den Rechtsweg einzutreten, zur Begründung aber nicht die Prüfungssperre des § 17 a Absatz 5 GVG angeführt, sondern nur deshalb keine Vorabentscheidung getroffen, weil es sein Berufungsurteil „als ohnehin revisibel ansieht und die gesonderte Beschlussfassung deshalb als nutzlose Förmelei" betrachtet. Dieser Fall, der sich von der ersten Konstellation nur durch eine andere Begründung, warum in der Berufungsinstanz kein Vorabverfahren erfolgte, unterscheidet, erfordert nach der Rechtsprechung des *Bundesgerichtshofes* eine differenzierte Lösung. In einem Urteil aus dem Jahr 1996 hat der 5. Senat des *Bundesgerichtshofes* die nun in der Revisionsinstanz auftretende Frage nach dem Rechtsweg selbst entschieden[358]. Der 5. Senat hat davon abgesehen, das Verfahren an das Berufungsgericht zurückzu-

---

355 Vgl. § 3. XVI. C. 1., Seite 128.
356 *BGHZ* 120, 204 (207).
357 *BGHZ* 120, 204 (207).
358 *BGHZ* 132, 245.

verweisen, damit dieses das Versäumte nachholen könnte. Grund für die eigene Rechtswegentscheidung des 5. Senats war die Rechtsnatur des Streitgegenstands. Diese hätte, wie der Senat ausführt, auch bei nachgeholtem Vorabverfahren nur zu einer Bejahung des bereits beschrittenen Rechtsweges führen können[359]. Die Zulassung einer weiteren sofortigen Beschwerde nach Zurückverweisung und einer positiven Vorabentscheidung kam ebenfalls nicht in Betracht, da das Berufungsgericht in seinem Urteil den Standpunkt des *Bundesgerichtshofes* zur Einordnung des Klagebegehrens in den ordentlichen Rechtsweg teilte, mithin also eine Zulassung wegen Divergenz zu der Rechtsprechung des *Bundesgerichtshofes* ausschied[360]. Diese Entscheidung des 5. Senats ist einer Ausdehnung nicht zugänglich, wie der 8. Senat in einem Urteil aus dem Jahr 1998 deutlich macht[361]. Ein Absehen von einer Zurückverweisung des Rechtsstreits an das Berufungsgericht kommt nur in den Fällen in Betracht, in denen die einzig rechtlich mögliche Entscheidung eine Bejahung des beschrittenen Rechtsweges ist. Nur dann gebiete es die Prozessökonomie, eine Verlängerung des Rechtsstreits durch eine Zurückverweisung zu vermeiden und statt dessen eine positive Rechtswegentscheidung des Revisionsgerichts selbst (verbunden mit einer Sachentscheidung in einem Urteil) zu ermöglichen. Erscheinen aber - was häufiger der Fall sein wird - sowohl rechtswegbejahende als auch rechtswegverneinende Vorabentscheidungen des Berufungsgerichts rechtlich möglich, ist es dem Revisionsgericht verwehrt, anstelle des Berufungsgerichts eine Rechtswegentscheidung zu treffen. Das Revisionsgericht hat hier die Aufhebung des Berufungsurteils und die Zurückverweisung des Rechtsstreits an das Berufungsgericht auszusprechen, um dem Berufungsgericht die Gelegenheit zu geben, das versäumte Vorabverfahren nachzuholen[362].

Die unterschiedlichen Lösungen, die der *Bundesgerichtshof* für doch sehr ähnliche Fälle gefunden hat, wirken auf den ersten Blick kompliziert und wenig übersichtlich. Doch ist zu bedenken, dass sich die zur Entscheidung anstehenden Varianten erst im Lauf der Zeit ergeben haben und der Regelungswortlaut wenig Anhaltspunkte für die Lösung von Problemen, die es nach dem Willen des Gesetzgebers gar nicht geben dürfte, bietet. Einige gemeinsame Tendenzen lassen sich den unterschiedlichen Lösungen jedoch entnehmen: Die Rechtsprechung zielt zum einem auf eine möglichst rasche und effektive Beendigung des Zwischenverfahrens „Rechtswegfrage“, zum anderen sollen die Rechte der Parteien soweit wie möglich gewahrt bleiben. Schließlich ist das Gericht in den Fällen, in

---

359 *BGHZ* 132, 245 (248).
360 *BGHZ* 132, 245 (248).
361 *BGH* NJW 1999, 651 (652).
362 *BGH* NJW 1999, 651 (652).

denen es ihm sinnvoll erscheint, bemüht, die Rechtswegfrage unter Einbeziehung der Untergerichte zu lösen und nur dann selbst über den Rechtsweg zu entscheiden, wenn die erneute Einbindung der Untergerichte (durch Zurückverweisung des Verfahrens) prozessökonomisch bedenklich erscheint.

4. Bindungswirkung im Rahmen der sachlichen und örtlichen Zuständigkeit

Für diejenigen Gerichtszweige, in denen die §§ 17 ff. GVG für die sachliche und örtliche Zuständigkeit ebenfalls Anwendung finden, stellt sich die Frage, ob die Rechtsmittelgerichte an die Zuständigkeitsbestimmung des Erstgerichts gebunden sind, wenn dieses das in § 17 a Absatz 2 und Absatz 3 GVG vorgesehene Verfahren nicht einhält. Das *Bundesarbeitsgericht*[363] behandelt den Verfahrensverstoß anders als denjenigen bei Rechtswegfragen. Die Prüfungssperre hinsichtlich der sachlichen bzw. örtlichen Zuständigkeit im Rechtsmittelverfahren gemäß § 73 Absatz 2 ArbGG, § 65 ArbGG und § 17 a Absatz 5 GVG entfällt also nicht. Die Rechtsprechung des *Bundesarbeitsgerichts* beruht auf dem zutreffenden Vergleich zweier Rechtslagen: In Rechtswegfragen ist ein Rechtsmittel gemäß § 17 a Absatz 4 GVG eröffnet, wohingegen Beschlüsse über die sachliche oder örtliche Zuständigkeit gemäß § 48 Absatz 1 Nr. 1 ArbGG unanfechtbar sind. Da die Parteien bei ordnungsgemäßem Vorgehen des Arbeitsgerichts keine Rechtsschutzmöglichkeit gehabt hätten, braucht ihnen eine solche auch nicht wegen eines Fehlers des Gerichts zur Verfügung stehen.

D. Rechtsschutzmöglichkeiten der Betroffenen

In einem dem *Bundesarbeitsgericht*[364] zur Entscheidung vorgelegten Fall hatte das Arbeitsgericht versäumt, vorab einen Beschluss über den Rechtsweg zu fassen. Es hat sogleich in der Hauptsache entschieden. Dagegen legte der Betroffene Berufung ein und rügte das Vorgehen des Arbeitsgerichts. Das Berufungsgericht ist - so das *Bundesarbeitsgericht* - zutreffend davon ausgegangen, der Betroffene könne inkorrekte Entscheidungen des Arbeitsgerichts nach dem Grundsatz der Meistbegünstigung mit der Berufung anfechten, da das Arbeitsgericht verfahrensfehlerhaft entschieden habe: Zum einen der Form nach, da es ein Urteil an Stelle eines Beschlusses erließ, zum anderen auch dem Inhalt nach, da es abschließend in der Hauptsache entschied, statt vorab eine auf die Rechtswegfrage beschränkte Entscheidung zu fällen. Einer Partei dürften durch ein unrichtiges Verhalten des

---

363 *BAGE* 81, 1 (3).
364 *BAG* NZA 1992, 954 (956).

Gerichts keine Nachteile in prozessualen Rechten entstehen. Ihr stehe dasjenige Rechtsmittel zur Verfügung, das sich aus der Fassung der anzufechtenden Entscheidung ergebe. Dies folge aus der verfahrensrechtlichen Rechtsschutzgarantie und dem Vertrauensschutzgedanken des Art. 19 Absatz 4 GG. Die Grundsätze erstreckt das *Bundesarbeitsgericht* nicht nur auf formfehlerhafte Entscheidungen, sondern aufgrund der gleichen prozessualen Interessenlage auf alle Verfahrensfehler eines Gerichts, bei denen auf Seiten der Parteien Unsicherheiten über die Art des zulässigen Rechtsmittels entstehen könnten[365]. Demgemäß kann der Betroffene im vorliegenden Fall entweder eine sofortige Beschwerde gemäß § 48 Absatz 1 ArbGG, § 17 a Absatz 4 Satz 3 GVG, § 78 Absatz 1 ArbGG, §§ 568 ff., § 577 ZPO[366] oder Berufung gemäß § 64 ArbGG, § 511 ZPO einlegen. Das *Oberverwaltungsgericht Koblenz*[367] hat sich der Argumentation des *Bundesarbeitsgerichts* ausdrücklich angeschlossen und begründet die Anwendung der Meistbegünstigungstheorie ebenfalls mit der Vermeidung von Nachteilen für den Betroffenen. Das *Oberlandesgericht Saarbrücken*[368] und das *Landgericht Trier*[369] fügen dieser Rechtsansicht einen weiteren zutreffenden Aspekt hinzu: Das Prinzip der Meistbegünstigung gilt auch für die zu beachtenden Förmlichkeiten bei der Rechtsmitteleinlegung. Es reicht im Fall einer Berufung aus, die für die Berufung geltenden Form- und Fristvorschriften zu beachten. Es kann dem Rechtsmittelführer nicht zum Nachteil gereichen, wenn bei Einlegung der Berufung die Frist zur Einlegung der nach der Meistbegünstigungstheorie alternativ eröffneten sofortigen Beschwerde bereits abgelaufen ist. Aus diesem Grund ist nach Ansicht des *Bundesgerichtshofes*[370] das Rechtsmittel nicht schon deshalb unzulässig, weil die Partei bei dessen Einlegung diejenigen gesetzlichen Vorschriften nicht beachtet hat, die sie bei der Einlegung eines Rechtmittels gegen eine verfahrensfehlerfreie Entscheidung einzuhalten gehabt hätte.

Der Anwendung der Meistbegünstigungstheorie begegnen in der Literatur Bedenken. *Gummer*[371] hält der Anwendung entgegen, das erstinstanzliche Gericht habe keine ihrer Form nach zweifelhafte Entscheidung getroffen, sondern - für jeden Beteiligten klar erkennbar - ein Urteil in der Hauptsache gefällt. Auch eine falsch bezeichnete Entscheidung liege nicht vor. Das Gericht habe nur verfahrensrechtlich falsch entschieden. In diesem Fall aber bleibe für die Anwen-

---

365 *BGH* NJW 1979, 43 (44).

366 Das *Bezirksgericht Dresden* hat in DVBl 1992, 1317 (1317 f.) nach diesen Grundsätzen eine Rechtswegbeschwerde für zulässig erachtet.

367 *OVG Koblenz* NVwZ-RR 1993, 668 (669).

368 *OLG Saarbrücken* NJW 1995, 1562 (1563).

369 *LG Trier* NJW-RR 1992, 1533 (1534).

370 *BGH* NJW 1979, 43 (44 f).

371 *Zöller/Gummer* § 17a GVG Rdnr. 16; so auch *Kopp/Schenke* § 41 Rdnr. 32.

dung der Meistbegünstigungstheorie kein Raum[372]. Den Parteien steht also bei dieser Argumentation als Rechtsmittel gegen das erstinstanzliche Urteil nur die Berufung offen, während alternativ eine sofortige Beschwerde nicht statthaft ist. Die Sichtweise *Gummers* berücksichtigt allerdings die Interessen der Parteien zu wenig. Um eine sinnvolle Lösung des Konflikts herbeizuführen, ist von der Definition der Meistbegünstigungstheorie auszugehen. Diese Theorie findet auf inkorrekte Entscheidungen Anwendung. Inkorrekte Entscheidungen liegen vor, wenn sie ihrer Form nach zweifelhaft oder falsch erscheinen[373]. Bei den Parteien kann das Verhalten des Gerichts Unsicherheit über die Art des statthaften Rechtsbehelfs auslösen. Ein Fehler des Gerichts darf indes nicht zu Lasten einer Partei gehen. Folglich hat der Betroffene die Wahl zwischen allen Rechtsmitteln, die gegen die in Frage kommenden Entscheidungsformen statthaft sind; gegen eine falsch bezeichnete Entscheidung kann die Partei entweder das Rechtsmittel ergreifen, das gegen die tatsächlich getroffene Entscheidung statthaft ist oder alternativ das Rechtsmittel einlegen, das gegen die Entscheidung bei richtiger gerichtlicher Bezeichnung gegeben wäre[374]. Verletzt das Erstgericht das in § 17 a Absatz 3 Satz 2 GVG vorgesehene Verfahren, liegt eine der Form nach fehlerhafte Entscheidung vor. Das Gericht hat ein Urteil anstelle eines vom Gesetzgeber eigentlich vorgesehenen Beschlusses erlassen und zudem in der Hauptsache entschieden, anstatt zunächst die Rechtswegfrage zu klären. In dieser durchaus verwirrenden Situation können die Parteien in Zweifel geraten, welcher Rechtsbehelf gegen die Entscheidung des Gerichts zu ergreifen ist. Um diese Unsicherheit nicht zu Lasten der Parteien gehen zu lassen, sollte ihnen das Rechtsmittel gegen die tatsächlich getroffenen Entscheidung oder wahlweise dasjenige, das bei korrektem Verfahren des Gerichts zur Verfügung stünde, offen stehen. Statthaft sind also Berufung oder sofortige Beschwerde[375], wobei dem Rechtsmittelführer diese Möglichkeiten nicht kumulativ, sondern nur alternativ zur Verfügung stehen. Ein „doppelspuriges" Vorgehen, das zu einer Verdoppelung des Rechtsstreites führen würde, eröffnet auch die Meistbegünstigungstheorie den Parteien nicht.

E. Weiteres Verfahren der Rechtsmittelgerichte bei fehlender Bindungswirkung

Stellt das Rechtsmittelgericht bei der Entscheidung über die Berufung das fehlerhafte Verhalten des Erstgerichts fest, braucht es nicht auf dem von dem unteren

372 *Zöller/Gummer* § 17 a GVG Rdnr. 16.
373 *Thomas/Putzo* vor § 511 Rdnr. 7.
374 *Thomas/Putzo* vor § 511 Rdnr. 8 f.
375 *Stein/Jonas/Leipold* § 281 Rdnr. 98; *Kissel* § 17 Rdnr. 30.

Gericht eingeschlagenen falschen Weg weiterzugehen[376]. Es hat statt dessen den Verstoß des Erstgerichts zu korrigieren. In welcher Weise die Korrektur zu erfolgen hat, ist gesetzlich nicht geregelt[377]. Es hat das Verfahren jedenfalls in die Bahnen zu lenken, in die es bei richtiger Entscheidung der Vorinstanz gelangt wäre[378].

Für den Zivilrechtsweg ergibt sich unter Zugrundelegung dieser Grundsätze folgendes:

1. Ausgangsgericht: Landgericht

Ist Erstgericht das Landgericht, wäre - bei richtigem Verhalten des Gerichts - gegen eine Vorabentscheidung eine sofortige Beschwerde eröffnet. Der Betroffene könnte danach bei Zulassung der weiteren Beschwerde, die ebenfalls eine sofortige ist[379], eine Entscheidung des *Bundesgerichtshofes* über den Rechtsweg herbeiführen.

Für das weitere Verfahren des Berufungsgerichts scheidet eine Zurückverweisung des Rechtsstreits an das Erstgericht aus. Dafür spricht folgende Überlegung: In dem Verhalten des Erstgerichts liegt kein Fehler, der in der Berufungsinstanz nicht mehr zu beheben ist. Das Berufungsgericht ist in diesem Fall nicht an § 17 a Absatz 5 GVG gebunden und kann unbehindert von der Sperrwirkung der Regelung eine eigene Entscheidung über den Rechtsweg treffen[380].

Dem Berufungsgericht eröffnen sich für das weitere Vorgehen mehrere Möglichkeiten:

a) Die positive Vorabentscheidung des Berufungsgerichts

Bejaht das Berufungsgericht die Zulässigkeit des Rechtsweges, hat es grundsätzlich in ein Vorabverfahren einzutreten und gemäß § 17 a Absatz 3 Satz 2 GVG einen rechtswegbejahenden Beschluss zu fassen. Das Rechtsmittelgericht hat nämlich das Verfahren in die Bahnen zu lenken, in die es bei richtiger Entscheidung der Vorinstanz gelangt wäre. Es hat dem Betroffenen somit das Beschwerdeverfahren zu eröffnen[381].

---

376 *BAG* NZA 1992, 954 (956).

377 *OVG Schleswig* NVwZ-RR 1993, 670.

378 *BAG* NZA 1992, 954 (956); *OVG Koblenz* NVwZ-RR 1993, 668 (669); *LG Trier* NJW-RR 1992, 1533 (1534).

379 *Thomas/Putzo*, § 17 a GVG Rdnr. 20.

380 *BAG* NZA 1992, 954 (957); *BGHZ* 132, 245 (247); *BGH* NJW 1999, 651.

381 *BGHZ* 120, 198 (200).

b) Der Verweisungsbeschluss des Berufungsgerichts

Verneint das Rechtsmittelgericht dagegen den eingeschlagenen Rechtsweg, muss es ebenfalls in ein Vorabverfahren eintreten und den Rechtsstreit gemäß § 17 a Absatz 2 Satz 1 GVG an das zuständige Gericht des zulässigen Rechtsweges verweisen. Auch hier gilt der Grundsatz der Heilung durch das Rechtsmittelgericht. Dieses sollte den Rechtsstreit in die vom Gesetzgeber vorgesehenen Bahnen zurückführen[382]. Das *Oberverwaltungsgericht Schleswig*[383] sieht ebenfalls die Notwendigkeit einer Korrektur, weist aber auf die fehlende gesetzlich normierte Heilungsmöglichkeit hin. Das Gericht stellt auf die tatsächlich bestehende Ähnlichkeit mit den „normalen" Fällen ab, in denen das Beschwerdegericht im Rahmen einer sofortigen Beschwerde (bei verfahrensrechtlich korrektem Verhalten des Ausgangsgerichts) den Rechtsweg für unzulässig erachtet und den Rechtsstreit an das zuständige Gericht des zulässigen Rechtsweges verweist. Die Prozessökonomie gebiete es, diese Vorgehensweise auch dann einzuhalten, wenn ein Berufungsgericht einen Verfahrensfehler des Erstgerichts zu heilen habe. Das Berufungsgericht muss also das Verfahren selbst an das zuständige Gericht erster Instanz verweisen, wohingegen eine Zurückverweisung an das Erstgericht den Richtern als unzweckmäßig erscheint.

c) Der Entscheidungsmodus einer Vorabentscheidung durch das Berufungsgericht

Bei der Korrektur des Verfahrensfehlers hebt das Berufungsgericht ein erstinstanzliches Urteil nicht durch ein weiteres Urteil auf, sondern durch einen Beschluss. Die zunächst etwas befremdlich anmutende Abänderung eines Urteils durch einen Beschluss lässt die Rechtsprechung zu, da diese Vorgehensweise die einzige Möglichkeit sei, den Fehler des Erstgerichts zu korrigieren[384]. Das *Oberlandesgericht Saarbrücken*[385] geht gleichfalls von der Pflicht des Rechtsmittelgerichts, den Rechtsstreit in die richtigen Bahnen zu lenken, aus. Allerdings soll nach Ansicht dieses Gerichts die Entscheidung nicht in Form eines Verweisungsbeschlusses erfolgen - das Rechtsmittelgericht habe durch Urteil zu entscheiden. Eine Anwendung des § 17 a GVG, der eine entsprechende Beschlussfassung ermöglicht, komme keinesfalls in Frage, da die Anwendung die Einhaltung eines ordnungsgemäßen erstinstanzlichen Verfahrens voraussetzen würde. Schließlich

---

382 *BGHZ* 131, 169 (171) = NJW 1996, 591.

383 *OVG Schleswig* NVwZ-RR 1993, 670.

384 *BGH* NJW 1998, 2057 (2058); *BAG* NZA 1992, 954 (957); *LAG Hamm* NZA 1992, 136 (137); *OLG Frankfurt am Main* NJW-RR 1997, 1564 (1565).

385 *OLG Saarbrücken* NJW 1995, 1562 (1564).

sei auch kein Fall gegeben, in dem nach der Zivilprozessordnung eine Urteilsabänderung bzw. Urteilsaufhebung durch Beschluss erfolgen könne. Die Entscheidung des Oberlandesgerichts widerspricht der etwas dünnen Begründung des *Bundesgerichtshofes*, es gebe nur die Möglichkeit, den Fehler des Erstgerichts mittels eines Beschlusses zu korrigieren. Dennoch ist die Lösung des *Bundesgerichtshofes* nicht zu beanstanden, wenn man das Bestreben zugrunde legt, das Verfahren so bald und so vollständig wie möglich in die Bahnen zurückzulenken, die der Gesetzgeber eigentlich vorgesehen hat. Der Beschluss ist der Entscheidungsmodus im Zwischenverfahren über den Rechtsweg; eine Abänderung eines Urteils durch ein Urteil ist dem gesetzgeberischen Konzept - nämlich Entscheidungen über den Rechtsweg durch Beschlüsse zu fassen - etwas weiter entfernt. Mithin orientiert sich die Lösung, die ein Urteil durch einen Beschluss korrigiert, eher an den „richtigen Bahnen", in die die Gerichte den Rechtsstreit wieder zu lenken haben und stellt eine einsichtige und konsequente Weiterführung der Grundsätze zur Fehlerkorrektur dar.

d) Das Absehen von einer Vorabentscheidung im Berufungsverfahren

Für das Berufungsgericht kann sich unter bestimmten Voraussetzungen eine dritte Vorgehensweise bei der Beseitigung von Verfahrensfehlern in der ersten Instanz ergeben. Bei dieser Möglichkeit erübrigt sich ein Eintreten in ein Vorabentscheidungsverfahren. Ausgangspunkt des Lösungsansatzes ist folgender Gedanke: Die Beschwerde gegen die Entscheidung, die ein Oberlandesgericht bei der Heilung des Verfahrensfehlers der ersten Instanz trifft, stellt eigentlich (bei ordnungsgemäßem Verfahrensablauf) eine weitere Beschwerde im Sinn von § 17 a Absatz 4 Satz 4 GVG dar. Die weitere Beschwerde ist aber nur im Fall ihrer Zulassung statthaft. Über die Zulassung entscheidet das Oberlandesgericht selbständig. Bejaht nun ein Oberlandesgericht den Rechtsweg zu den Zivilgerichten und sieht zugleich keinen Anlass, eine Beschwerde gegen seine Vorabentscheidung über den Rechtsweg zuzulassen, steht dieser Entscheidung kein Rechtsmittel entgegen und sie erwächst in Rechtskraft. Dies gilt auch dann, wenn das Oberlandesgericht im Zuge der Fehlerkorrektur den Rechtsweg zu den Zivilgerichten bejaht. Diese Vorabentscheidung betrachtet der *Bundesgerichtshof*[386] zu Recht als überflüssig und erachtet einen Eintritt des Berufungsgerichts in ein Vorabentscheidungsverfahren nicht für nötig, wenn es die Zulässigkeit des eingeschlagenen Rechtsweges bejaht und keinen Anlass sieht eine weitere Beschwerde zum *Bundesgerichtshof* zuzulassen. Für die Betroffenen bedeutet es allerdings, sepa-

386 *BGHZ* 131, 169 (171) = NJW 1996, 591; *BGHZ* 132, 245 (247) = NJW 1996, 1890; *BGH* MDR 1996, 1290 (1291); NJW 1999, 651.

rate Rechtsmittel bezüglich des Rechtsweges nicht mehr ergreifen zu können. Diese dritte Variante scheidet aber immer dann aus, wenn das Oberlandesgericht den eingeschlagenen Rechtsweg für unzulässig erachtet und den Rechtsstreit verweisen möchte. In diesem Fall hat ein Eintreten in ein Vorabentscheidungsverfahren verbunden mit einem Verweisungsbeschluss als Verfahrensabschluss zu erfolgen. Das *Bundesarbeitsgericht*[387] hat ein Absehen von einer Vorabentscheidung bisher nicht in Erwägung gezogen, sondern geht von einer Pflicht des Berufungsgerichts, stets in ein Vorabverfahren einzutreten, aus.

2. Ausgangsgericht: Amtsgericht

Ist das Amtsgericht Gericht erster Instanz und versäumt es, ein Vorabverfahren durchzuführen oder weist die Klage wegen des unrichtigen Rechtsweges als unzulässig ab, ist zunächst festzustellen, welches Gericht für das eingelegte Rechtsmittel zuständig ist. Dieses hat nun den Verfahrensfehler des Amtsgerichts zu korrigieren. Es sind drei Ausgangssituationen denkbar. In der Regel ist das Landgericht das zuständige Rechtsmittelgericht für Entscheidungen eines Amtsgerichts. Entscheidet das Amtsgericht aber als Familiengericht über ein Verfahren, hat der Gesetzgeber in § 119 Absatz 1 GVG das Oberlandesgericht als Rechtsmittelgericht vorgesehen. Darüber hinaus ist das Oberlandesgericht immer dann Rechtsmittelgericht für Berufungen und Beschwerden gegen amtsgerichtliche Entscheidungen, wenn ein Bundesland von der Ermächtigung in § 119 Absatz 3 GVG Gebrauch gemacht hat.

Ist das Landgericht das zuständige Rechtsmittelgericht, hat es den Rechtsstreit an das zuständige Gericht des zulässigen Rechtsweges zu verweisen, wenn es den Rechtsweg für nicht gegeben erachtet. In diesem Fall muss es eine Vorabentscheidung treffen[388]. Eine Vorabentscheidung entfällt jedoch, wenn das Landgericht den vom Kläger eingeschlagenen Rechtsweg zu den Zivilgerichten bejaht. Grund dafür ist die gesetzliche Regelung in § 17 a Absatz 4 GVG. Ist Ausgangsgericht das Amtsgericht, ist nach § 17 a Absatz 4 Satz 4 GVG der Beschwerderechtszug beim Landgericht zu Ende, da für die weitere sofortige Beschwerde der Beschluss eines oberen Landesgerichts erforderlich ist. Dies ist bei der Entscheidung des Landgerichts nicht der Fall[389]. Eine Zurückweisung des Rechtsstreits an das Amtsgericht scheidet ebenso aus wie in den Fällen, in denen Ausgangsgericht das Landgericht ist[390]. Das *Landgericht Gießen*[391] hingegen will das Verfahren

---

387 *BAG* NZA 1992, 954 (957).
388 *OLG Saarbrücken* NJW 1995, 1562 (1563).
389 *Kissel* NJW 1991, 945 (948); vgl. § 1. IV. B. 4., Seite 35.
390 Vgl. § 3. XVI. E. 1., Seite 137.
391 *LG Gießen* NJW-RR 1996, 188 (189).

an das Amtsgericht zurückverweisen. Die Nichtbeachtung des § 17 a GVG stelle einen Verfahrensfehler im ersten Rechtszug dar. Dieser sei auch als schwerwiegend im Sinne von § 539 ZPO einzuordnen, da das erstinstanzliche Verfahren wegen dieses Fehlers keine ordnungsgemäße Grundlage für eine Entscheidung des Landgerichts darstellen könne. Das Landgericht setzt sich allerdings mit seiner Entscheidung in Widerspruch zur übrigen Judikatur, die allgemein von einer Heilung des Verfahrensfehlers durch das Berufungsgericht ausgeht. Dadurch soll das Verfahren in die Bahnen gelangen, in die es auch bei richtiger Anwendung des § 17 a GVG gelangt wäre. Die Ansicht des *Landgerichts Gießen* überzeugt schon deshalb nicht, weil die Zurückverweisung dem Gedanken der Verfahrensbeschleunigung - wie er in §§ 17 ff. GVG zum Ausdruck kommt - nicht genügend Rechnung trägt. Die Zurückverweisung führt lediglich zu einer Vorabentscheidung durch das Amtsgericht, während das Landgericht diesen Beschluss ohne weiteres selbst fassen könnte, da eine Bindung gemäß § 17 a Absatz 5 GVG nicht vorliegt.

Ist das Oberlandesgericht für das eingelegte Rechtsmittel zuständig, gelten für die Heilung von Verfahrensfehlern, die dem Amtsgericht unterlaufen sind, die Grundsätze, die die Rechtsprechung für die Fälle entwickelt hat, in denen das Landgericht Ausgangsgericht war und dem Landgericht ein entsprechender Verfahrensfehler unterläuft[392].

3. *Verfahren außerhalb der ordentlichen Gerichtsbarkeit*

Überträgt man die Grundsätze, die vor allem die ordentlichen Gerichte für eine Korrektur eines Verfahrensfehlers bezüglich einer Rechtswegentscheidung entwickelt haben, auf Verfahren außerhalb der ordentlichen Gerichtsbarkeit, ist zu differenzieren; die Korrekturmöglichkeiten richten sich nach den Instanzenzügen, die der Gesetzgeber in den verschiedenen Rechtswegen vorgesehen hat.

Die Verwaltungsgerichtsbarkeit ist in Verwaltungsgerichte, Oberverwaltungsgerichte bzw. Verwaltungsgerichtshöfe[393] und das *Bundesverwaltungsgericht* gegliedert, vgl. §§ 45, 46, 48 VwGO. Deshalb entspricht die Fehlerberichtigung hier der Vorgehensweise, die sich bei der Korrektur von Verfahrensfehlern, die Landgerichten unterlaufen, herausgebildet hat[394]. Allerdings hat der *Verwaltungsgerichtshof Mannheim*[395] in einer frühen Entscheidung darauf hingewiesen, es stehe dem Rechtsmittelgericht frei, den Rechtsstreit aufgrund des Verfahrens-

392 Vgl. § 3. XVI. E. 1., Seite 137.
393 Vgl. § 184 VwGO.
394 Vgl. § 3. XVI. E. 1., Seite 137.
395 *VGH Mannheim* NVwZ-RR 1993, 515 (516).

fehlers an das Verwaltungsgericht zurückzuverweisen oder von dem ihm in § 130 Absatz 1 VwGO eingeräumten Ermessen Gebrauch zu machen und in der Sache selbst zu entscheiden, also den Verfahrensfehler selbst zu heilen. Diese Ansicht kann ebenso wenig wie die des *Landgerichts Gießen*[396] überzeugen, da eine Zurückverweisung dem Gedanken der Verfahrensbeschleunigung - wie er in §§ 17 ff. GVG zum Ausdruck kommt - nur ungenügend Rechnung trägt. Die Zurückverweisung führt lediglich zu einer Vorabentscheidung durch das Verwaltungsgericht, wobei das Oberverwaltungsgericht (bzw. der Verwaltungsgerichtshof) diesen Beschluss ohne weiteres selbst fassen könnte, da eine Prüfungs- und Entscheidungssperre gemäß § 17 a Absatz 5 GVG nicht vorliegt.

Auch das Arbeitsgerichtsgesetz geht für die Arbeitsgerichtsbarkeit von einem dreistufigen Aufbau aus. Arbeitsgerichte, Landesarbeitsgerichte und *Bundesarbeitsgericht* bilden den Instanzenzug im Rechtsweg zu den Arbeitsgerichten. Gemäß § 78 ArbGG gelten hinsichtlich der Beschwerde gegen Entscheidungen des Arbeitsgerichts die für die Beschwerde gegen Entscheidungen der Amtsgerichte maßgebenden Vorschriften der Zivilprozessordnung entsprechend. Es könnte der Schluss nahe liegen, die Fehlerkorrektur des Rechtsmittelgerichts würde im Arbeitsrechtsweg auf die gleiche Weise erfolgen wie diejenige bei einem entsprechenden Fehler eines Amtsgerichts. Diese Sichtweise ist jedoch unzutreffend, denn die Verweisung in § 78 ArbGG betrifft nur die prozessualen Regelungen, mit denen eine Beschwerde zu behandeln ist und lässt den Instanzenzug unberührt. Wie die bereits zitierte[397] Rechtsprechung des *Bundesarbeitsgerichts* zeigt, bleibt es bei dem im Arbeitsgerichtsgesetz vorgesehenen Instanzenzug. Das *Bundesarbeitsgericht* hat die Entwicklung der Grundsätze zur Fehlerkorrektur mit geprägt. Die Rechtsprechung des *Bundesarbeitsgerichts* hierzu entspricht weitgehend der der ordentlichen Gerichte: Bejaht das Landesarbeitsgericht die Zulässigkeit des Rechtsweges, hat es in ein Vorabverfahren einzutreten und gemäß § 17 a Absatz 3 Satz 2 GVG einen rechtswegbejahenden Beschluss zu fassen. Es muss dem Betroffenen somit das Beschwerdeverfahren eröffnen. Verneint dagegen das Landesarbeitsgericht den eingeschlagenen Rechtsweg, muss es ebenfalls in ein Vorverfahren eintreten und den Rechtsstreit gemäß § 17 a Absatz 2 Satz 1 GVG an das zuständige Gericht des zulässigen Rechtsweges verweisen. Zu der Möglichkeit des Absehens von einer Vorabentscheidung bei Bejahung des Rechtsweges durch das Rechtsmittelgericht und gleichzeitiger Nichtzulassung der weiteren Beschwerde liegt bislang keine Rechtsprechung des *Bundesarbeitsgerichts* vor. Bei dieser Konstellation erwächst die positive Vorabentscheidung sofort in Rechtskraft, da gegen diese Entscheidung kein Rechtsmit-

396 *LG Gießen* NJW-RR 1996, 188 (189); vgl. § 3. XVI. E. 2., Seite 140.
397 Vgl. § 3. XVI. E. 1., Seite 137.

tel gegeben ist. Diese Vorabentscheidung betrachtet der *Bundesgerichtshof*[398] als überflüssig und hält einen Eintritt des Berufungsgerichts in ein Vorabentscheidungsverfahren nicht für nötig, wenn es die Zulässigkeit des eingeschlagenen Rechtsweges bejaht und keinen Anlass sieht, eine weitere Beschwerde zum *Bundesgerichtshof* zuzulassen. Das *Bundesarbeitsgericht*[399] hat diese Möglichkeit bisher nicht in Erwägung gezogen, sondern geht von einer Pflicht des Berufungsgerichts, immer in ein Vorabverfahren einzutreten, aus.

§ 2 SGG ordnet die Errichtung von Sozialgerichten und Landessozialgerichten sowie in Verbindung mit Art. 95 Absatz 1 GG die Errichtung des *Bundessozialgerichts* an. Aus diesem Instanzenzug ergibt sich - wie schon für die Verwaltungs- und Arbeitsgerichtsbarkeit dargelegt - die Art und Weise einer Fehlerberichtigung. Sie entspricht dem Vorgehen, das sich bei der Korrektur von Verfahrensfehlern, die Landgerichten unterlaufen, herausgebildet hat. Auf eine Besonderheit weist das *Bundessozialgericht*[400] hin. Ausgangspunkt der Entscheidung war ein Urteil des Sozialgerichts, das eine Klage wegen des unrichtigen Rechtsweges für unzulässig erklärt und den Rechtsstreit verwiesen hat. Die Kläger haben dagegen Sprungrevision eingelegt. Diese sah das *Bundessozialgericht* nach dem Grundsatz der Meistbegünstigung als zulässig an[401]. An einer Entscheidung in der Sache sah sich das *Bundessozialgericht* jedoch gehindert; statt dessen hat es das Verfahren an das bisher übergangene Landessozialgericht als Beschwerdegericht zurückverwiesen. Das Landessozialgericht habe gemäß § 17 a Absatz 4 Satz 3 GVG über die Rechtswegfrage und die Zulassung einer weiteren Beschwerde durch Beschluss zu entscheiden. Eine Zurückverweisung an das Sozialgericht sei nicht erforderlich. Es reiche eine Einhaltung des in § 17 a GVG vorgesehenen Verfahrens durch das Landessozialgericht aus. Aufgrund der Meistbegünstigung sei die Sprungrevision zwar zulässig, die Meistbegünstigung könne aber den Instanzenzug gegenüber einem korrekten Verfahren nicht erweitern. Das *Bundessozialgericht* erhält also keine zusätzlichen Kompetenzen: Bei normalem Verfahrensgang kann das *Bundessozialgericht* eine Rechtswegentscheidung nur in den Fällen treffen, in denen das Landessozialgericht die weitere Beschwerde zugelassen hat. An dieser Sachentscheidungsvoraussetzung fehlte es aber in der vorliegenden Verfahrenskonstellation. Es bleibt also nur die Möglichkeit einer Zurückverweisung, um das Verfahren in die richtige Bahn zu lenken.

---

398 *BGHZ* 131, 169 (171) = NJW 1996, 591; *BGHZ* 132, 245 (247) = NJW 1996, 1890; *BGH* MDR 1996, 1290 (1291), vgl. § 3. XVI. E. 1., Seite 137.

399 *BAG* NZA 1992, 954 (957).

400 *BSGE* 72, 90 (91 f.); weitere Entscheidungen von Gerichten anderer Rechtswege, in denen eine Sprungrevision ebenfalls zulässig ist, liegen bisher nicht vor.

401 Vgl. § 3. XVI. D., Seite 134.

Die Finanzgerichte sind gemäß § 35 FGO die Gerichte des ersten Rechtszuges im Finanzrechtsweg. Der *Bundesfinanzhof* ist nach § 36 FGO i. V. m. § 128 FGO Rechtsmittelgericht. Dem *Bundesfinanzhof* obliegt es, sich mit den Verfahrensfehlern, die einem Finanzgericht bei der Bestimmung des Rechtsweges unterlaufen können, zu beschäftigen. Für die Korrekturmöglichkeiten des Rechtsmittelgerichts ist eine Tatsache entscheidend: Der *Bundesfinanzhof* ist im Instanzenzug Rechtsmittelgericht und zugleich sind die Rechtsmittel im Finanzrechtsweg mit seiner Anrufung ausgeschöpft. Das Rechtsmittelgericht hat also auch im Finanzrechtsweg den Rechtsstreit an das zuständige Gericht des zulässigen Rechtsweges zu verweisen, wenn es den eingeschlagenen Rechtsweg für unzulässig hält. In diesem Fall ist eine Vorabentscheidung zu treffen. Eine Vorabentscheidung entfällt jedoch, wenn der *Bundesfinanzhof* den Rechtsweg als richtig erachtet. Die Korrekturmöglichkeiten entsprechen also den Fällen, in denen das Landgerichts als zuständiges Rechtsmittelgericht vor der Frage steht, wie ein Verfahrensfehler, der einem Amtsgericht bei der Bestimmung des Rechtsweges unterlaufen ist, zu beheben ist. In beiden Fällen sind der *Bundesfinanzhof* bzw. die Landgerichte letzte und einzige Rechtsmittelinstanz.

Das *Bundespatentgericht* ist gemäß § 65 Satz 1 PatG ein selbständiges und unabhängiges Bundesgericht. Es ist besonderes oberes Bundesgericht für Angelegenheiten des gewerblichen Rechtsschutzes, vgl. Art. 96 Absatz 1 GG in Verbindung mit Art. 73 Nr. 9 GG. Das *Bundespatentgericht* zählt zu der ordentlichen Gerichtsbarkeit und ist dem *Bundesgerichtshof* gemäß Art. 96 Absatz 3 GG wie ein Oberlandesgericht nachgeordnet[402]. Die funktionelle Zuständigkeit des *Bundespatentgerichts* regelt § 65 PatG. Das Gericht entscheidet über Beschwerden gegen Beschlüsse der Prüfungsstellen bzw. Prüfungsabteilungen des Patentamts und ist zuständig für Klagen auf Erklärung der Nichtigkeit oder Zurücknahme von Patenten oder auf Erteilung von Zwangslizenzen[403]. Der Instanzenzug weist gegenüber § 12 GVG, der als ordentliche streitige Gerichte Amtsgerichte, Landgerichte, Oberlandesgerichte und den *Bundesgerichtshof* nennt, Besonderheiten auf. Aus der Stellung des *Bundespatentgerichts*, die der eines Oberlandesgerichts entspricht, folgt auch die Reaktion des Rechtsmittelgerichts bei Verfahrensfehlern des *Bundespatentgerichts*, die den Rechtsweg betreffen. Berufungs- und Beschwerdegericht ist der *Bundesgerichtshof*, vgl. § 110 PatG und § 100 PatG. Hält der *Bundesgerichtshof* den Rechtsweg zu einem anderen Gerichtszweig für gegeben, hat er das Verfahren in diese - richtigen - Bahnen zu lenken. Ein Eintreten in ein Vorabverfahren über den Rechtsweg ist zwingend und endet

---

402 *Mes*, Patent- und Gebrauchsmustergesetz § 65 PatG, Rdnr. 2.

403 Weitere Zuständigkeiten des Bundespatentgerichts ergeben sich z. B. aus § 16 a Absatz 2, § 62 Absatz 2 und § 115 Absatz 2 PatG.

mit einem Verweisungsbeschluss. Anders jedoch, wenn der *Bundesgerichtshof* den eingeschlagenen Rechtsweg für richtig erachtet. Diese Lage ähnelt den Fällen, in denen ein Oberlandesgericht als zuständiges Rechtsmittelgericht den Rechtsweg bejahen und zugleich eine weitere Beschwerde nicht zulassen will. In beiden Fällen würde ein den Rechtsweg bejahender Beschluss sofort in Rechtskraft erwachsen, da den Parteien keine Rechtsmittel gegen die Entscheidung zustehen. Im Fall des Oberlandesgerichts hat der *Bundesgerichtshof*[404] eine solche positive Vorabentscheidung als überflüssig erachtet. Eine Entscheidung des *Bundesgerichtshofes* für den Bereich des *Bundespatentgerichts* steht bisher zwar noch aus. Angesichts der gefestigten Rechtsprechung des *Bundesgerichtshofes* im Parallelfall „unnötige positive Vorabentscheidung des Oberlandesgerichts bei Nichtzulassung einer weiteren Beschwerde" ist eine Übertragung der dort entwickelten Grundgedanken auf den Bereich des Patentrechts sehr naheliegend.

F. Das Rechtsmittelverfahren bei Heilung in der Berufungsinstanz

Aus der Sicht der Parteien stellt sich die Frage, wie sie auf die Entscheidung des Berufungsgerichts bezüglich des Rechtsweges reagieren können, also welche Rechtsmittel ihnen bei den jeweiligen, oben geschilderten[405] Entscheidungsmöglichkeiten offen stehen. Dabei ist wieder zu differenzieren, welches Gericht in der Berufungsinstanz den Verfahrensfehler der ersten Instanz korrigiert hat.

1. Berufungsgericht: Oberlandesgericht

Ist Berufungsgericht ein Oberlandesgericht, gibt es mehrere denkbare erstinstanzliche Gerichte. Zum einen kann erstinstanzliches Gericht ein Landgericht gewesen sein, zum anderen kann aber auch das Amtsgericht in seiner Funktion als Familiengericht entschieden haben. Das Oberlandesgericht als Rechtsmittelgericht ist in diesen Fällen nicht das letztinstanzliche Gericht. Darüber hinaus könnte ein Bundesland von der Ermächtigung in § 119 Absatz 3 GVG Gebrauch machen[406]. In diesem Fall ist das Oberlandesgericht auch dann das zuständige Rechtsmittelgericht, wenn das Amtsgericht nicht in seiner Funktion als Familiengericht entschieden hat.

---

404 *BGHZ* 131, 169 (171) = NJW 1996, 591; *BGHZ* 132, 245 (247) = NJW 1996, 1890; *BGH* MDR 1996, 1290 (1291); vgl. § 3. XVI. E. 1., Seite 137.

405 Vgl. § 3. XVI. E., Seite 136.

406 Bislang hat kein Bundesland von der Ermächtigung Gebrauch gemacht; den Äußerungen der Länderregierung zu den Reformbestrebung nach zu urteilen, ist dies in der näheren Zukunft auch nicht geplant.

a) Die Rechtsmittel bei positiver Vorabentscheidung

Erachtet das Rechtsmittelgericht den eingeschlagenen Rechtsweg für gegeben, hat es nach Ansicht des *Bundesarbeitsgerichts*[407] in jedem Fall eine Vorabentscheidung zu treffen. Dabei hat es auch über die Zulassung der weiteren Beschwerde zu entscheiden, gemäß § 17 a Absatz 4 Satz 4 GVG. Lässt das Gericht die weitere Beschwerde zu, ist der oberste Gerichtshof des Rechtszuges an diese Zulassung gebunden, wie es der Gesetzgeber in § 17 a Absatz 4 Satz 6 GVG angeordnet hat. In diesem Fall ist die weitere sofortige Beschwerde als Rechtsmittel gegen die Rechtswegentscheidung des Oberlandesgerichts eröffnet. Den Parteien erwächst aus dem Verfahrensfehler der ersten Instanz kein Nachteil. Die Rechtsprechung stellt ihnen ausreichend Rechtsmittel zur Verfügung, um ihre Anliegen auch hinsichtlich des Rechtsweges klären zu lassen. Das Berufungsgericht seinerseits hat das Hauptsacheverfahren bis zum Abschluss des weiteren Beschwerdeverfahrens auszusetzen[408].

Sieht das Oberlandesgericht keinen Anlass, die weitere sofortige Beschwerde gemäß § 17 a Absatz 4 Satz 5 GVG zuzulassen, erwächst der Beschluss sofort in Rechtskraft[409]. In diesem Fall ist sofort eine Entscheidung in der Sache möglich. Den Parteien steht dann kein Rechtsmittel gegen die Vorabentscheidung zur Verfügung; sie können ihre Auffassung über die Rechtswegfrage somit nur durch das Berufungsgericht (also das Oberlandesgericht), das nicht an das Prüfungsverbot des § 17 a Absatz 5 GVG gebunden ist, prüfen lassen[410].

Der *Bundesgerichtshof*[411] stimmt mit dem *Bundesarbeitsgericht* überein, das Oberlandesgericht als Berufungsgericht bei der Heilung des Verfahrensfehlers in der ersten Instanz grundsätzlich selbst in ein Vorabverfahren eintreten zu lassen. Eine Vorabentscheidung erweist sich nach Ansicht des *Bundesgerichtshofes* jedoch in den Fällen als überflüssig, in denen das Oberlandesgericht erstens den eingeschlagenen Rechtsweg für zulässig erachtet und zweitens keinerlei Anlass sieht, eine weitere sofortige Beschwerde zuzulassen[412]. Das Berufungsgericht kann dann nach der ständigen Rechtsprechung des *Bundesgerichtshofes* sogleich eine Entscheidung in der Hauptsache treffen, ohne den Rechtsschutz der Parteien unzulässig zu verkürzen. Diese Sichtweise vertritt das *Oberlandesgericht Frank-*

---

407 *BAG* NZA 1992, 954 (957).
408 *BAG* NZA 1992, 954 (957).
409 *BAG* NZA 1992, 954 (957).
410 *OVG Koblenz* NVwZ-RR 1993, 668 (669).
411 *BGHZ* 131, 169 (171) = NJW 1996, 591; *BGHZ* 132, 245 (247) = NJW 1996, 1890.
412 *BGHZ* 120, 204 (207); vgl. § 3. XVI. E. 1., Seite 137.

furt am Main[413] auch für Verfahren, die dem vorläufigen Rechtsschutz zuzurechnen sind.

b) Die Rechtsmittel bei Verweisung des Rechtsstreits

Kommt das Oberlandesgericht im Rahmen einer Entscheidung über die von den Parteien eingelegte Berufung zu dem Ergebnis, der eingeschlagene Rechtsweg sei nicht eröffnet, hat es im Zuge der Heilung des Verfahrensfehlers erster Instanz das Urteil des Ausgangsgerichts aufzuheben[414] bzw. abzuändern[415] und den Rechtsstreit an das zuständige Gericht des zulässigen Rechtsweges zu verweisen.

Erachtet das Berufungsgericht im Rahmen der Verweisung die Zulassung der weiteren Beschwerde aus den in § 17 a Absatz 4 Satz 5 GVG genannten Gründen für notwendig, hat es dies zugleich in dem Verweisungsbeschluss auszusprechen. Die Parteien haben dadurch die Möglichkeit, einen obersten Gerichtshof zur abschließenden Klärung der Rechtswegfrage anzurufen. Sieht sich das Berufungsgericht dagegen nicht zu einer Zulassung der weiteren Beschwerde veranlasst, erwächst die Verweisung sofort in Rechtskraft[416]. Den Parteien steht gegen den Beschluss kein Rechtsmittel zu. Auch eine Nichtzulassungsbeschwerde ist unstatthaft[417]. Der Beschluss ist für das Adressatgericht hinsichtlich des Rechtsweges gemäß § 17 a Absatz 2 Satz 3 GVG bindend.

2. Berufungsgericht: Landgericht

Ist das Landgericht Berufungsgericht, ist dieses Rechtsmittelgericht nach dem allgemeinen System der Rechtsmittel gleichzeitig letzte Instanz. Dies gilt sowohl für die Entscheidung in der Sache als auch für die Entscheidung über den Rechtsweg. Zu diesem Instanzenzug existiert bislang keine veröffentlichte Judikatur. Aus den Grundsätzen, die die Rechtsprechung bei erstinstanzlicher Zuständigkeit des Landgerichts entwickelt hat, lässt sich folgender Lösungsansatz ableiten:

a) Die Rechtsmittel bei positiver Vorabentscheidung

Kommt das Landgericht bei der Prüfung des Rechtsweges, an der es durch § 17 a Absatz 5 GVG nicht gehindert ist, weil das Amtsgericht das in § 17 a Absatz 2

---

413 *OLG Frankfurt am Main* NJW 1997, 2391.
414 *OVG Schleswig* NVwZ-RR 1993, 670.
415 *BAG* NZA 1992, 954 (957).
416 *BAG* NZA 1992, 954 (957).
417 Vgl. § 3. XV. E., Seite 121.

und Absatz 3 GVG vorgesehene Verfahren nicht eingehalten hat, zu dem Ergebnis, der eingeschlagene Rechtsweg sei zu bejahen, entscheidet es sogleich in der Hauptsache. Zwar hat auch hier das Rechtsmittelgericht den Fehler des Amtsgerichts zu korrigieren. Eine Vorabentscheidung über den Rechtsweg erscheint jedoch nicht notwendig. Ein gesonderter Beschluss über den Rechtsweg stellt sich mit den Worten des *Bundesgerichtshofes* als „nutzlose Förmelei" dar, wenn den Beteiligten gegen den Rechtswegbeschluss des Berufungsgerichts keinerlei Rechtsmittel zur Verfügung steht. Dies ist bei einer Entscheidung des Amtsgerichts als Erstgericht der Fall: Der Vorabbeschluss - würde er denn gefasst - würde sofort in Rechtskraft erwachsen, weil der Gesetzgeber das Rechtsmittel der weiteren sofortigen Beschwerde gemäß § 17 a Absatz 4 Satz 3 GVG nur in den Fällen vorgesehen hat, in denen Erstgericht das Landgericht und Berufungsgericht das Oberlandesgericht ist. Diese gesetzgeberische Entscheidung ist auch dann zu beachten, wenn das Erstgericht einen Verfahrensfehler begeht. Anderenfalls würden die Parteien bei einem Verfahrensfehler des Amtsgerichts besser stehen als bei Einhaltung des gesetzlich vorgesehenen Verfahrens.

b) Die Rechtsmittel bei negativer Vorabentscheidung

Hält das Landgericht als Berufungsinstanz den eingeschlagenen Rechtsweg für unzulässig, muss es den Rechtsstreit durch Beschluss an das zuständige Gericht des zulässigen Rechtsweges gemäß § 17 a Absatz 2 Satz 1 GVG verweisen. Dabei hebt es zugleich das erstinstanzliche Urteil des Amtsgerichts auf. Den Parteien steht gegen den Verweisungsbeschluss kein Rechtsmittel offen; der Beschluss erwächst sofort in Rechtskraft. Zur Begründung dieser Rechtslage ist auf die Argumente, die schon bei Bejahung des Rechtsweges durch das Landgericht als Berufungsinstanz Anwendung fanden, zurückzugreifen. Der Rechtsstreit ist dann gemäß § 17 b Absatz 1 Satz 1 GVG bei dem im Beschluss bezeichneten Gericht erster Instanz anhängig. Die Verweisung ist für dieses Gericht hinsichtlich des Rechtsweges bindend, gemäß § 17 a Absatz 2 Satz 3 GVG. Auch in einem solchen Fall kommt es zu keiner Besserstellung der Parteien. Eine gerichtliche Prüfung des Rechtsweges bleibt jedoch gewährleistet, da es zu keinem Entzug der Rechtsmittel kommt.

XVII. § 17 a GVG und die Erledigung der Hauptsache

Ein Problem, das bisher noch kaum Eingang in die Rechtsprechung gefunden hat, betrifft das Verhältnis einer Vorabentscheidung nach § 17 a Absatz 2 und Absatz 3 GVG zu der Erledigung des Rechtsstreits.

A. Die übereinstimmende Erledigungserklärung

Im Fall einer übereinstimmenden Erledigungserklärung hat das Gericht lediglich noch eine Kostenentscheidung zu treffen. Für die Kostenentscheidung erscheint eine Entscheidung über den Rechtsweg nicht zwingend geboten. Das *Oberlandesgericht Frankfurt*[418] merkt in einem Beschluss an, im Fall einer übereinstimmenden Erledigungserklärung sei die Rechtswegfrage zu entscheiden, da auch die Kostenentscheidung in die Zuständigkeit des Gerichts der Hauptsache fallen dürfte. Diese Argumentation ist nicht vollständig überzeugend. Liegt eine übereinstimmende Erledigungserklärung der Parteien vor, besteht für die Klärung der Rechtswegfrage kein Bedürfnis mehr, da die Parteien durch die übereinstimmende Erledigungserklärung zu erkennen gegeben haben, ihnen ist an einer gerichtlichen Entscheidung des Rechtsstreits, gleichgültig in welchem Rechtsweg, nicht mehr gelegen[419].

B. Die einseitige Erledigungserklärung

Bei einer einseitigen Erledigungserklärung durch den Kläger ist zumindest nach den Regeln der Zivilprozessordnung eine inzidente Entscheidung in der Hauptsache über die Erfolgsaussichten des für erledigt erklärten Rechtsstreits im Rahmen der sich anschließenden Feststellungsklage zu treffen[420]. Es ist also möglich, diese inzidente Entscheidung durch ein Gericht desjenigen Rechtszuges treffen zu lassen, das über die Hauptsache auch ohne die Erledigungserklärung des Klägers zu entscheiden gehabt hätte. Der Beklagte, der der Erledigungserklärung widerspricht, hat einen Anspruch auf Klärung der Erfolgsaussichten des ursprünglichen Rechtsstreits vor dem zuständigen Gericht des zulässigen Rechtsweges. Allenfalls könnte sich in diesem Zusammenhang die Frage stellen, ob eine Rechtswegrüge des Klägers nach § 17 a Absatz 3 Satz 2 GVG beachtlich sein kann. Der Kläger hat durch die Erledigungserklärung nämlich ein mangelndes Interesse an

---

418 *OLG Frankfurt* NJW 1993, 2945.

419 *Zöller/Gummer* § 17 a GVG Rdnr. 19; *Germelmann/Matthes/Prütting* § 48 Rdnr. 63.

420 Diese Entscheidung erfolgt auch im verwaltungsgerichtlichen Verfahren. Nach der ständigen Rechtsprechung des *Bundesverwaltungsgerichts* erfolgt zumindest eine Prüfung der Zulässigkeit der Klage, da das angerufene Gericht bei Unzulässigkeit der Klage gehindert ist, die Erledigung festzustellen, vgl. *BVerwGE* 82, 41 (42 f.). Eine Begründetheitsprüfung erfolgt dagegen nur, wenn der Beklagte ein berechtigtes Interesse an der Abweisung der Klage mit dem ursprünglichen Sachantrag geltend machen kann, vgl. *BVerwGE* 87, 62 (65).

der Fortsetzung des Rechtsstreits erkennen lassen. Eine Verweisung würde somit seinen Interessen zuwiderlaufen; eine Rechtswegrüge des Klägers ist aus diesem Grund unbeachtlich.

XVIII. Die Regelungen des § 17 b GVG in der Rechtsprechung

A. Die Anhängigkeit beim aufnehmenden Gericht - § 17 b Absatz 1 Satz 1 GVG

§ 17 b Absatz 1 Satz 1 GVG bestimmt, „der Rechtsstreit wird mit Eingang der Akten bei dem im Beschluss bezeichneten Gericht anhängig". Der Rechtsstreit gelangt unverändert zu dem empfangenden Gericht. Folglich gelten alle Prozesshandlungen des Rechtsstreits als vor dem neuen Gericht vorgenommen. Eventuelle Beweisaufnahmen kann das Adressatgericht übernehmen, da das Verfahren trotz Behandlung durch zwei Gerichte unterschiedlicher Gerichtszweige eine Einheit bildet. Allerdings hat das empfangende Gericht gemäß § 309 ZPO, § 112 VwGO erneut eine mündliche Verhandlung anzuberaumen[421]. Die Anhängigkeit wird erst durch den Eintritt der Rechtskraft des Verweisungsbeschlusses bewirkt, wie sich aus dem Wortlaut des § 17 b Absatz 1 Satz 1 GVG ergibt[422]. Eine Versendung der Akten durch das verweisende Gericht ist - so das *Bundesarbeitsgericht* - erst nach Eintritt der Rechtskraft des Verweisungsbeschlusses zulässig. Versendet ein Gericht entgegen der gesetzlichen Regelung sofort nach der Beschlussfassung die Akten, tritt alleine durch die Versendung noch keine Anhängigkeit des Rechtsstreits am empfangenden Gericht ein[423]. Das potentielle Adressatgericht ist seinerseits durch § 17 a Absatz 2 Satz 3 GVG jedenfalls nicht gehindert, die Akten an das Ausgangsgericht zurückzusenden, da der Rechtsstreit immer noch - aufgrund fehlender Rechtskraft des Verweisungsbeschlusses - bei dem Ausgangsgericht anhängig ist. Allerdings kann es Situationen geben, die bei einer verfrühten Aktenversendung eine Rückgabe der Akten an das Ausgangsgericht zumindest unpraktikabel erscheinen lassen, etwa wenn Kläger und Beklagter übereinstimmend eine Verweisung beantragt haben. Die Einlegung von Rechtsmitteln gegen die Verweisung ist in diesem Fall kaum zu gewärtigen und das Adressatgericht muss, um zuständig zu sein, nur noch den Fristablauf abwarten. Eine Versendung der Akten ist dann zwar verfrüht erfolgt, aber eine Heilung in allernächster Zeit absehbar; eine Zuwarten mit der Rücksendung trägt in dieser Lage des Verfahrens den Interessen der Beteiligten eher Rechnung als ein zwar

---

421 *Kissel* § 17 Rdnr. 42.
422 *BAGE* 70, 374 (376).
423 *OLG Düsseldorf* NZA-RR 1997, 222 (223).

rechtmäßiges aber letztlich vergebliches Zurücksenden der Akten. In diesem Zusammenhang stellt das *Bundesarbeitsgericht*[424] fest, eine Anrufung des *Bundesarbeitsgerichts* zu diesem Zeitpunkt könne nur die Feststellung zur Folge haben, der Rechtsstreit sei noch beim Ausgangsgericht anhängig. Eine Bestimmung des zuständigen Gerichts gemäß § 36 Absatz 1 Nr. 6 ZPO analog käme nicht in Frage, da sonst die in § 17 a Absatz 4 GVG vorgesehenen Rechtsschutzmöglichkeiten leer laufen würden. Eine Bindung des Adressatgerichts tritt mit Rechtskraft des Verweisungsbeschlusses gemäß § 17 a Absatz 2 Satz 3 GVG ein, also nach Ablauf der Zweiwochenfrist gemäß § 577 Absatz 2 Satz 1 ZPO bei ordnungsgemäßer Zustellung, spätestens jedoch mit Ablauf von fünf Monaten nach Mitteilung des Beschlusses gemäß § 516 ZPO analog[425]. Diese Bindung erfolgt unabhängig davon, ob das Adressatgericht die Akten zurückgesandt hat oder nicht.

B. Die Grenzen des § 17 b Absatz 1 Satz 2 GVG

Gemäß § 17 b Absatz 1 Satz 2 GVG bleiben bei einer Verweisung an ein Gericht eines anderen Rechtsweges die Wirkungen der Rechtshängigkeit bestehen, also z. B. die Fristwahrung, die Nebenintervention oder die Streitverkündung. Die Klagefrist ist auch dann gewahrt, wenn die Klageschrift bei einem rechtswegfremden Gericht eingeht. Erhebt der Kläger innerhalb der Frist des § 74 VwGO Klage zu den ordentlichen Gerichten und verweist das ordentliche Gericht nach Fristablauf an ein Verwaltungsgericht, ist die Klage gleichwohl rechtzeitig erhoben. Ist die Klagefrist dagegen schon bei Klageerhebung vor dem Zivilgericht abgelaufen, kann daran auch eine Verweisung nichts mehr ändern. Das *Oberverwaltungsgericht Münster*[426] hatte sich mit einer Variante dieser Konstellation zu befassen. Der Kläger hatte die Klageschrift zwar an das richtige Gericht adressiert, aber versehentlich an ein anderes Gericht versandt. In diesem Fall handelt es sich um einen sogenannten Irrläufer, bei dem sich der Kläger nicht im Irrtum über die Zuständigkeit von Gerichten befindet. Es liegt eine bloße Nachlässigkeit der Klägerseite vor: Das Gericht, bei dem diese Klage eingeht, obwohl sie dort nicht eingehen sollte, ist allenfalls gehalten, die Klage zurückzusenden oder weiterzuleiten. Eine Pflicht zu einer prozessualen Behandlung besteht hingegen nach der zutreffenden Meinung des *Oberverwaltungsgerichts Münster* nicht. Demzufolge kann diese Klageerhebung weder fristwahrende Wirkung haben noch eine

---

424 *BAGE* 70, 374 (379).
425 Vgl. § 3. XV. A., Seite 115.
426 *OVG Münster* NJW 1996, 334.

Rechtshängigkeit begründen, die bei einer Weitergabe des Schriftstücks bestehen bleiben könnte.

Einen weiteren Problemkreis des § 17 b Absatz 1 Satz 2 GVG behandelt das *Oberverwaltungsgericht Koblenz*[427]. Zu entscheiden war die Frage, ob die Wirkungen der Rechtshängigkeit auch dann bestehen bleiben, wenn der Kläger trotz ordnungsgemäßer Rechtsmittelbelehrung hinsichtlich der Zuständigkeit (vgl. § 83 VwGO) die Klage beim unzuständigen Gericht erhebt. Das Gesetz stellt in diesem Zusammenhang nicht auf die schuldhafte oder unverschuldet falsche Klageerhebung ab. Die Wirkungen der Rechtshängigkeit kommen der Partei auch bei schuldhaftem Verhalten zugute. Das Gericht lehnt eine teleologische Reduktion der gesetzlichen Regelung ab. Eine verdeckte Lücke in § 17 b Absatz 1 Satz 2 GVG - also das Fehlen einer Einschränkung, obwohl diese dem Zweck der Regelung nach geboten ist - kann der Senat im vorliegenden Fall nicht erkennen: Es entstehe kein Wertungswiderspruch, wenn eine Partei trotz ordnungsgemäßer Belehrung Klage beim unzuständigen Gericht erhebe und dennoch die Vorteile der Fristwahrung bei einer Verweisung an das zuständige Gericht in Anspruch nehme. Man würde durch eine telelogische Reduktion den Willen des Gesetzgebers korrigieren, ohne dazu durch den Gedanken der Gerechtigkeit gezwungen zu sein. Das Gericht führt weiter aus, es seien zwar Fälle denkbar, in denen eine Partei die Klage beim unzuständigen Gericht rechtsmissbräuchlich erhebe, so z. B. wenn das als zuständig angesehene Gericht nicht mehr fristgerecht erreichbar sei. Hierbei sei dem Missbrauch jedoch nicht mit einer generellen teleologischen Reduktion des § 17 b Absatz 1 Satz 2 GVG zu begegnen, sondern nach den allgemeinen Prozessrechtsregelungen über den Rechtsmissbrauch im Einzelfall.

C. Die Kosten des Verfahrens gemäß § 17 b Absatz 2 GVG

Die Regelung des § 17 b Absatz 2 GVG ist § 281 Absatz 3 ZPO, der die Verweisung bei sachlicher oder örtlicher Unzuständigkeit im Zivilprozess betrifft, nachgebildet.

I. Die Kosten des Verweisungsverfahrens

Über die Kosten des Rechtsstreits entscheidet das empfangende Gericht in seiner Endentscheidung. Wegen des Grundsatzes der Kosteneinheit gehören zu den Verfahrenskosten auch diejenigen Kosten, die durch die Verweisung entstanden sind. § 17 b Absatz 2 Satz 1 GVG erstreckt den Grundsatz der Kosteneinheit

427 *OVG Koblenz* NVwZ-RR 1996, 181.

über die Grenzen der Gerichtsbarkeit hinweg[428]. Das verweisende Gericht darf nicht einmal den Streitwert des Verfahrens festsetzen. Tut es dies dennoch, hält es der *Verwaltungsgerichtshof Mannheim*[429] für geboten, den Streitwertbeschluss in entsprechender Anwendung von § 25 Absatz 1 GKG von Amts wegen aufzuheben. In dem vom Verwaltungsgerichtshof zu entscheidenden Fall war Beschwerde gegen den Streitwertbeschluss eingelegt, mit dem Ziel, eine Erhöhung des Streitwerts zu erreichen. In der Entscheidung bleibt offen, ob das empfangende Gericht den Streitwertbeschluss auch ohne Beschwerde von Amts wegen aufheben kann.

2. Die Kosten des Beschwerdeverfahrens

§ 17 b Absatz 2 Satz 1 GVG trifft eine Regelung nur für das Verfahren vor dem angegangenen Gericht. Unter den Begriff des angegangenen Gerichts fallen jedoch nicht diejenigen Gerichte, die gemäß § 17 a Absatz 4 GVG über die Beschwerde gegen einen Verweisungsbeschluss zu entscheiden haben. Die Beschwerdegerichte entscheiden selbständig über die Kosten des Beschwerdeverfahrens[430]. Das Beschwerdeverfahren bildet keine Einheit mit dem Hauptsacheverfahren und dem Verweisungsbeschluss[431]. Einen etwas anderen Ansatz verfolgt der *Bundesfinanzhof*[432], der davon ausgeht, eine Beschwerdeentscheidung bedürfe dann keiner Kostenentscheidung, wenn der Rechtsweg zum Finanzgericht zulässig sei. In diesem Fall sei das Verfahren vor den Finanzgerichten nicht beendet, weshalb die Regelung des § 143 Absatz 1 FGO nicht greifen könne. Das Vorabverfahren stelle hier eine im Rahmen des Hauptverfahrens getroffene Entscheidung dar. Offen bleibt in diesem Zusammenhang, ob bei einer Verweisung im Beschwerdeverfahren eine Kostenentscheidung zu erfolgen hätte. Auch das *Oberlandesgericht Köln*[433] spricht sich gegen eine Kostenentscheidung im Beschwerdeverfahren aus. Aus § 17 b Absatz 2 GVG ergebe sich keine Veranlassung für eine Kostenentscheidung im Beschwerdeverfahren. Das *Oberlandesgericht Köln* geht zwar zutreffend von einem Fehlen einer Regelung über die Kostenentscheidung im Beschwerdeverfahren in § 17 b Absatz 2 GVG aus. Es schließt aus dieser Tatsache aber auf eine Entscheidung des empfangenden Gerichts auch über die Rechtsmittelkosten der Beschwerde. Diese weite Auslegung

---

428 Münchener Kommentar ZPO-*Wolf* § 17 b GVG Rdnr. 9; *Schoch/Schmidt-Aßmann/Pietzner/Ehlers* § 41 § 17 b GVG Rdnr. 7; *VGH Mannheim* NVwZ-RR 1992, 165.
429 *VGH Mannheim* NVwZ-RR 1992, 165.
430 *BSG* MDR 1997, 1066; *BVerwG* 103, 26 (32).
431 Münchener Kommentar ZPO-*Wolf* § 17 b GVG Rdnr. 9 f.
432 *BFH* DStR 1997, 1243 (1244).
433 *OLG Köln* NJW-RR 1993, 639 (640).

des § 17 b Absatz 2 Satz 1 GVG, der dem Wortlaut nach nur die Kosten des Verweisungsverfahrens betrifft, erscheint nicht sachgerecht. Diese Ansicht würde nicht nur zu einer Einheit des Verweisungsverfahrens mit dem Hauptsacheverfahren führen, die Einheit würde darüber hinaus auch das Beschwerdeverfahren erfassen. Hätte der Gesetzgeber dies gewollt, hätte er dies ausdrücklich regeln können. Die automatische Kostentragungspflicht des Klägers gemäß § 17 b Absatz 2 Satz 2 GVG hinsichtlich der Mehrkosten der Verweisung bleibt bei der Ansicht des *Oberlandesgerichts Köln* ebenfalls unberücksichtigt. Der Kläger hätte, setzt man die Ansicht des Oberlandesgerichts konsequent um, nämlich auch die Mehrkosten, die durch ein erfolgloses Rechtsmittel des Beklagten gegen den Verweisungsbeschluss entstanden sind, zu tragen; und dies obwohl der Kläger selbst nicht Verursacher dieser Kosten war. Dagegen führt eine Aufspaltung des Zwischenverfahrens in Beschwerde und Verweisung bei der Bestimmung der Kostentragungspflicht zu gerechteren Ergebnissen, da die Gerichte die starre Kostentragungsregelung nicht auch für das Beschwerdeverfahren anwenden müssen, sondern nach den allgemeinen Regelungen eine Kostenentscheidung hinsichtlich der Beschwerde fällen.

3. Der Beschwerdewert

Unterschiedliche Ansichten vertreten die Gerichte seit Einführung der §§ 17 bis 17 b GVG hinsichtlich des Streitwerts im Beschwerdeverfahren. Das *Landesarbeitsgericht Köln*[434] setzt im Beschwerdeverfahren den Hauptsachewert als Streitwert an. Eine Partei strenge das Beschwerdeverfahren an, um das Ziel zu erreichen, den Rechtsstreit vor dem Gericht auszutragen, von dem die Partei annimmt, ein Obsiegen in der Hauptsache sei leichter möglich. Deshalb setzt das Gericht das Interesse im Beschwerdeverfahren mit dem Hauptsachestreitwert gleich. Einen Abschlag vom Hauptsachewert wollen die Richter dagegen nicht vornehmen. Das Beschwerdeverfahren sei zwar ein Zwischenverfahren, dieser Tatsache trage das Gesetz jedoch schon durch die Herabsetzung der Gerichtskosten und der Rechtsanwaltsgebühren genügend Rechnung. Ein zusätzlicher Abschlag beim Streitwert erscheint dem Gericht daher unnötig. Dieser Ansatz widerspreche auch nicht der Rechtsprechung des *Bundesverfassungsgerichts*[435], nach der eine Erschwerung des Zugangs zu den Gerichten (der Arbeitsgerichtsbarkeit) unzulässig ist: Eine Belastung einer Partei mit einem unverhältnismäßig hohen Kostenrisiko sei zwar mit der Justizgewährungspflicht gemäß Art. 20 Absatz 3 GG nicht vereinbar. Im Beschwerdeverfahren entspreche aber das subjek-

---

434 *LAG Köln* MDR 1993, 915; ebenso *OLG Köln* NJW-RR 1993, 639 (640).
435 *BVerfG* 85, 337 (346 f.).

tive Interesse dem Hauptsachewert und stelle deshalb keine unzumutbare Erschwerung der Rechtsverfolgung dar.

Das *Oberlandesgericht Karlsruhe*[436] sieht das Interesse des Beschwerdeführers nicht als mit dem Hauptsachestreitwert übereinstimmend an, sondern setzt das Interesse mit den Anwaltskosten des Beschwerdeführers gleich. Dazu führt es aus, der Beschwerdeführer habe im arbeitsgerichtlichen Verfahren gemäß § 12 a Absatz 1 Satz 1 ArbGG keinen Anspruch auf Kostenerstattung für die Zuziehung eines Prozessbevollmächtigten und müsse die Anwaltskosten selbst tragen.

Eine weitere Ansicht vertritt das *Landesarbeitsgericht Rheinland-Pfalz*[437], jedoch bleibt das Gericht eine nähere Begründung schuldig. Der Gegenstandswert einer sofortigen Beschwerde richte sich nicht nach dem Hauptsachewert, sondern nach der Differenz der Kosten, die in beiden in Betracht kommenden Rechtswegen anfallen könnten und erstattungsfähig seien.

Im Jahr 1996 hat der *Bundesgerichtshof*[438] es als sachgerecht angesehen, den Beschwerdewert auf einen Bruchteil des Hauptsachewerts festzusetzen, wobei Schwankungen in einer Größenordnung von etwa einem Drittel bis einem Fünftel denkbar seien. Nach der Neugestaltung des Verweisungsverfahrens hat an Stelle einer Klageabweisung durch Prozessurteil eine Verweisung von Amts wegen zu ergehen. Aus diesem Grund könne es sachlich nicht gerechtfertigt sein, das Interesse des Beschwerdeführers, den Rechtsstreit in dem nach seiner Meinung zulässigen Rechtsweg zu entscheiden, mit dem Interesse an der Hauptsacheentscheidung gleichzusetzen. Das Gericht setzt dieses Interesse deutlich niedriger an. Aus Praktikabilitätsgründen orientiert es sich an einem Bruchteil des Hauptsachewerts. Diese Argumentation ist sicher nicht die einzig vertretbare, trägt aber der veränderten Bedeutung der Rechtswegstreitigkeiten Rechnung und hat inzwischen Eingang in die ständige Rechtsprechung des *Bundesgerichtshofes* gefunden. Anstelle eines Prozessurteils erfolgt eine Verweisung von Amts wegen, darüber hinaus gilt eine umfassende Entscheidungskompetenz auch für rechtswegfremde Anspruchsgrundlagen. Aufgrund der Gesamttendenz der Reform ist deshalb jedenfalls die Gleichsetzung von Hauptsachestreitwert und Rechtswegbeschwerdewert nicht mehr angemessen und bewertet das Interesse der Parteien an der Klärung der Rechtswegfrage etwas über.

---

436 *OLG Karlsruhe* MDR 1994, 415; ähnlich *OLG Braunschweig* DAR 1993, 390 (391), das für den Beschwerdewert auf die Höhe der Anwaltskosten des Klägers im Hauptsacheverfahren abstellt.

437 *LAG Rheinland-Pfalz* DB 1994, 1428.

438 *BGH* MDR 1997, 386 (387); bestätigt in NJW 1998, 909 (910).

4. Die Kostentragungspflicht

Die Frage, wer zu welchem Anteil die entstandenen Kosten zu tragen hat, ist in § 17 b GVG nicht ausdrücklich geregelt. Es gelten die gesetzlichen Regelungen über die Kostentragungspflicht, im Zivilprozess also die §§ 91 ff. ZPO. Danach hat die unterlegene Partei die Kosten zu tragen.

Für das Verweisungsverfahren stellt § 17 b Absatz 2 Satz 2 GVG eine Sonderregelung dar. Der Kläger hat die durch die Verweisung entstandenen Mehrkosten auch dann zu tragen, wenn er in der Hauptsache obsiegt. Diese Regelung gilt jedoch nicht für die Kostentragungspflicht im Beschwerdeverfahren. Die dort entstandenen Kosten sind nach den Regelungen der §§ 91 ff. ZPO zu verteilen[439]. Ficht z. B. der Beklagte den Verweisungsbeschluss an und die sofortige Beschwerde bleibt erfolglos, hat er ungeachtet der Regelung des § 17 b Absatz 2 Satz 2 GVG die Kosten des Beschwerdeverfahrens zu tragen. Ist er aber erfolgreich, trägt der Kläger die Kosten, wobei das Beschwerdegericht über die Kosten des Beschwerdeverfahrens entscheidet, nicht das empfangende Gericht[440].

---

439 *BGH* NJW 1993, 2541 (2542); *OLG Frankfurt am Main* NJW-RR 1997, 1564 (1565); *Stein/Jonas/Leipold* § 281 Rdnr. 96.

440 Vgl. § 3. XVIII. C. 2., Seite 153.

§ 4. Schlussbemerkung

I. Die Neufassung der §§ 17 ff. GVG und die internationale Zuständigkeit

Trotz der zunehmenden Bedeutung der internationalen Zuständigkeit - man denke nur an den Bereich des wachsenden Wirtschaftszweigs Tourismus, der ebenso wie das Familienrecht eine wachsende Zahl von Rechtsstreitigkeiten mit Auslandsberührung hervorruft - ist die Rechtsprechung, die sich mit der Nichtanwendung der §§ 17 bis 17 b GVG im Bereich der internationalen Zuständigkeit befasst, nur sehr spärlich veröffentlicht. Die Regelungen zur internationalen Zuständigkeit beantworten die Frage, ob eine Streitigkeit vor einem deutschen Gericht oder einem ausländischen Gericht zu entscheiden ist[441]. Die internationale Zuständigkeit ist ihrem Wesen und ihrer Funktion nach von der innerstaatlichen Zuständigkeit zu unterscheiden. Die Entscheidung über die internationale Zuständigkeit richtet sich also nicht nach den §§ 17 ff. GVG[442]. Schon vom Wortlaut dieser Regelungen ist die internationale Zuständigkeit nicht erfasst, da in § 17 a GVG nur von verschiedenen Rechtswegen vor deutschen, also nationalen Gerichten, die Rede ist. Die Klage vor einem deutschen Gericht ist als unzulässig abzuweisen, wenn keine deutsche internationale Zuständigkeit besteht, eine Verweisung an ein ausländisches Gericht ist nicht möglich. Das angerufene Gericht hat in jeder Lage des Verfahrens die internationale Zuständigkeit von Amts wegen zu prüfen[443]. Aus Art. 19 EuGVÜ ergibt sich für die Gerichte der Mitgliedsstaaten ebenfalls nichts anderes. Ist eine ausschließliche Zuständigkeit im Ausland gemäß Art. 16 EuGVÜ begründet, erfolgt keine Verweisung von Amts wegen durch das unzuständige Gericht. Auch diese Klage ist durch Prozessurteil als unzulässig abzuweisen[444].

---

441 *BGH* NJW 1998, 988; *Baumbach/Lauterbach/Hartmann* § 12 ZPO Rdnr. 5.

442 So auch das *Landesarbeitsgericht Rheinland-Pfalz* in NZA 1992, 138; *Schaub* BB 1993, 1666.

443 Trifft das angerufene Gericht fälschlicherweise eine Vorabentscheidung über die internationale Zuständigkeit, so steht dem Betroffenen nach den Grundsätzen der Meistbegünstigung in diesem Fall die sofortige Beschwerde gemäß § 17 a Absatz 4 Satz 3 GVG zu, vgl. *LAG Rheinland-Pfalz* NZA 1992, 138 (139).

444 *Thomas/Putzo* Art. 19 EuGVÜ Rdnr. 3.

II. Problemschwerpunkte aufgrund der Neufassung

Die Novellierung der §§ 17 bis 17 b GVG hat nicht nur Auswirkungen auf die Rechtswegzuständigkeit zur Folge gehabt, sondern auch einschneidende Änderungen im übrigen Prozessrecht mit sich gebracht. Daraus ergaben sich eine Reihe von Anfangsschwierigkeiten.

A. Die Arbeitsgerichtsbarkeit als eigener Rechtsweg[445]

Insbesondere ist dabei die Diskussion um die Arbeitsgerichtsbarkeit als eigener Rechtsweg zu nennen. Während in der Literatur der Rechtsweg zu den Arbeitsgerichten als eigene Gerichtsbarkeit teilweise durchaus noch ernsthaft in Frage gestellt ist, ist innerhalb der Rechtsprechung ein eigener Rechtsweg „Arbeitsgerichtsbarkeit" weithin anerkannt.

B. Die Anwendung der Verweisungsvorschriften im vorläufigen Rechtsschutz[446]

Stellt sich bei der Frage der Arbeitsgerichte als eigenem Gerichtszweig die Rechtsprechung einheitlich dar, zeigt sie sich hinsichtlich der Anwendung der §§ 17 ff. GVG im vorläufigen Rechtsschutz uneinheitlich. Das sehr weit gefächerte Meinungsspektrum reicht von der strikten Anwendung über eine teleologische Reduktion der Rechtsmittel bis hin zur Nichtanwendung. Selbst innerhalb einzelner Gerichte vertreten verschiedene Senate gegenläufige Ansichten. Einigkeit besteht lediglich darin, bei der Anwendung der §§ 17 ff. GVG im Eilverfahren keine Bindung für das Hauptsacheverfahren zu bejahen.

C. Fehlende Verfahrensvoraussetzungen beim empfangenden Gericht[447]

Der *Bundesgerichtshof* hat entgegen dem Wortlaut des § 17 a Absatz 2 Satz 1 GVG eine Verweisung in Verfahren nach dem Gesetz zur Regelung offener Vermögensfragen abgelehnt, wenn das in diesem Gesetz vorgesehene Verwaltungsverfahren noch nicht durchgeführt war. Diese Rechtsprechung betrifft Verfahren innerhalb des sogenannten Teilungsunrechts. Es erscheint fraglich, ob

---

445 Vgl. § 3. III., Seite 52.
446 Vgl. § 3. VII., Seite 59.
447 Vgl. § 3. X. C., Seite 82.

der *Bundesgerichtshof* diese Ausnahme auch auf andere Fälle außerhalb dieses Gesetzes ausdehnt. Allerdings ist eine solche Ausdehnung nicht überzeugend begründbar, da sie dem Sinn und Zweck der Reform kaum entspricht indem sie den Kläger zu einer erneuten Klageerhebung nach der Klageabweisung nötigt; zugleich würde dadurch der Gedanke der Verfahrensbeschleunigung keine hinreichende Berücksichtigung erfahren.

D. Die Aufrechnung mit rechtswegfremden Forderungen[448]

Bereits vor der Neufassung der §§ 17 ff. GVG fand eine Diskussion über das Problem statt, ob ein Gericht eine bestrittene oder nicht rechtskräftig festgestellte Gegenforderung, die in einem anderen Rechtsweg einzufordern wäre, berücksichtigen darf oder muss bzw. nicht darf oder nicht muss. Dieser Disput hat durch die Neuregelung kein Ende gefunden. Nach wie vor ist die Rechtsprechung - genauso wie die Literatur - bei der Beantwortung dieser Frage unterschiedlicher Meinung. Im Gegenteil entstand durch die Ausbildung der Arbeitsgerichtsbarkeit zu einem eigenen Rechtsweg ein zusätzliches Problem, da die Zugehörigkeit zur Zivilgerichtsbarkeit, die eine Aufrechnung mit einer zivilrechtlichen Gegenforderung ermöglichte, nicht mehr besteht. Gemeinsamer Ausgangspunkt ist auch nach der Neufassung die Möglichkeit der Aufrechnung zum einen mit einer unbestrittenen rechtswegfremden Gegenforderung, soweit der verfassungsrechtliche Vorbehalt gemäß § 17 Absatz 2 Satz 2 GVG unberührt bleibt, zum anderen mit einer rechtskräftig festgestellten rechtswegfremden Gegenforderung.

E. Die Bindung der Rechtsmittelgerichte gemäß § 17 a Absatz 5 GVG[449]

Schon früh beschäftigte sich die Rechtsprechung mit dem zeitlichen Anwendungsbereich der §§ 17 ff. GVG, insbesondere der Bindungswirkung gemäß § 17 a Absatz 5 GVG. Ausgangspunkt war die Tatsache einer fehlenden Übergangsregelung im 4. VwGO-Änderungsgesetz. Eine strikte und sofortige Anwendung - wie es der *Bundesgerichtshof* bei Änderungen des Prozessrechts für laufende Verfahren bisher in ständiger Rechtsprechung vertreten hat - hätte zu einem Ausschluss der Rechtswegrüge für Verfahren, die bei Inkrafttreten der Neufassung bereits in der Berufungsinstanz anhängig waren, geführt. Um die Rechtlosstellung der Parteien zu vermeiden, ist der *Bundesgerichtshof* von diesem

---

448 Vgl. § 3. XI. C., Seite 92.
449 Vgl. § 3. I., XVI., Seiten 49, 125.

Grundsatz abgewichen und hat eine „richterrechtliche“ Übergangsregelung geschaffen, bei der die nächste Instanz keiner Bindung gemäß § 17 a Absatz 5 GVG unterliegt.

Eine weitere Ausnahme von der Bindungswirkung des § 17 a Absatz 5 GVG macht die Rechtsprechung in den zahlreichen Fällen, in denen das Gericht erster Instanz die Neuregelung des § 17 a Absatz 2 und Absatz 3 GVG unbeachtet lässt und die Klage als unzulässig abweist bzw. den Rechtsweg erst im Urteil trotz Rechtswegrüge einer Partei bejaht. Hier soll das Rechtsmittelgericht die Möglichkeit erhalten, das Verfahren in die Bahnen zu lenken, in die es bei ordnungsgemäßem Vorgehen des Erstgerichts gelangt wäre.

III. Die Zielverwirklichung der §§ 17 ff. GVG

Die Verfassung geht von einer einheitlichen Staatsgewalt „Rechtsprechung“ aus, die sich in fünf Teilgerichtsbarkeiten[450] gliedert. Die Gerichtsbarkeiten stehen selbständig und gleichwertig nebeneinander. Die Gleichwertigkeit ergibt sich vor allem aus Art. 95 Absatz 1 GG. Schon das *Bundesverfassungsgericht*[451] erkannte die Schwierigkeit der Bestimmung der Rechtswege angesichts der Vielfalt der Gerichtszweige. Es kommt zu dem Schluss, die Bestimmtheit von Rechtswegvorschriften sei eine unabdingbare Notwendigkeit einer rechtsstaatlichen Ordnung.

Rechtswegstreitigkeiten, mitunter als „Erbübel des deutschen Prozesses“[452] bezeichnet, finden auch nach der Reform der §§ 17 ff. GVG ihren Platz im prozessualen Alltag. Allerdings hat sich der Stellenwert einer Rechtswegstreitigkeit geändert. Vor der Errichtung einer unabhängigen Verwaltungsgerichtsbarkeit war z. B. die Eröffnung des Zivilrechtsweges für den Kläger entscheidend für die Gewährung des Rechtsschutzes selbst[453]. Durch die Betonung der Gleichwertigkeit der Rechtswege im Grundgesetz hat sich ein Bedeutungswandel vollzogen. Dieser Gedanke zieht sich als Leitfaden durch die Neuregelung. Bei Nichtvorliegen des Rechtsweges ist dies besonders deutlich erkennbar: Es ergeht in der Regel kein Prozessurteil, das Gericht verweist die Klage statt dessen von Amts wegen. Schon vor der Neufassung vertrat ein Teil der Literatur eine Rechtswegzu-

450 Die verfassungsrechtlichen Streitigkeiten gehören nicht zum Anwendungsbereich der §§ 17 ff. GVG. Die Anrufung der Verfassungsgerichte eröffnet keinen eigenen Rechtsweg "Verfassungsgerichtsbarkeit". Die Verfassungsgerichte stehen nicht in einem Konkurrenzverhältnis zu den sonstigen Gerichtszweigen. Eine Verweisung an ein Verfassungsgericht scheidet deshalb aus.

451 *BVerfGE* 57, 9 (22).

452 *Kissel* NZA 1995, 345 (346); *Kissel* § 17 Rdnr. 1.

453 *Hager,* Festschrift für Kissel 1994, 327 (333).

ständigkeit kraft Sachzusammenhangs. Tatsächlich erfolgte eine Angleichung der Rechtswegfragen an die Zuständigkeitsregelungen, *Vollkommer*[454] verwendet hier bewusst den Ausdruck „Rechtswegzuständigkeiten". Ausgehend vom Gedanken der Gleichwertigkeit der Rechtswege stellen die §§ 17 bis 17 b GVG zwischen den Bemühungen, den Rechtsstreit durch den sachnäheren Richter entscheiden zu lassen, und dem Streben nach Beschleunigung der Verfahren einen Kompromiss dar. Der Gesetzgeber entscheidet sich im Zuge der Neuregelung für die teilweise Aufgabe des Ideals eines sachnäheren Richters und nimmt die Entscheidung durch ein sachfremdes Gericht als geringeres Übel - mit dem Vorteil der Verfahrensbeschleunigung - in Kauf. Oberstes Ziel des Gesetzgebers war es, durch eine einheitliche Regelung im Gerichtsverfassungsgesetz eine frühe Entscheidung über den Rechtsweg zu erreichen. Durch eine Abschichtung von Rechtswegstreitigkeiten wollte der Gesetzgeber die Gerichte entlasten. Anlass bot vor allem die beständige Steigerung von Anzahl und Dauer der Verfahren. Dazu bildet § 17 a Absatz 5 GVG, der die Rechtsmittelgerichte von der Prüfung des Rechtsweges entlasten sollte und den Vorschriften über die Prüfung der örtlichen und sachlichen Zuständigkeit im Rechtsmittelverfahren des Zivilprozesses nachgebildet war, das Kernstück der Reform. Insoweit hat der Gesetzgeber die Rechtswegfrage an die Zuständigkeitsregelungen angenähert. Die Ziele der Neuregelung sind auch nach mehr als zehn Jahren der Geltung im Prozessalltag nicht vollständig umgesetzt. Es sind Zweifel angebracht, ob der Gesetzgeber seine Ziele durch den Wortlaut der jetzigen Regelung verwirklichen kann. Die Zweifel gründen sich vor allem auf die im Zug der Neuregelung häufigen und nicht nur in der Anfangsphase aufgetretenen Probleme bei der Anwendung der Normen. Für einige Probleme hat die Rechtsprechung inzwischen sachgerechte und einheitliche Lösungen gefunden, auch wenn die angestrebte Entlastung der Gerichte sowie die Verfahrensbeschleunigung zunächst aufgrund zahlreicher Anlaufschwierigkeiten bei der Anwendung der Neuregelungen in der Praxis ausblieben. Vor allem Gerichte erster Instanz ließen und lassen die Neufassung hinsichtlich der Vorabentscheidung oftmals unbeachtet.

Bei der Einführung der neuen Rechtswegvorschriften hatte der Gesetzgeber zwischen den Verzögerungen, die durch die Anfangsprobleme zu erwarten waren, und den Vorteilen einer separaten Entscheidung über die Rechtswegfrage abzuwägen. Die anfänglichen Schwierigkeiten sind auch ohne weiteres in Kauf zu nehmen. Anders verhält es sich aber in Bereichen, in denen die Rechtsprechung nach nunmehr über einem Jahrzehnt der Geltung weiterhin uneins ist[455]. Die für alle Beteiligten misslichen Unsicherheiten beruhen auf einem Gesetzes-

---

454 *Vollkommer* Festschrift für Kissel 1994, 1183 (1197).
455 Vgl. § 4. II., Seite 158.

wortlaut, der verschiedene Auslegungen zulässt. Eine eindeutigere Formulierung des Gesetzgebers in den Zweifelsfällen hätte dazu beitragen können, einheitliche Lösungen in der Rechtsprechungspraxis durchzusetzen.

Obwohl der Gesetzgeber durch die Neufassung der Rechtswegvorschriften im 4. VwGO-Änderungsgesetz sowohl einem Erlass einer einheitlichen Verwaltungsgerichtsordnung für die Gerichtsbarkeiten des Öffentlichen Rechts als auch einer einheitlichen Gerichtsordnung für alle Gerichtsbarkeiten eine Absage erteilt hat, leistete er durch die Neuregelung einen Beitrag zur Verfahrensvereinfachung und Verfahrensbeschleunigung.